Bettina Landgrafe

WEISSE NANA

Bettina Landgrafe
mit Beate Rygiert

WEISSE NANA

Mein Leben für Afrika

KNAUR

So little done, so much to do.
Emmanuel Stephenson

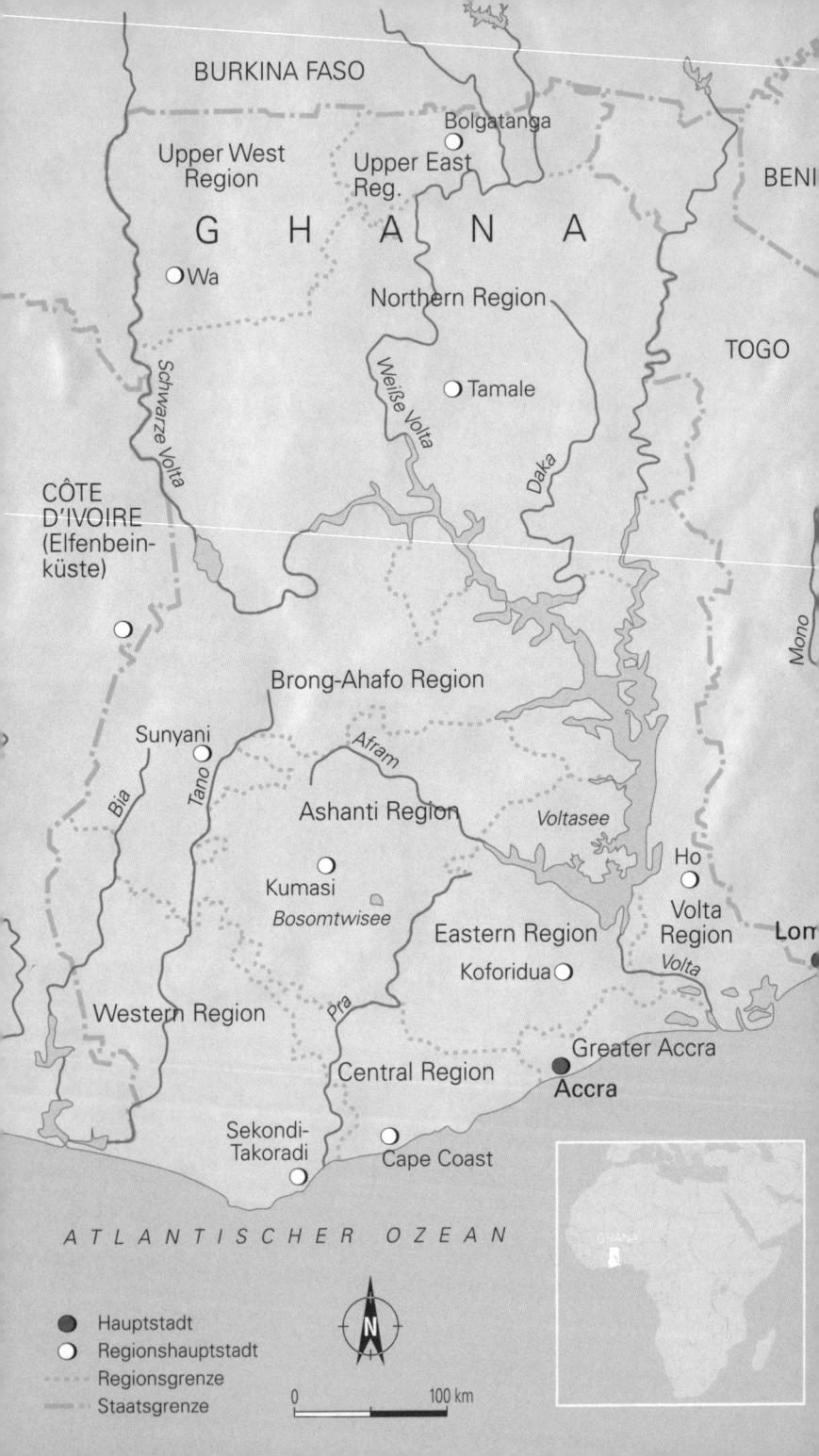

INHALTSVERZEICHNIS

Vorwort von Atze Schröder

Wie heißt das Insekt »Paraponera clavata« auf Deutsch? Das war die Frage, mit der ich in der Sendung »Wer wird Millionär?« bei Günther Jauch im Herbst 2009 eine halbe Million gewann. Damals ahnte ich nicht, dass dies der Beginn des schönsten und beeindruckendsten Abenteuers meines Lebens war.

Schon als kleiner Junge träumte ich davon, in das für mich überaus verheißungsvoll klingende afrikanische Land Ghana zu reisen. Denn aus Ghana kam der Kakao, der mir so gut schmeckte, so hatte mein Vater es mir erzählt. Immer wieder brachte er mir Bücher über Ghana mit, die ich nur so verschlang. Lange träumte ich davon, endlich in dieses sagenumwobene Land zu fahren, doch wie so oft im Leben kam immer im letzten Moment etwas dazwischen.

Nachdem ich also bei Günther Jauch mit der Antwort »Tropische Riesenameise« punkten und meinen Gewinn davontragen konnte, überlegte ich, was ich Sinnvolles mit diesem Geldbetrag anfangen könnte. Ich beriet mich mit meinen Freunden, und einer unter ihnen, ein Arzt, der bereits in Afrika gewesen war, erzählte mir von einer Kinderkrankenschwester aus Hagen, die seit Jahren in Ghana gute und effektive Hilfsprojekte realisiere.

Mein Herz schlug höher: Ausgerechnet in Ghana war diese Frau tätig? Das erste Treffen mit Bettina Landgrafe schlug bei mir ein wie ein Blitz. Nun treffe ich durch meinen ungewöhnlichen Beruf wohl täglich die unterschiedlichsten Leute und Charaktere, aber ein derart beeindruckender Mensch war noch nie darunter gewesen. Bettina Landgrafe ist, wie man so schön sagt, ein Energiebündel mit einer ausschließlich positiven Ausstrahlung, gepaart mit einer derart großen Leidenschaft und Konzentration auf die Dinge, dass es einen fast umhaut. Schnell war klar, dass sich für mich nun endlich ein Kindheitstraum erfüllen sollte: Wir fuhren gemeinsam nach Ghana. Und diese Reise, der noch weitere folgten, übertraf meine kühnsten Träume. Einmal davon abgesehen, dass mich dieses wunderbare Land im besten Sinne gefangen nahm und verzauberte, war es ein unvergessliches Erlebnis, Bettina bei ihrer Arbeit zu erleben und ihren Umgang mit den Ghanaern aus nächster Nähe zu erspüren.

Aber was ist es, was ihre Arbeit so besonders macht? Es ist die Tatsache, dass für sie die Menschen absolut im Vordergrund stehen. Sie widmet sich ihnen und ihren Problemen mit einer solchen Hingabe, dass man nicht anders kann, als ergriffen zu sein. Denke ich an unsere gemeinsamen Reisen, dann sind es viele kleine Erlebnisse, die ein ganz besonderes Licht auf Bettina Landgrafe und die Arbeit von Madamfo Ghana werfen. Wo immer sie auftaucht, kennen die Leute sie. Einmal fuhren wir mit dem Jeep mitten durch unberührten Busch, fernab von allem. Da überholten wir einen alten Mann auf einem völlig verrosteten Fahrrad. Als er uns sah, rief er uns ein lässiges »Hallo, Bettina!« zu. Diese kleine Episode zeigte mir neben vielen anderen Situationen, in denen Bettina spontan Hilfe leistete, wie verwurzelt und beliebt sie in diesem Land doch ist.

Die Projekte, die sie aufbaut und mit Spenden umsetzt, zeichnen sich durch echte Nachhaltigkeit aus. Sie tut dies gemeinsam mit den Menschen und nicht für sie. Auch dies ist eine der Besonderheiten von Bettina Landgrafes Engagement in Afrika. Ihr Leben ist so facettenreich, so voller interessanter Situationen, so voller Mitgefühl, dass mir die Worte fehlen, dies in allen Einzelheiten zu beschreiben. Ich kann nur eines sagen: Die Begegnung mit Bettina

Landgrafe hat mich im positiven Sinne in meinen Grund-festen erschüttert. Sie ist wahrhaftig der Engel von Ghana. Vor allem aber ist Bettina ein guter Mensch. Es erfüllt mich tief, mit ihr befreundet zu sein.

Für jeden mitfühlenden Menschen ist dieses Buch eine wundervolle Reise. Es nimmt den Leser mit nach Afrika und eröffnet ihm einen tiefen Einblick in das außerge-wöhnliche Leben einer Frau, die es schafft, in zwei Welten zu leben. Bettina Landgrafes Engagement beweist, dass sinnvolle Entwicklungsprojekte wirklich möglich sind.

Atze Schröder

Kapitel 1

Von Hagen nach Accra

Am Morgen trete ich aus unserem Haus in Accra, und ich spüre, über Nacht ist die Trockenzeit angebrochen. Ich laufe zurück ins Haus und rufe nach Mimie. Sie ist meine ghanaische Schwester, vertrauter und näher, als ich mir je einen Menschen hier hätte vorstellen können.

»Mimie«, rufe ich aufgeregt, »hast du's bemerkt? Die Trockenzeit ist da!«

Dies ist meine liebste Jahreszeit. Ja, auch hier in Ghana gibt es die, auch wenn sie völlig anders aussehen als in Europa. Frühling, Sommer, Herbst und Winter, das kennen wir hier nicht. In Ghana bestimmt das Wasser die Klimaveränderungen: Es gibt jede Menge davon in der Regen- und so gut wie keines während der Trockenzeiten. In der Trockenzeit von November bis März weht der Wind aus der Sahara, also von Nord nach Süd über das Land hinweg. Dieser Wüstenwind, der Harmattan, hat im Handumdrehen die hohe Feuchtigkeit aus der Luft gesogen, die ansonsten hier für ein Treibhausklima sorgt. Ja, in Deutschland findet man sicherlich nur in den Tropenhäusern der zoologischen Gärten ein Klima, das man mit unserer Regenzeit vergleichen könnte. Dann klettert das Thermometer schon mal auf 45 Grad. Und man ist einfach immer nass – sei es von der hohen Luftfeuchtigkeit oder vom Schweiß.

Wenn ich ehrlich bin, die westafrikanischen »seasons«

sind mir hundert Mal lieber. Auch wenn ich meine Wurzeln in Deutschland habe und jeder auf den ersten Blick in mein Gesicht und auf mein blondes Haar meine nordeuropäische Herkunft vermutet, so fühle ich mich doch inzwischen mehr als Ghanaerin. Manchmal denke ich sogar, ich bin im falschen Land und im falschen Körper geboren worden. Aber natürlich ist das Unsinn: Es ist alles genau so richtig, wie es ist.

Mein Handy klingelt, eines von fünf. Wenn ich im Busch unterwegs bin, dann wechsle ich nicht selten an einem Tag in fünf verschiedene Netzbereiche. Ich muss erreichbar bleiben, für meine Kontakte in Deutschland und die Mitarbeiter in Ghana.

»Heute Morgen konnten wir das einhundertunddritte Kind retten!«, sagt Emmanuel, mein Stellvertreter, der meine Hilfsorganisation Madamfo Ghana hier im Land vertritt. »Es heißt Josuah und ist fünf Jahre alt!«

Ich jubele. Ein Kind weniger, das am Voltasee von morgens bis abends einem Fischer und Menschenhändler zu Diensten sein muss: Netze schleppen, das Boot hinaus auf den See rudern und andere, für sein Alter viel zu schwere Arbeit. Eines weniger, das jederzeit ertrinken kann, wenn es zu einem der Netze hinabtaucht, das sich wieder einmal verfangen hat. Eines mehr, das endlich das tun kann, wozu jedes Kind auf dieser Erde ein Recht hat: genug essen, spielen, lernen, zur Schule gehen und in aller Ruhe behütet heranwachsen.

Ein weiteres ist gerettet. Doch noch sind Tausende da draußen, von ihren Eltern an die Fischer verkauft, rechtlos und ohne Hoffnung.

Nein, das stimmt nicht. Ich bin jetzt ihre Hoffnung,

Madamfo Ghana heißt ihre Rettung. Ich habe geschworen, diesen Kindern zu helfen. Und wer mich kennt, der weiß: Ich werde nicht eher ruhen, bis ich sie da rausgeholt habe.

»Mimie«, rufe ich, »wo bist du?«

Mimie steht unter freiem Himmel an ihrem Zuschneidetisch im Hof hinter der Küche und lässt die blitzende Schere ritschratsch durch einen bonbonfarbenen Stoff gleiten. Mimie ist Modedesignerin, und wer von ihr benäht wird, der hat Glück. Ich gehöre zu diesen Glücklichen, denn in Afrika trage ich fast nur einheimische Kleidung.

»Was wird das?«, necke ich sie und zupfe an dem schillernden Material. »Ein Vorhang?«

Mimie lacht, ohne ihre Arbeit zu unterbrechen. Es ist ein altes Spiel zwischen uns beiden. Die Afrikaner lieben leuchtende Stoffe – und im Gegensatz zu uns Weißhäuten können sie die auch gut tragen. Heute zaubert Mimie für eine Hochzeit gleich ein Dutzend Kleider aus demselben Stoff für den gesamten weiblichen Teil der Familie.

Ein weiteres Handy klingelt, es ist das mit der deutschen SIM-Karte, eine Journalistin ist am Apparat. Das Fernsehteam, das ein Jahr zuvor Atze Schröder für einen großen Spendenmarathon hier in Ghana gefilmt hat, wird wiederkommen. Die Menschen in Deutschland, die großzügig Herz und Geldbeutel öffneten, sollen erfahren, was aus ihrer Spende geworden ist. Dazu werden wir durch das halbe Land fahren, ich habe die Reise längst organisiert und freue mich darauf.

Als ich meinen Computer starte, warten bereits mehr als 300 neue E-Mails auf mich. Jeder kann innerhalb kürzester Zeit mit einer Antwort von mir rechnen.

Das bringt mich manchmal an meine Grenzen, aber mir ist das äußerst wichtig. Denn die Menschen, die für Madamfo Ghana spenden oder auch einfach nur etwas fragen wollen, haben ein Recht auf Information aus erster Hand. Unsere beiden wunderbaren Sekretärinnen Pearl und Pamela, eineiige Zwillinge, sind noch nicht im Büro, und dabei laufen auch dort bereits die Leitungen heiß.

Ein ganz normaler Morgen in Accra ist für mich angebrochen. Doch jede Herausforderung macht mir Freude, und ich bin immer gespannt, was sich hinter jeder neuen E-Mail, dem nächsten Anruf verbirgt. Bekomme ich gute Nachrichten wie die von Emmanuel, dann könnte ich an die Decke springen. Keiner weiß, wie viel Mühe und Geduld es uns kostet, die Fischer in der Voltaregion davon zu überzeugen, dass sie gleich zwei Gesetze brechen, nämlich das gegen Kinderarbeit und das gegen Menschenhandel. Und dass sie, wenn sie mit uns zusammenarbeiten, ein weit besseres Leben führen können – auch ohne Kindersklaven.

Das Schicksal dieser Kinder liegt mir so am Herzen, weil ich selbst weiß, was es heißt, um die eigene Kindheit betrogen zu werden. Zwar wurde ich nicht von meiner Mama verkauft, wurde nicht zur Kinderarbeit gezwungen, sondern führte das vergleichsweise bequeme Leben eines Kindes in Deutschland, das in den achtziger Jahren aufwuchs. Dennoch wurde es mir nicht in die Wiege gelegt, eine Hilfsorganisation aufzubauen, einmal in einer TV-Sendung aufzutreten oder mit einem Fernsehteam durch Ghana zu reisen. Mit etwas weniger Glück hätte ich genauso gut als jugendliche Drogentote am Bahnhof enden können. Denn ein wirkliches Zuhause hatte auch ich damals nicht.

Meine Mutter war selbst in einem Waisenhaus aufgewachsen. Mir wurde erzählt, ihre Eltern hätten sie als ganz kleines Kind dort abgegeben, weil sie sie nicht haben wollten. Obwohl wir nie darüber sprachen, kann ich mir gut vorstellen, dass auch ihre Kindheit nicht gerade glücklich war. Dann aber schien sie das große Los zu ziehen, ein angesehener Chirurg und Direktor eines Hagener Krankenhauses lud sie im Rahmen eines Lions-Club-Projekts zu seiner Familie ein. Aus einem Besuch wurden viele, und so wuchs sie nach und nach in die Familie hinein. Auf einmal hatte sie ein Zuhause, Eltern, eine Schwester und einen Bruder. Meine Großeltern liebten meine Mutter sehr und gaben ihr die gleiche Zuwendung und Geborgenheit wie ihren leiblichen Kindern. Ich denke, es war das erste Mal überhaupt, dass meine Mutter Liebe und Geborgenheit spürte.

Sie machte die Ausbildung zur Krankenschwester und arbeitete in demselben Krankenhaus, in dem ihr Pflegevater Direktor war. Alles schien in bester Ordnung.

Da verliebte sich meine Mutter bis über beide Ohren. Ihre große Liebe war ein Gastarzt, der für einige Monate aus Hamburg ans Hagener Krankenhaus gekommen war. Beide schwebten im siebten Himmel, und bald war meine Mutter schwanger. Diese Liebe hatte nur einen kleinen, aber entscheidenden Schönheitsfehler: Der Arzt war verheiratet, hatte Kinder und dachte nicht daran, seine Familie für meine Mutter und mich aufzugeben. Er verschwand und ließ ein gebrochenes Herz zurück, unter dem nach und nach ich Gestalt annahm. Als ich zur Welt kam, war er längst in sein altes Leben zurückgekehrt. Ich sollte ihn niemals sehen, ja, ich weiß bis heute nicht einmal seinen Namen. Und im Grunde interessiert er mich auch nicht.

Wer weiß, vielleicht wäre alles anders gekommen, hätte meine Mutter diesen großen Herzensschmerz irgendwie überwinden können. Offenbar war sie dazu nicht in der Lage. Um sich zu betäuben, begann sie zu trinken. So kam es, dass ich mit einer Mutter aufwuchs, die entweder bei der Arbeit oder betrunken war. Wenn sie einmal nüchtern war, dann konnte man mit ihr viel Spaß haben. Sie war liebevoll und warmherzig. War sie aber betrunken, so vergaß sie alles um sich herum. Es war mein großes Glück, dass die Familie, die meine Mutter damals an Kindes statt angenommen hatte, mich als ihre Enkeltochter betrachtete und niemals aufhörte, für mich da zu sein.

Ich kam quasi nach meiner Geburt sofort ins Haus meiner Großeltern, denn meine Mutter arbeitete im Schichtdienst. Später wanderte ich nach dem Kindergarten und nach der Schule dahin, wo es gerade passte: Entweder holte meine Mutter mich ab oder meine Pflegemutter vom Kinderschutzbund. Und wenn das nicht ging, war ich bei meinen Großeltern.

Man hat mir erzählt, dass mein Vater dort eines Tages vor der Tür stand und mich mitnehmen wollte, doch mein Großvater sagte: »Nur über meine Leiche«, und damit war die Sache erledigt.

Ich war sehr gerne im Haus meiner Großeltern, die ich von Anfang an über alles liebte. Das Schönste waren der große Garten und das Schwimmbad, das sie im Keller hatten. Meine Großeltern nahmen mich schon als Kleinkind mit ins Wasser, und so konnte ich früher schwimmen als laufen. Mein Opi brachte mir Fahrradfahren bei, las mir Bücher vor und hörte Musik mit mir. Er war mein Vater und mein Großvater in einer Person. Was ich heute bin und kann, das verdanke ich meinen Großeltern.

Ich war noch sehr klein, da wollten meine Großeltern meiner Mutter helfen, vom Alkohol loszukommen, und meldeten sie mit ihrem Einverständnis in einer Spezialklinik zur Entziehung an. Doch noch am Tag ihrer Ankunft beschloss meine Mutter, das Ganze abzubrechen. Sie sagte, sie wolle nicht so lange von mir getrennt sein, und ließ sich nicht umstimmen. Mein Großvater hat ihr das sehr übel genommen.

Für mich brach eine schwierige Zeit an. Sosehr meine Großeltern auch verhindern wollten, dass ich unter der Situation litt, war ich doch stets hin- und hergerissen zwischen ihnen und meiner Mutter. Ich kann mich noch gut daran erinnern, dass einmal am selben Tag zwei wichtige Veranstaltungen stattfanden, und ich sollte entscheiden, ob ich lieber mit meinen Großeltern gehen wollte oder mit meiner Mutter. Das war typisch für den Konflikt, in dem ich von Anfang an steckte.

Als ich zwölf Jahre alt war, hatten meine Mutter und meine Großeltern einen riesigen Streit, und die Folge war, dass sie den Kontakt zueinander vollkommen abbrachen. Wieder stand ich vor der Entscheidung, zu wem ich halten sollte. Ich entschied mich für meine Mutter, ich konnte sie einfach nicht im Stich lassen.

Die Jahre, die auf diesen dramatischen Bruch mit meinen Großeltern folgen sollten, waren mit die schwersten in meinem Leben. Meine Mutter versank immer mehr in ihrer Trunksucht und war kaum noch ansprechbar. Wie oft geschah es, dass ich nach Hause kam, die Wohnungstür war abgeschlossen, und der Schlüssel steckte von innen, so dass ich nicht hinein konnte. Meine Mutter lag völlig besinnungslos auf ihrem Bett und hörte mein Klingeln und Klopfen nicht. Das waren fürchterliche Stunden, und noch heute dreht sich mir der Magen um, wenn ich an diese schrecklichen Szenen denke. Wenn meine Mutter dann irgendwann endlich zu sich kam und die Tür öffnete, schlug mir dichter, kalter Zigarettenrauch entgegen. Bis jetzt blieb mir davon eine Aversion gegen Raucher, das kann ich einfach nicht ertragen.

In dieser Atmosphäre war es mir unmöglich, mich auf die Schule zu konzentrieren, und so kam es, dass ich in der achten Klasse des Gymnasiums zwei Fünfen im Schuljahrszeugnis hatte. Die Klasse wiederholen oder auf die Realschule wechseln? Ich entschied mich für Letzteres.

In dieser Zeit war ich viel zu sehr mit mir selbst und vor allem der Situation zu Hause beschäftigt. Richtige Auseinandersetzungen hatte ich mit meiner Mutter nicht, das war mit ihr einfach nicht möglich. Wenn sie trank, dann war sie so gut wie abwesend, sie tat nichts mehr, weder kochen noch sonst irgendetwas. Und das hat mich wahnsinnig gemacht. Ich weiß noch, wie ich einmal ihren Schnaps weggoss und die Flasche mit Wasser auffüllte und wie sauer sie danach auf mich war.

Diese Stimmung zu Hause belastete mich enorm. Damals begann ich, viel Zeit auf einem Reiterhof zu verbringen. Ich liebe die Natur und besonders die Tiere. Ja, ich bin wahnsinnig tierlieb, und es bereitete mir große Freude, mich um die Pferde und Ponys zu kümmern. In diesen Stunden mit den Pferden war ich glücklich. Der Reiterhof wurde zu meiner Zuflucht vor dieser schrecklichen Situation zu Hause, und ich liebte nichts so sehr, wie auf dem Rücken meines Pflegepferdes Nathan über die Wiesen und Felder zu galoppieren.

Dennoch bestand ich nach zwei Jahren die mittlere Reife mit guten Noten, denn eigentlich war ich auf der Realschule völlig unterfordert. Das kann es doch nicht gewesen sein, dachte ich prompt. Mein Ehrgeiz erwachte, und ich beschloss, das Abitur zu machen.

Ja, in dieser Zeit habe ich mich richtig aufgerappelt. Ich wusste, dass sich etwas grundlegend ändern müsste, wollte ich das Abitur schaffen. Doch das Zusammenleben mit meiner Mutter war so schwierig geworden, dass ich nicht bei ihr bleiben konnte. Es war mir unmöglich, in dieser

Atmosphäre zu lernen, und so zog ich mit siebzehn in meine erste eigene Wohnung, ein kleines Einzimmerapartment. Dass dies finanziell möglich war, verdankte ich der Waisenrente, die ich nach dem Tod meines Vaters bezog, der mich schließlich als leibliches Kind anerkannt hatte.

Damals entwickelte ich eine Eigenschaft, die mir auch heute noch bei meiner Arbeit für Madamfo Ghana zugutekommt und die ich, glaube ich, von meinen Großeltern mitbekommen habe: eine unbeirrbare Entschlossenheit, eine Zielstrebigkeit, die kein Hindernis aufhalten kann. Mit diesem Biss begann ich, für mein Abitur zu lernen.

Mein Großvater meldete sich bei mir und lud mich ein, doch nach Hause zu kommen. Kurz nach meinem achtzehnten Geburtstag klingelte ich bei meinen Großeltern an der Tür, und sie empfingen mich voller Wärme und Herzlichkeit. Es war so schön, die beiden in den Arm zu nehmen! Erst da spürte ich so richtig, wie sehr sie mir gefehlt hatten. Wir haben nie über die Ursachen unserer sechsjährigen Sendepause gesprochen, und im Grunde war das auch nicht nötig. Meine Großeltern hatten ein Problem mit meiner Mutter und nicht mit mir. Meine Protestphase mit lila Ponyhaaren und hautengen Leggins hatte sich auch gelegt, nun konnte ich wieder schätzen, was mir meine Großeltern an Werten vermitteln wollten. Und vor allem konnte ich wieder dazu stehen, dass wir uns heiß und innig liebten und das bis heute tun.

Nach dem Abitur überlegte ich, was ich aus meinem Leben machen wollte. Zunächst wollte ich unbedingt zur Polizei, weil ich schon immer einen extremen Gerechtigkeitssinn in mir trug, das stand schon in einem meiner Grundschulzeugnisse. Mein Großvater hätte es gerne gesehen, wenn ich in seine Fußstapfen getreten wäre und Medizin studiert hätte, doch gerade an ihm konnte ich sehen, wie wenig Privatleben man in diesem Beruf hat.

Immer wenn wir mal etwas gemeinsam unternehmen wollten, wurde er prompt ins Krankenhaus gerufen. Schließlich entschloss ich mich, Kinderkrankenschwester zu werden, und das war eine Entscheidung, die mein weiteres Leben nachhaltig prägen sollte. Nach der Ausbildung konnte ich zwischen der Kinderintensivstation und der Notaufnahme wählen. Den Dienst auf einer Station hätte ich zu langweilig gefunden, und darum meldete ich mich zur Notaufnahme, dort hatte ich schon als Schülerin gearbeitet. Man wusste nie, was als Nächstes kam, man musste hellwach sein und Entscheidungen treffen, und das war genau nach meinem Geschmack.

So wie hier. Bei Madamfo Ghana in Accra. Jeden Tag gibt es Überraschungen, und nicht immer nur positive. Allein die Planung einer Reise quer durch Ghana, von einem Projektort zum nächsten, grenzt mitunter an Spekulation. Denn wir mögen vielleicht bereit sein, am nächsten Tag zu starten, aber das heißt noch lange nicht, dass es auch tatsächlich losgehen kann. Das hängt von vielerlei Faktoren ab, vor allem vom Wetter.

Regnet es nämlich einige Tage ununterbrochen, dann werden die Straßen im Hinterland, von denen die wenigsten asphaltiert sind, häufig unpassierbar. Schließlich wollen wir mit unseren Projekten die Ärmsten der Armen erreichen, und die leben nun einmal meist abgeschnitten von guter Infrastruktur. Ich kann mit Recht behaupten: Da, wo wir hingehen, da geht sonst keiner freiwillig hin, und das trifft sicherlich für die meisten unserer Einsatzgebiete zu. Es gibt wenige, die Leprakranke besuchen und sich dafür interessieren, in welchen Verhältnissen sie leben. Wenige, die sich bislang um die Hygiene und Ge-

sundheitsversorgung in weit entfernten Buschdörfern kümmern oder sich dafür einsetzen, dass die Kinder dort zur Schule gehen können.

Viele ziehen es vor, sich abzuwenden und sich mit anderen Dingen zu beschäftigen. Es ist nicht so, dass die entscheidenden Stellen in Ghana von diesen Missständen nie etwas gehört hätten. Antrag um Antrag verschwindet im Bauch einer schwerfälligen Bürokratie. Ich kann es selbst kaum glauben, wie vielen achselzuckenden Menschen ich schon gegenübersaß, die es in ihren wohlklimatisierten Büros in der Hauptstadt sehr bedauerten, dass man da leider gar nichts machen könne.

Aber man kann etwas tun, ja, man muss es einfach, auch wenn es nur eine Kleinigkeit oder ein Anfang ist. Oft werde ich gefragt, ob ich nicht das Gefühl habe, dass meine Hilfe angesichts der großen Not nur ein Tropfen auf den berühmten heißen Stein sei. Ob man denn als Einzelner überhaupt etwas bewirken könne. Meine Antwort: Ist es eine Alternative, die Hände in den Schoß zu legen und nichts zu tun? Ja, soll man denn weggehen, ohne etwas unternommen zu haben, macht es das etwa besser? Auch wenn die Hilfe mitunter nur wenige erreicht, dann ist doch immerhin diesen Menschen geholfen. Jeder wäre in einer solchen Lage froh, wenn man ihm helfen würde. Und tatsächlich haben mir meine Großeltern ja auch geholfen, als ich noch jünger war. Ohne sie hätte ich keine Chance gehabt.

Außerdem kann ich einfach nicht permanent die Augen vor dem Elend verschließen. Ich bin nun mal so geschaffen, dass ich es sehe, wenn irgendwo jemand leidet, sei es ein Mensch oder ein Tier. Es ist mir unmöglich, das einfach auszublenden und so zu tun,

als sei alles Friede Freude Eierkuchen. Und wenn ich
es sehe, dann muss ich auch handeln.

Vor kurzem hatte ich zu Hause in Hagen ein typisches
Erlebnis. Ich wollte eben zu einem wichtigen Treffen fahren, als ich vor meiner Garage eine verletzte Taube entdeckte. Also verschob ich meinen Termin und fuhr stattdessen zum Tierarzt – mit der Taube in einem Karton. Im
Wartezimmer hielt ich den großen Vogel vorsichtig auf
meinem Schoß, als mich ein junger Mann, der mit seinem
Hund auf die Behandlung wartete, ansprach.

»Kenne ich Sie nicht aus dem Fernsehen?«, fragte er,
»sind Sie da nicht letzte Woche aufgetreten?«

»Ja, das ist richtig«, sagte ich, »mein Name ist Bettina
Landgrafe, mein Verein heißt Madamfo Ghana.«

»Und was«, wollte mein Gegenüber wissen, »machen
Sie jetzt hier?«

»Ich habe eine verletzte Taube gefunden, die bringe ich
zum Tierarzt«, gab ich zurück.

»Ach«, entfuhr es ihm, »Sie retten auch Tiere?«

»Ich rette alles!«

Wir lachten. Und als der Mann mit seinem Hund aus
dem Behandlungszimmer kam, drückte er mir einen Fünf-
zig-Euro-Schein in die Hand.

»Hier«, sagte er, »für Ihre Projekte in Ghana.«

Da war ich wirklich sprachlos.

»Brauchen Sie eine Spendenbescheinigung?«, fragte ich
ihn.

Doch er winkte ab.

»Nö«, meinte er, »ich vertraue Ihnen auch so.«

Manchmal ist es anstrengend, wenn man ständig all das
wahrnimmt, was im Argen liegt. Einfach nicht in der Lage
zu sein, manche Dinge auszublenden, keine Scheuklappen

zu haben. Aber ich betrachte es als eine besondere Gabe, die mich zum Handeln verpflichtet. Wenn ich schon das ganze Elend wahrnehme, dann muss ich auch etwas tun. Und so kam es, dass ich irgendwann Leute traf, denen es genauso ging. Dass dies ausgerechnet in Westafrika im Land Ghana passierte, hätte ich mir vorher nicht träumen lassen.

KAPITEL 2

WIE ALLES BEGANN

Von meinen Großeltern lernte ich, mich durchzubeißen, und das Vertrauen in mich selbst, den Glauben, dass mir alles möglich ist, wenn ich es nur wirklich will. Auch mein Opi war immer schon einer, der anderen half, von klein auf kannte ich es nicht anders, als dass man sich um die kümmert, die es nötig haben. Außerdem vermittelten mir meine Großeltern auch die Freude am Reisen, denn die beiden waren wahre Globetrotter und hatten zu Hause eine Weltkarte mit einem Netz aus Linien, die markierten, wo sie schon überall gewesen waren. Von jeder Reise brachten sie Super-8-Filmaufnahmen mit, und mein Großvater legte seinen ganzen Ehrgeiz in die Aufbereitung dieser Filme, zu deren Präsentation er seinen umfangreichen Freundeskreis einlud.

Den Vorspann produzierte mein Opa eigenhändig im Hobbykeller, und da fielen auch mir oft Aufgaben zu. Einmal hatte er ein großes Buch präpariert, und das musste sich wie von Zauberhand öffnen. Dafür hatte er unsichtbare Fäden an der Seite befestigt, und ich musste daran ziehen, damit sich das Buch schön aufklappte. Auch hier entpuppte er sich als Perfektionist, und wenn das nicht genau so ging, wie er es haben wollte, dann konnte er ganz schön sauer werden. Und so mussten wir es noch mal machen und noch mal und noch mal – bis es seinen Vorstellungen entsprach. Für die Vorführung selbst bastelte ich sogar Eintrittskarten, und gemeinsam mit einem kleinen Freund, dem Sohn eines Kollegen meines Opis, saß ich begeistert auf dem Fußboden vor der ersten Reihe. Nach den ersten zwanzig Minuten des Vortrags schliefen wir allerdings mit schöner Regelmäßigkeit beide ein.

Meine Großeltern waren schon überall, und ich beneidete sie heiß darum. Auch ich wollte auf die Osterinseln, in die Südsee, nach Australien, Südamerika und Afrika, und auf jeden Fall wollte ich wie sie mit dem Flugzeug über den Mount Everest fliegen. Ich legte eine Liste an mit der Überschrift: »Was ich sehen muss, bevor ich sterbe.«

Diese Liste habe ich heute noch, und erst ein kleiner Teil von dem, was draufsteht, ist abgehakt. Zugegeben, sie ist ziemlich umfangreich und enthält Bemerkungen wie: »Mit dem weißen Hai tauchen«, was noch offen ist, oder: »Den Dalai-Lama treffen«, was ich bereits geschafft habe.

Ich sparte für meine erste Reise so lange, bis ich das Geld zusammenhatte, um nach New York zu fliegen, denn auf meiner Liste stand auch: »Die Freiheitsstatue besteigen.« Als Krankenschwester kann man Überstunden ansammeln, um nicht nur auf seinen spärlichen Urlaub angewiesen zu sein. Und so machte ich mit meinem ersten Freund zusammen den Tauchschein und flog auf die Malediven. Es gab so vieles auf der Welt, was ich sehen wollte, doch dann kam jener Sommer 2001, der mein Leben vollkommen verändern sollte.

Ich hatte die Anzeige in einer Zeitung gelesen. Kurz entschlossen, wie ich nun mal bin, rief ich bei der angegebenen Telefonnummer an. Was das bedeuten sollte: »Etwas pflanzen, etwas bauen, etwas baden in Afrika.« Und erfuhr, dass man als Volontär nach Ghana könne, um dort »ein bisschen zu helfen«. Dass ich Kinderkrankenschwester war, fanden sie bei der Organisation ganz toll. Also kaufte ich mir ein Flugticket, packte meinen Rucksack und zog los. Als meine Omi Näheres wissen wollte, zuckte ich nur die Achseln.

»Keine Ahnung«, sagte ich, »ich hab mein Zelt mit und meinen Schlafsack dabei. Alles andere wird sich finden.« Ich wollte einfach los, nicht so viel planen und denken.

Dabei war ich noch nie zuvor in Afrika gewesen, aber ich träumte schon lange davon, und irgendetwas dort zog mich nun magisch an. In meiner Ausrüstung befand sich neben meinem Schlafsack unter anderem eine topmoderne Regenjacke. Denn wenn ich etwas hasse auf dieser Welt, dann nass zu werden.

Es war im Jahr 2001. Als ich auf dem Flughafen in Accra ankam, der damals noch so klein wie ein Provinzbahnhof in Deutschland war, traf mich die feucht-tropische Hitze wie eine Keule. Kaum trat ich aus dem unterkühlten Flieger, kondensierte die Luft auf mir. Es war, als schlüge mir einer ein feuchtheißes Tuch ins Gesicht, und im Nu war ich komplett nass.

Es roch nach Meer und verbranntem Holz, nach feuchter Erde und Abgasen, und während ich wie die anderen Passagiere mit meinem Handgepäck zu Fuß über das Rollfeld Richtung Flughafengebäude ging, war das Erste, was ich wahrnahm, das riesige Schild über dem Eingang. AKWAABA stand dort, was, wie ich aus dem Reiseführer wusste, WILLKOMMEN heißt.

Um mich herum ertönte ein Sprachengewirr aus Englisch und unverständlichen Stammessprachen, heute weiß ich, dass es Twi, Ga und Ewe gewesen sein musste, damals waren es völlig fremde Laute für mich. Da waren Frauen in bunten Gewändern, manche trugen ihre Babys mit Tüchern auf den Rücken gebunden, was damals in Deutschland noch fast niemand machte. Männer begrüßten sich, indem sie sich die Hände reichten und dann die Mittelfinger gegeneinander schnippten – der typische ghanaische Handschlag, den ich heute selbst perfekt beherrsche.

Ich stand zunächst bei der Immigration an, wartete, bis

ich meinen Stempel in den Pass gedrückt bekam, und beobachtete das Gewusel um mich her. Dann trat ich aus dem Flughafengebäude und stand in einem Meer aus Menschen. Trommler hatten sich zusammengefunden und begrüßten die Reisenden mit den Rhythmen Ghanas.

Dies ist also Afrika, dachte ich und merkte, wie mir das Herz in die Hosen sank. Was mach ich eigentlich hier, fragte ich mich kleinlaut, und als dann, ganz anders als vereinbart, keiner da war, um mich abzuholen, da dachte ich wirklich, Bettina, das hast du ja prima hinbekommen. Nachdem ich eine Weile gewartet hatte, Koffer und Rucksack fest an mich gepresst, bedrängten mich auch schon die ghanaischen Taxifahrer: »Missis, Taxi!«, »Missis, Hotel!«. Irgendwann dachte ich, dass alles besser war, als hier Wurzeln zu schlagen. Ich suchte mir einen Taxifahrer aus, der ausreichend vertrauenerweckend aussah, und achtete beim Einsteigen darauf, dass die Kotflügel gelb gestrichen waren, das hatte ich nämlich in einem Führer gelesen. Nachdem ich ein Taxischild auf dem Dach des uralten Opels entdeckte, der bei uns schon längst ausrangiert gewesen wäre, dort aber wahrscheinlich noch fünf Familien ernährte, stieg ich entschlossen ein. Und los ging es in die anbrechende afrikanische Nacht.

Von da an dauerte es vielleicht noch fünf Minuten, bis ich mich restlos in dieses Land verliebte. Dabei sprach eigentlich ziemlich viel dagegen. Wie gesagt, ich kann es nicht leiden, nass zu werden. Ich hasse Unpünktlichkeit, und unter normalen Umständen wäre ich auf die Leute stinksauer gewesen, die mich nicht abholen kamen wie versprochen, doch seltsamerweise war es mir hier völlig egal. Ich hatte nicht einmal eine genaue Adresse bei mir, weil ich ja davon ausgegangen war, abgeholt zu werden, so kannte ich nur das Stadtviertel, Mendskrom, und den Namen des Vereinshauses. Außerdem gibt es Stadtviertel in Accra, die gar keine Straßennamen haben. Der Taxifahrer hatte offenbar ebenfalls keine Ahnung, wo genau er mich hinbringen musste, doch auch er blieb ganz entspannt. Schon an meinem ersten Abend in Accra lernte ich: Hast du ein Problem, dann machen es die Ghanaer zu dem ihren. Später sollte ich das noch oft erleben. Sie geben keine Ruhe, bis sie dich dorthin gebracht haben, wo du hinmusst, bis du das zum Einkaufen gefunden hast, was du brauchst, bis sie dir zu dem verholfen haben, was du benötigst. Und das liebe ich aus vollem Herzen an den Menschen hier in Ghana. Die Menschen sind so freundlich und hilfsbereit, dass man es kaum beschreiben kann. Immer ein Lachen auf den Lippen. Eine Herzlichkeit, die ich so noch nie kennengelernt hatte.

Als wir den Stadtteil erreichten, hielt mein Fahrer am Straßenrand an und beriet sich mit Passanten. Ob jemand von dem Haus dieser Organisation schon mal was gehört habe. Ich sah zu, wie beraten wurde, wie immer mehr Menschen die Köpfe zusammensteckten, in diese und jene Richtung wiesen. Wir fuhren ein Stück, dann hielt der Fahrer wieder an und besprach sich mit einem Kollegen, und so kamen wir meinem Ziel Stück für Stück näher. Ich weiß noch genau, wie wunderbar ich das fand, einfach so in diesem fremden Land, über das inzwischen die Dunkelheit hereingebrochen war, herumzufahren. Jeder Passant grüßte mich: »*Obroni*, how are you? Welcome to Ghana!« Das ist kein Klischee, das ist Ghana. Damals wusste ich noch nicht, dass *Obroni* »Weiße« heißt, aber mein Gefühl sagte mir damals schon, dass ich den Menschen hier vertrauen kann. Als wir schließlich in der Millionenstadt Accra jenes eine Haus tatsächlich fanden, das wir suchten, da wusste ich: Dies ist mein Land.

Ich war angekommen.

Der Kaneshi-
Markt
im Herzen
von Accra

Das Land, ja, von dem war ich vom ersten Augenblick an
wie verzaubert. Doch die deutsche Organisation, an die
ich da geraten war, die war nicht unbedingt mein Fall.
Auch ich wurde christlich erzogen, aber meinetwegen
muss nicht in jedem zweiten Satz der Name »Jesus« vor-
kommen. Und der eigene christliche Glaube ist für mich
schon gar kein Argument, den Menschen vorzuschreiben,
was sie zu glauben oder wie sie zu leben haben. Ein paar
Tage lang blieb ich zum Akklimatisieren in Accra, dann
brach ich auf in den Busch. Mein Einsatzort war das Dorf
Apewu am Ufer des Bosomtwisees, viele Autostunden
von Accra entfernt.

Die Fahrt war wie ein Film, der vor meinen Augen
ablief. Wie sehr ich sie genoss, meine erste Tour durch ein
afrikanisches Land! Zuerst hieß es allerdings, der Hauptstadt mit ihren fast drei Millionen Einwohnern und den
unvermeidlichen, nicht enden wollenden Staus zu entrin-
nen. Zwischen den Autos, die sich im Schneckentempo
voranarbeiteten, versuchten junge Männer und Frauen
ihre Waren anzubieten, die sie auf flachen Körben auf
ihren Köpfen balancierten: in Plastiktüten verschweißtes,
portioniertes Trinkwasser, Papiertaschentücher, Gebäck,
Schokolade, Erdnüsse und bereits geschälte Orangen.

Heute halte ich immer nach denjenigen Ausschau, die statt eines Körbchens eine Kühlbox auf dem Kopf tragen, dann kaufe ich ihnen Speiseeis ab, meine Lieblingssorte ist Schokolade. Das Eis besteht zwar nur aus Wasser mit Schokoladengeschmack, aber bei der Hitze ist das auch besser so. Denn »Montezumas Rache« – der mitunter fast unvermeidliche Durchfall – kommt hier schneller und unerwünschter, als einem lieb ist. Am Straßenrand warteten offene »Läden« auf Kundschaft, vor allem Holzmöbel vom Stuhl bis zum Sarg wurden feilgeboten, aber auch Kühlschränke, Abdeckplanen fürs Auto, Kleider, Kochgeschirr, Obst und Gemüse und vieles mehr.

Es ist eine lange Fahrt von Accra nach Kumasi, der Hauptstadt der Aschantiregion, auch wenn es nur rund 250 Kilometer sind und Google Maps dreieinhalb Stunden für die Fahrt angibt. In Wirklichkeit dauert die Reise, je nach Straßenlage und Wetter, je nach Bauarbeiten und Staus mindestens doppelt so lange. Kumasi ist mit ihren dreieinhalb Millionen Einwohnern nicht nur die zweitgrößte Stadt des Landes, sondern auch berühmt für einen der größten Märkte Westafrikas. Von dieser pulsierenden Metropole aber ging es damals erst einmal hinein in das dunkle Grün in südöstlicher Richtung zum Bosomtwisee.

Dieser See ist etwas ganz Besonderes. Es gibt verschiedene Theorien zu seiner Entstehung. Die einen sagen, er sei vulkanischen Ursprungs. Die andere Theorie besagt, dass vor rund eineinhalb Millionen Jahren hier ein Meteorit einschlug und diesen fast kreisrunden, tiefen See schuf. So kommt es, dass man stundenlang über ziemlich ebenes Land fährt, und plötzlich eröffnet sich mitten in der Ebene ein riesiger Trichter. Gleich hinter dem Dorf Morontuo führt ein holpriger, gewundener Weg rund drei Kilometer steil nach unten. Ein paar hundert Meter oberhalb des Seeufers liegt am Abhang, den die Sternschnuppe, falls die

Das Dorf Apewu am Bosomtwisee

Geschichte stimmt, bei ihrem Einschlag schuf, das Dorf Apewu.

Diesen steilen, von der Erosion zerklüfteten Pfad konnte man damals nur zu Fuß hinuntersteigen. Ich schulterte also in Morontuo am Kraterrand meinen Rucksack und machte mich auf den Weg. Immer wieder führte er mich an steilen Klüften vorüber, wo das Regenwasser, das in diesen Breiten mit tropischer Entschlossenheit vom Himmel stürzt, die Erde weggeschwemmt hatte. Es war ein mühseliger Weg, steil, unwegsam und schweißtreibend, und damals ahnte ich nicht, dass ich ihn in den nächsten Jahren noch unzählige Male hoch- und runterklettern würde. Doch wie zur Belohnung öffnete sich immer wieder der Blick auf den tiefblauen See. Ein wahres Paradies, dachte ich.

Ein Paradies mit ein paar Schönheitsfehlern, wie ich nur zu bald herausfinden sollte.

Die Menschen von Apewu empfingen mich auch gleich beim ersten Mal äußerst herzlich. Jeder war neugierig auf mich. Die Kinder kamen in Scharen und bildeten eine riesige Traube um mich. Hier und da spürte ich kleine Hände auf meinen Beinen und Finger, die an meinen blonden Härchen an den Armen zupften. Große braune Augen schauten mich verwundert an. Diese Traube von Kindern, die Emmanuel scherzhaft bis heute meinen »Fanclub« nennt, sollte mir von da an überallhin folgen.

Auf einem Gelände am Rand des Dorfes schlug ich mein Zelt auf. Ich richtete mich häuslich ein und versuchte, Ordnung in meine Ausrüstung zu bringen. Taschenlampe, Mückenspray, Klopapier, alles griffbereit.

Trotz meiner Müdigkeit nach der langen Reise und dem ungewohnten Fußweg schlief ich in jener ersten Nacht nur sehr unruhig, denn ständig raschelte und fiepte es auf der anderen Seite der dünnen Zeltwände, und ich sah mindestens zehn Mal nach, ob der Reißverschluss auch wirklich geschlossen war. Ich hatte furchtbare Angst, mit einer Schlange oder einer großen Spinne im Zelt aufzuwachen. Wenn der Wind die Blätter der Palmen gegeneinander schlägt, hört sich das an, als würde es regnen, und ich hatte große Sorge, von einem Sturzregen, wie es sie in den Tropen gibt, samt meinem Zelt davongeschwemmt zu werden.

Als ich gegen drei Uhr morgens endlich etwas eingedöst war, begann ein Hahn zu krähen, und zwar so durchdringend und ununterbrochen, dass an Schlaf wirklich nicht mehr zu denken war. Als ich früh am nächsten Morgen aus meinem Zelt kroch, war ich völlig gerädert. Im Scherz fragte ich die Menschen, deren Hütten meinem Zelt am nächsten standen, wem dieser Hahn denn gehöre, der mich so wach gehalten habe, und ob ich ihn nicht vielleicht kaufen und dann zu Hühnersuppe verarbeiten könne. Ich meinte das im Scherz, aber tatsächlich trat ein Mann auf mich zu und verkündete freudestrahlend, der Hahn gehöre ihm, und wir könnten ihn gerne essen! Oh, wie peinlich war es mir, als ich feststellte, dass die Menschen von Apewu meinen Witz vollkommen ernst nahmen. Schließlich bin ich Vegetarierin, und ein Tier zu töten, um es dann aufzuessen, wäre für mich vollkommen unmöglich. Ich musste meine ganze Überzeugungskraft aufwenden, um aus dieser Sache wieder herauszukommen, ohne dass es den Hahn Kopf und Kragen kostete.

Danach machte ich mich auf den Weg ins Dorf, um zu sehen, wo ich als Krankenschwester am besten helfen könnte. Rasch stellte ich fest: Jemanden wie mich konnte man eigentlich überall gut gebrauchen. Es gab viele kranke Kinder, Durchfall und Wurmbefall schienen die häufigsten Erkrankungen zu sein. Sehr schnell begriff ich aber auch, wie naiv die Annahme war, ich könnte hier als deutsche Kinderkrankenschwester »schnell mal eben helfen«. Denn hier wurde ich mit Krankheiten konfrontiert, die wir in Europa oft nur dem Namen nach kennen: Lepra, Cholera, Typhus, Malaria, Denguefieber, Wurmerkrankungen, Gelbfieber und vieles mehr, von Bissen giftiger Schlangen ganz zu schweigen. So wurde ich selbst zunächst wieder zur Schülerin, und der Medical Officer des Ortes erklärte mir geduldig, wie man welches Symptom erkennt und behandelt.

Dieser Medical Officer – eine genaue Entsprechung zu diesem Beruf gibt es in Deutschland nicht, es handelt sich um eine Ausbildung zwischen Arzt und Krankenpfleger – stammte aus der Gegend. Eigentlich war er längst pensioniert, doch weil es keinen Ersatz für ihn gab, half er trotzdem weiterhin, wo er nur konnte. Da waren außerdem eine traditionelle Hebamme, die gerufen wurde, wenn ein Kind auf die Welt kam, und eine Krankenpflegerin, die ein paar Seminare besucht hatte.

Allerdings waren auch bei noch so guter Ausbildung ziemlich schnell die Grenzen des Möglichen erreicht.

Denn es gab so gut wie keine Medikamente, und selbst die rudimentärste Ausstattung wie ein Sterilisator fehlten in dieser »Buschklinik«, die diesen Namen bestimmt nicht verdiente. Sie war in einem alten, baufälligen Lehmhaus mit einem flachen Wellblechdach untergebracht, das gerade nicht anderweitig genutzt wurde. Wie alle diese Häuser war es einstöckig, verfügte über einen Eingangsbereich und drei separate, winzige Zimmer. Das eine war das Behandlungszimmer, im anderen behielten wir Patienten da, die beobachtet werden mussten, und das dritte nutzten wir als Entbindungsraum.

Über Mangel an Patienten konnten wir uns nicht beklagen, es kamen viele, auch aus den umliegenden Dörfern. Alle hatten einen weiten und anstrengenden Fußmarsch hinter sich, wenn sie bei uns eintrafen. Darum boten wir ihnen immer zuerst Wasser zum Trinken an, danach mussten sie sich ausruhen. Denn hätte ich sofort nach ihrer Ankunft die Vitalwerte wie Puls und Blutdruck gemessen, dann wären alle Werte durch die vorangegangene Anstrengung verfälscht gewesen. Ein Besuch in der Buschklinik war auch immer eine Gelegenheit, alte Bekannte zu treffen, einen Plausch hier, ein Gespräch da zu führen und Neuigkeiten auszutauschen. Den ganzen Tag über begleitete ein gleichmäßiges Stimmengewirr meine Arbeit.

Ich brauchte nicht lange, um herauszufinden, warum so viele Dorfbewohner unter diversen Krankheiten litten: Die hygienischen Verhältnisse im Ort waren himmelschreiend. Wenn ich die folgenden Nächte in meinem Zelt wach lag, dann war der Grund dafür längst nicht mehr das ständige nächtliche Geraschel. Es waren die Lebensumstände der Menschen in den Dörfern an diesem wunderschönen Ende der Welt, die mir zu schaffen machten.

Ich begriff, wie naiv es war, zu glauben, man könne mal eben seinen Urlaub in Afrika verbringen, um ein bisschen zu helfen. Ich erkannte, dass wir Europäer im Grunde keine Ahnung davon haben, was diese Menschen hier wirklich brauchen, und das traf für mich genauso zu wie für die anderen Volunteers, die mit Hilfe jener Organisation nach Ghana kamen, um einen exotischen Urlaub mit einer guten Tat zu verbinden. Wahrscheinlich trifft dies, so dachte ich mir, für die meisten Hilfsorganisationen zu, die das Beste im Sinn haben, hier und dort etwas aufbauen und dann wieder verschwinden. Aber das war nicht der richtige Weg.

Wie aber mochte der aussehen?

Um die Menschen und ihre Probleme wirklich zu verstehen, musste ich mit ihnen reden können. Zwar ist die offizielle Landessprache in Ghana Englisch, doch leben die Stammessprachen fort und werden gerade in abgelegenen Gegenden fast ausschließlich gesprochen. Nur wer zur Schule gehen kann, lernt überhaupt Englisch.

Und schon stand ich vor einem weiteren Problem der Menschen hier vor Ort. Denn es gab zwar eine Schule, doch die war in einem erbärmlichen Zustand und außerdem viel zu klein.

In Ermangelung von Schulbänken saßen die wenigen Kinder, die überhaupt von ihren Eltern geschickt wurden, auf dem blanken Boden. Es gab nur die ersten drei Klassen, dann mussten die Schüler täglich den weiten und beschwerlichen Weg nach oben zum Kraterrand antreten.

Aber was für mich als Krankenschwester neben der Schulsituation am schwerwiegendsten war: Es gab keine Toiletten im Dorf. Da war zwar eine Grube, allerdings lief die bei schwereren Regenfällen regelmäßig über. Um seine Notdurft zu verrichten, ging man darum einfach in den Busch.

Wohin ich auch sah, überall lagen die Dinge im Argen. Ich wollte herausfinden, was diese Menschen hier wirklich dachten, was sie tatsächlich wollten und brauchten. Ich hatte in ihre Augen gesehen und so viel Freundlichkeit und Wärme entdeckt, dass ich entschlossen war, zu tun, was in meinen Möglichkeiten stand.

Diese Menschen machten es mir, als sie merkten, dass es mir ernst war, unglaublich leicht, mit ihnen in Kontakt zu kommen. Die Frauen schlossen mich lachend ein in ihren Kreis, und ehe ich mich versah, saß ich abends neben ihren Kochstellen, half mit, *Yam* zu schälen und in Stücke zu schneiden, schaute zu, wie sie Fische schuppten, fragte: »Was heißt dies, was heißt jenes?«, und schrieb die Begriffe in der Stammessprache Twi in mein Notizbuch.

Mit diesem Notizbuch in der Hand ging ich am nächsten Morgen durch das Dorf und grüßte hier und grüßte dort, erntete fröhliches Lachen und herzliche Erwiderungen, und wenn ich etwas nicht richtig aussprach, dann verbesserten sie mich gut gelaunt. Ich löcherte den Medical Officer mit meinen Fragen, plünderte meine Reiseapotheke, fragte mich zornig, warum es hier an allem fehlte und warum nicht einmal eine Paracetamol-Tablette, die doch nur ein paar Cent kostet, hier zu finden war. Wo gehen denn die ganzen Spendengelder hin?, fragte ich mich ein ums andere Mal, wohin das viele Geld für Entwicklungshilfe, wie kann es sein, dass es hier an allem, aber wirklich buchstäblich an allem fehlt?

Bei diesem ersten Aufenthalt in Apewu lernte ich jemanden kennen, der für die weitere Entwicklung meines Engagements in Afrika von allergrößter Bedeutung sein sollte, den Ghanaer Emmanuel Stephenson Kwame Kumadey. Er kam aus der östlich gelegenen Stadt Ho. Als gelernter Building Technician – auch hier gibt es keine deutsche Entsprechung, es ist eine praxisorientierte Ausbildung irgendwo zwischen einem Maurer und einem Architekten – arbeitete er für die Organisation, über die ich nach Ghana gekommen war. Wir lernten uns kennen, und uns war beiden sehr schnell klar, dass dies eine Freundschaft fürs Leben sein würde. So unterschiedlich unsere Lebenswege bislang auch verlaufen waren, so viele Gemeinsamkeiten entdeckten wir.

Er merkte rasch, dass ich anders war als die anderen weißen Volunteers, die zwar gerne halfen, aber umso mehr missionierten und nebenbei ihren Urlaub genießen wollten. Auch anders als die Weißen sonst, die nach dem Gießkannenprinzip mal hier etwas an Finanzmitteln ausschütten und mal dort. Er spürte meinen Zorn über die üblen Verhältnisse, in denen die Menschen hier zu leben gezwungen waren, und meine Entschlossenheit, dies nicht schicksalsergeben hinzunehmen. Und das Wichtigste für ihn war wohl, dass ich echtes Interesse für die Menschen um mich herum empfand, dass ich herausfinden wollte, wie sie leben, was ihnen wichtig ist und was ihnen fehlt. Für mich war er ein wunderbarer Mittler zwischen dieser mir doch noch recht fremden Welt und ein geduldiger Übersetzer, wenn ich in Gesprächen mit den *Chiefs* herausfinden wollte, wie sie dachten und was ihrer Meinung nach die Menschen hier am dringendsten brauchten.

Emmanuel Stephenson
Kwame Kumadey

Doch er blieb nicht der Einzige, der mir bereits in meiner ersten Zeit half. Später erfuhr ich, dass ein Pastor dem *Chief Odikro*, dem »Bürgermeister« von Apewu, ans Herz gelegt hatte, sich mit mir anzufreunden. Die Tür des Chiefs stand mir von Anfang an offen, und besonders seine Frau nahm sich meiner an. Mit ihrer Hilfe lernte ich, mich wie eine Afrikanerin zu kleiden: Zuerst schlang ich mir einfach ein Tuch um die Hüften, so wie es sich für jede Afrikanerin gehört. Später kaufte ich mir einige Meter Stoff und ließ mir daraus dieses typische, zweiteilige Gewand aus Rock und einem Oberteil, Kaba genannt, nähen. Dazu trägt man zu besonderen Anlässen ein Tuch, das man sich um den Kopf schlingt: den Duku. Ich merkte, dass es Sinn macht und viel angenehmer ist, sich so zu kleiden, nicht umsonst tun es die Frauen in Ghana ja auch so. Außerdem lernte ich, mit drei Fingern der rechten Hand zu essen, ich schnappte immer mehr Wörter in ihrer Sprache auf, bis ich schon kleine Unterhaltungen führen konnte.

Tagsüber arbeitete ich weiter in der Buschklinik und besuchte Menschen in ihren Hütten, die zu schwach waren, um zu mir zu kommen. Die Hütten, in denen die Menschen leben, bestehen aus einem einzigen, drei auf drei Meter kleinen Raum. Durch einen Vorhang abgetrennt steht das Bett in einer Ecke, der Rest des Raumes wird als »Wohnzimmer« genutzt. Bei jedem meiner Besuche wurde ich unglaublich herzlich empfangen. Kam ich zu einer Hütte, so wurde sofort ein Stuhl oder ein Hocker hervorgezaubert und mir ein Becher Wasser angeboten. Alle Familienmitglieder und Nachbarn versammelten sich und schüttelten mir die Hand. Dann fragten sie höflich nach dem Grund meines Kommens. So wuchs ich rasch in die Gesellschaft dieser Menschen hinein, und ich vermisste weder Strom noch fließendes Wasser.

Obwohl die Verhältnisse so traurig waren, hatten wir jede Menge Spaß. Mit niemandem auf der Welt kann ich so herzlich und ausgiebig lachen wie mit den Menschen in Ghana. Ich weiß noch, wie ich einmal, als tropische Regengüsse auf uns niederprasselten, ohne dass es auch nur ein wenig abkühlte, meine topmoderne Regenjacke trug, während Emmanuel und ich den Pfad am See entlang zum nächstgelegenen Dorf marschierten. Mir war unsagbar heiß, doch noch mehr hasste ich es, vom Regen durchnässt zu werden.

Da wandte sich Emmanuel um und meinte mit dem für ihn so typischen Lächeln: »Betti, ist dir eigentlich klar, dass du einen kleinen Ofen anhast?«

Da sah ich ein, wie unsinnig es doch war, und zog die Jacke wieder aus. Nass war ich ohnehin, vom Schweiß, der mir unter der Jacke herunterlief. Wir lachten uns halb tot über die europäischen Hightech-Outdoor-Klamotten, die in Afrika keinen Pfifferling wert sind. Am besten, und das lernte ich damals ein für alle Mal, tut man das, was die Einheimischen dort auch tun. Und wenn es wieder anfing zu schütten wie aus Badewannen, war mein bester Schutz ein großes Bananenblatt vom nächsten Baum als Regenschirm.

Diese ersten fünf Wochen in Apewu vergingen wie im Fluge. Ich nahm Abschied und versprach, bald wiederzukommen. Ich weiß bis heute nicht, ob die Menschen wirklich glaubten, dass ich sie nicht, kaum in Deutschland angekommen, einfach vergessen würde. Aber so schnell wurden sie mich nicht los. Bereits im Mai des Jahres 2002 kam ich zurück.

Zu Beginn dieses zweiten Besuchs in Ghana sprach ich in Accra bei verschiedenen Regierungsstellen vor. Denn ich ahnte bereits, dass ich, wenn irgend möglich, in Apewu mehr tun wollte als Wunden verbinden und Tabletten verteilen. Ich wollte an die Ursachen für viele der

Erkrankungen gehen. Emmanuel hatte mir von einem intelligenten Toilettensystem namens KVIP, »Kenian Ventilated Indirekt Pit«, erzählt, das in Kenia speziell für den Busch entwickelt worden war. Das Besondere ist, dass sich bei diesem System die Exkremente nach und nach selbst abbauen. Emmanuel hatte schon einige Toiletten dieser Art installiert und gute Erfahrungen damit gemacht.

Die ganze Zeit in Deutschland hatte ich darüber nachgedacht, wie ich es bewerkstelligen könnte, für Apewu eine solche Anlage zu finanzieren. Denn solange die Menschen nur eine überfüllte Grube zur Verfügung hatten, die bei starkem Regen überlief, musste man sich nicht wundern, dass Durchfallerkrankungen und andere Leiden nicht auszurotten waren. Der Leitsatz »Prävention ist besser als heilen« verdichtete sich immer mehr in mir. Dieser Grundsatz bestimmt einen Großteil unserer heutigen Arbeit.

Ich war mir dessen bewusst: Wollte ich wirklich etwas erreichen, dann musste ich zuerst die Regeln des Landes kennenlernen, die Gesetze und Bestimmungen, denn einfach nur kommen und in einem fremden Land auf fremdem Grund etwas bauen, das hielt ich damals schon für ziemlich naiv.

Denn das Land gehört immer irgendjemandem, und wenn es kein Privateigentum ist, dann gehört es der Regierung oder dem Dorf. Und mit den zuständigen Menschen muss man ins Gespräch kommen, dachte ich mir. Also ging ich zu den entsprechenden Behörden und fragte mich durch. Und das ist in Ghana auch gar nicht so schwierig. Man muss nur mit den Menschen reden, dann gibt es immer jemanden, der kennt jemanden, der wieder jemanden kennt, und am Ende ist man genau an der richtigen Stelle. Einmal platzte ich bei einem Funktionär im Gesundheitsministerium ins Büro, und der gab mir ein Buch mit den »National Treatment Guidelines«, also ein Handbuch für die Richtlinien zur nationalen Gesundheitsversorgung. »Wunderbar«, sagte ich, »danach richten wir uns jetzt.«

Und so sahen diese Beamten, dass ich sie ernst nahm und respektierte und nicht, wie viele Weiße, von vornherein immer alles besser zu wissen glaubte. Und genau das macht meine Projekte langfristig erfolgreich: Weil ich immer auf Augenhöhe mit den Einheimischen spreche und stets mit ihnen an einem Strang ziehe. Auf diese Weise erhielt ich bislang immer die Unterstützung, derer ich bedurfte. Die Menschen hier haben sehr konkrete Vorstellungen von dem, was sie brauchen und was sie wollen. Dazu benötigen sie uns nicht. Sie brauchen einen Partner oder einen Freund, der ihnen hilft, die eigenen Ideen umzusetzen.

Doch zunächst fing alles ganz einfach an: Ich hatte mein Sparkonto geplündert und meinen Großeltern und deren Freunden von den himmelschreienden Zuständen in Apewu erzählt. Als sie sahen, wie ernst es mir war, gaben sie mir alle Geld, um die medizinische Grundversorgung in diesem Dorf zu verbessern. Davon kaufte ich Medikamente, von denen ich inzwischen gelernt hatte, dass sie in dieser Gegend von Nutzen waren. Außerdem schaffte ich eine erste Ausstattung an, einen Topf zum Sterilisieren, Verbandszeug, ein Stethoskop, ein Blutdruckmessgerät, Thermometer, Sticks zur Analyse des Urins und des Blutzuckers – und was man sonst so braucht, um eine medizinische Grundversorgung zu garantieren.

In Apewu angekommen, wo man mich wie eine lange vermisste Verwandte empfing, versuchte ich, dort anzuknüpfen, wo ich aufgehört hatte, das Ganze zu strukturieren, einen Grundrhythmus in unsere Arbeit zu bringen.

So verband ich zum Beispiel erst die sauberen Wunden, dann die septischen, damit die Keime nicht verschleppt wurden, lauter Dinge, die bei uns selbstverständlich sind. Der pensionierte Medical Officer war immer noch da, er merkte rasch, dass es mir ernst war, dass ich nicht weiter so »rumwurschteln«, sondern wirklich etwas verändern wollte. Und er unterstützte mich, so gut er konnte.

Eines Tages brachten sie mir ein Neugeborenes und legten es mir auf den Behandlungstisch. Es war ein prächtiger Junge, und ich fragte, was ihm denn fehle.

»Nichts«, meinten die Eltern und strahlten mich an, »er muss nur beschnitten werden.«

»Beschnitten?!«, war meine alarmierte Antwort. »Ihr seid doch keine Muslime! Wieso wollt ihr den kleinen Kerl beschneiden?«

Da erklärten sie mir, natürlich seien sie Christen, aber in der Bibel stünde, dass ein neugeborener Junge am siebten Tag nach seiner Geburt beschnitten werden sollte, und man bat mich in aller Form, die Zirkumzision vorzunehmen.

»Das kommt überhaupt nicht in Frage«, rief ich. »Das ist eine richtige Operation, dazu muss der Kleine eine Betäubung bekommen. Hier haben wir überhaupt nicht die Ausrüstung, die es dafür braucht.«

Die Eltern waren ob meiner ablehnenden Antwort enttäuscht, und eh ich mich versah, nahm einer der Anwesenden eine Schere, zog dem Kleinen die Vorhaut lang und schnitt sie einfach – ritschratsch – ab. Hier und da wurde noch ein Hautfetzchen passend geschnitten, bis die Eichel frei lag und die Vorhaut kurz genug war. Ich dachte, ich sehe nicht recht! Und dann baten sie mich auch noch, ein Pflaster auf die blutende Wunde zu kleben. Ein Pflaster!

Da atmete ich dreimal tief durch und machte mich daran, die Wunde sachgerecht zu behandeln und zu verbinden. Oh, Bettina, dachte ich, wo bist du denn hier gelandet!

So eine Beschneidung ist eine extrem blutige Angelegenheit, und ich hatte alle Hände voll zu tun, alles wieder zu säubern. Als mich die Angehörigen des Kindes, die vor dem Haus warteten, mit blutverschmierten Händen sahen, klatschten sie mir alle Beifall, denn sie dachten, ich hätte diesen rituellen Schritt vollzogen. Da bin ich fast ausgerastet und erklärte lauthals, dass ich das niemals tun würde.

Im Folgenden lieferte ich mir lange und temperamentvolle Diskussionen mit dem Pastor des Dorfes, der die Praxis der Vorhautbeschneidung wortreich verteidigte und mit Bibelzitaten untermauerte. Okay, sagte ich mir schließlich, wenn das hier so Tradition ist, dann sollen sie es eben tun. Aber was ist meine Rolle bei dem Ganzen? Ich erklärte allen, die es hören wollten, dass ich der Meinung bin, dass man sich in so einem Umfeld und bei diesem Klima nicht auch noch Wunden selbst zufügen sollte, schon gar nicht einem Neugeborenen. Aber selbstverständlich wollte ich den Leuten auch nicht vorschreiben, was sie zu tun oder zu lassen haben.

»Jedenfalls werde ich keine Vorhaut abschneiden«, erklärte ich. Und das wurde auch allgemein akzeptiert.

Während dieses zweiten Besuchs brach in einem der Nachbardörfer Cholera aus. Es gelang uns, das Schlimmste zu verhindern: das Ausbrechen einer Epidemie. Dabei wurde mir so manches klar. Die Ursache für viele Durchfallerkrankungen bis hin zu Cholera und dem Wurmbefall in den Augen von so zahlreichen Kindern war das Trinkwasser. Die Frauen holten es nämlich aus einem verseuchten Bach.

»Wir können hier so weitermachen bis in alle Ewigkeit«, sagte ich eines Abends zu Emmanuel, »wenn wir das Übel nicht an der Wurzel packen.«

»Das stimmt«, sagte er. »Doch was willst du tun?«

»Das Dorf braucht einen Brunnen«, sagte ich.

Emmanuel lachte. Es war ein trauriges Lachen.

»Schau dir den Weg hier herunter an«, sagte er, »glaubst du im Ernst, hier kann ein Bohrfahrzeug langfahren?«

Er hatte natürlich recht. Für so ein schweres Fahrzeug war es ganz und gar unmöglich, den abschüssigen und steilen Trampelpfad herunterzufahren.

»Und weißt du auch«, fuhr Emmanuel fort, »was so ein Brunnen kostet?«

»Nein«, erwiderte ich fröhlich, »aber du wirst es mir sicher gleich sagen.«

Emmanuel schwieg und blickte bedrückt vor sich hin.

»Viel zu viel«, sagte er. »So viel Geld kannst du sicherlich nicht aufbringen.«

Das wollen wir doch mal sehen, dachte ich. Da muss es doch eine Lösung geben! Aber ich schwieg. Mir wurde klar, dass ich hier noch einiges zu erledigen hatte.

Kapitel 3

Königin der Entwicklung

Pünktlich um neun erscheinen die Zwillinge Pamela und Pearl, meine wunderbaren, stets freundlichen und höchst effizienten Sekretärinnen. Sie kümmern sich um die komplizierte Buchhaltung von Madamfo Ghana e. V. Von Cedi, der ghanaischen Währung, müssen die Kostenvoranschläge in Euro umgerechnet werden, wobei der Wechselkurs schwankt wie eine Palme im Wind. Dann sortieren die Zwillinge alle Belege für unsere Projekte und heften sie ab. Für den Bau einer Klinik können diese Papiere dann schon mal drei Koffer füllen, in denen Victor oder Emmanuel sie nach Abschluss des Projektes ins Büro transportieren. Mir ist die exakte und genaue Dokumentation von dem, was wir hier ausgeben und an Mitteln verwenden, extrem wichtig. Ohne Pamela und Pearl würden wir wohl in unsortierten Belegen untergehen. Dann kommt Victor, neben Emmanuel mein wichtigster Mitarbeiter, dem ich vertraue wie meiner eigenen linken Hand. Hochaufgeschossen und dünn wie ein Spargel tritt er zum Tor herein, ein breites Lächeln auf dem Gesicht. Die Zwillinge Victor und Emmanuel, das ist der harte Kern von Madamfo Ghana. Ohne Emmanuel und Victor könnte ich gar nichts erreichen.

Das Leitungs-Team von Madamfo Ghana. Von l. nach r.: Victor Manu, Bettina Landgrafe, Emmanuel Stephenson

Sie sind immer vor Ort, meine Kontaktpersonen in all unseren Projektregionen und führen jedes einzelne unserer Projekte durch.

Beide kenne ich schon sehr lange. Emmanuel begegnete ich ja gleich an meinem ersten Tag in Apewu, und Victor stieß nicht viel später zu uns. Sie sammelten über viele Jahre Erfahrung im Bereich Entwicklungshilfe, hatten für alle möglichen Organisationen gearbeitet, mussten mit ansehen, wie Dinge falsch angepackt und in den Sand gesetzt wurden, und es gab viele Monate in ihrem Leben, die sie sich engagierten, aber das ihnen zustehende Gehalt nicht sahen. Als sie selbst die Erfahrung machten, dass ich niemals Versprechungen mache, die ich nicht halten kann, arbeiteten sie die ersten Jahre umsonst mit mir zusammen. Beide investierten ihre komplette Zeit in unsere Projekte, weil sie mir vertrauten und sahen, dass der Weg, den ich gehen wollte, der richtige war. Sie sind erfüllt von dem Wunsch, ihren Landsleuten zu helfen.

Inzwischen bin ich überglücklich, ihnen heute einen

bescheidenen Lohn, Sozialversicherung und Krankenversicherung inklusive, bezahlen zu können, denn ohne diese Vermittler vor Ort wäre keines der Projekte von Madamfo Ghana möglich. Zum einen kennen die beiden natürlich bei weitem viel besser die Denkweise ihrer Landsleute und wissen, wie sie welches Thema am besten anpacken müssen. Zudem haben die Menschen auch in entlegeneren Gebieten Afrikas bereits erleben müssen, dass Weiße kommen und alles besser zu wissen glauben. Ganz klar, dass viele inzwischen misstrauisch werden, wenn ein *Obroni*, also ein Weißer, mit gutgemeinten Vorschlägen kommt.

Auf geschäftlicher Ebene wird außerdem alles auf der Stelle um ein Vielfaches teurer, sehen die Geschäftspartner weiße Haut. Neben vielen anderen Aufgaben ist die wichtigste Funktion meiner beiden Mitarbeiter, im Land die Arbeiten an den inzwischen zahlreichen Projekten zu organisieren und zu überwachen – sei es der Bau einer Toilette, einer Schule, eines Kindergartens, eines Krankenhauses, eines Brunnens oder ein ganz anders gelagertes, komplexes Projekt wie das der Befreiung der Fischerkinder. Dafür brauchen sie Erfahrung, Fingerspitzengefühl, Geduld, natürliche Autorität und eine Menge anderer Eigenschaften mehr.

Sie sind meine Familie, meine Brüder und Freunde, meine Verbündeten im Kampf gegen die Armut und die zahlreichen Missstände im Land. Ihnen vertraue ich nicht nur immer wieder große Summen der Spendengelder an, damit sie davon in meinem Auftrag Baumaterial kaufen können – die beiden sind übrigens die einzigen Menschen, denen ich Madamfo-Ghana-Geld anvertraue –, sondern auch mein Leben. Ich weiß ganz genau: Fahre ich mit Emmanuel und Victor durch den abgelegensten Busch, schlafe in den verlassensten Gegenden in einfachen Behausungen – mit Victor und Emmanuel an meiner Seite bin ich sicher wie ein Kind im Schoß seiner Mutter. Egal, wo unsere Projekte uns hinführen, bei ihnen fühle ich mich zu Hause. Wir haben so viele unglaubliche Geschichten gemeinsam erlebt, dass wir einander besser kennen als die meisten echten Geschwister.

Ich erinnere mich gut an eine Begebenheit, die Victor und mich einander sehr nahe gebracht hat. Es war in seinem Heimatdorf Brodi, als es einmal entsetzlich zu regnen begann. Meine beiden Begleiter wollten eigentlich in der Hütte von Victors Vater übernachten, und Emma war dort auch heil angelangt. Doch nachdem Victor mich zu meinem Übernachtungsplatz gebracht hatte, wurde der Regen so stark, dass er nicht mehr wegkam. Also schnappten wir uns zwei Stühle und setzten uns unter mein Vordach. Stundenlang, solange der Wolkenbruch währte, redeten wir über Gott und die Welt. Bei dieser Gelegenheit erfuhr ich viele Dinge, die ich nicht gewusst hatte. So hat Victor zum Beispiel einige Freunde, die es als die uns bekannten Bootsflüchtlinge nach Europa geschafft haben. Ich fand es ungeheuer spannend, eine solche Geschichte endlich einmal aus der Sicht eines Afrikaners und noch dazu aus der meines »Bruders« zu hören. Und als ich schließlich die Augen nicht mehr aufhalten konnte, da meinte er, ich solle ruhig schlafen gehen, er würde hier sitzen bleiben und aufpassen. Nicht dass das nötig gewesen wäre, aber bei diesem starken Regen wollte er das einfach tun. Frühmorgens, noch vor der Dämmerung, musste ich dringend auf die Toilette, und als ich meine Hüttentür öffnete, lag da Victor zu meiner großen Überraschung auf einer geborgten Matratze, die er auf den blanken Boden gelegt hatte, vor meiner Tür. Er wachte auf.

»Sag mal«, fragte ich ihn verblüfft, »hast du tatsächlich die ganze Nacht da gelegen?«

»Aber sicher«, meinte er schlaftrunken. »Vielleicht hättest du ja etwas gebraucht während der Nacht. Ich dachte, es ist besser, ich bleibe mal in deiner Nähe.«

Und so hatte er vor meiner Tür geschlafen und auf mich aufgepasst. Mich durchströmte eine Gefühl der Wärme und Zuneigung. Ich habe ja keinen leiblichen Bruder, aber so muss es sich anfühlen, wenn man seinen kleinen Bruder schrecklich liebhat.

Das heimatliche Gefühl hatte ich in Ghana von Anfang an. Wäre es möglich gewesen – ich wäre spätestens bei meinem zweiten Besuch in Apewu dort geblieben. Dafür gibt es so viele Gründe. Zum einen finde ich es unheimlich schön da. Die Lage des Dorfes am See ist ein einziger Traum. Wenn es einmal besonders heiß ist, dann verbringen wir den Tag einfach im Wasser, bis unsere Haut schrumpelig wird und zwischen unseren Zehen fast Schwimmflossen zu wachsen beginnen. Wir legen uns bäuchlings auf die schmalen, nur aus einem zugeschnittenen Brett bestehenden Boote der Einheimischen und paddeln hinaus. Dann springen wir ins Wasser, werfen uns gegenseitig von den Booten, lassen die Kinder auf unsere Schultern klettern und spielen Wasserball. Oder ich lege mich als Krokodil ganz flach ins Wasser und tue so, als schnappe ich nach den Kindern, wovon die Kleinen nie genug bekommen konnten. Irgendwann hängen sie alle an mir, und ich ziehe sie durch den See.

So können wir es Stunden in dem weichen Wasser des Bosomtwisees, einem von nur drei Seen in Afrika, der aufgrund seines pH-Wertes frei von Bilharziose ist, aushalten. Das Wasser ist ein bisschen wie Seifenlauge, und wenn ich mir meine Haare darin wasche, werden sie weich wie Seide. Ich glaube, die Kinder sind niemals so sauber wie dann, wenn ich im Dorf bin, weil sie alle leidenschaftlich gerne mit mir in den See springen.

links: Mit allen Kindern geht es abends zum Baden an den See

rechts: Bosomtwisee – im Vordergrund die nur aus einem Holzbrett bestehenden Fischerboote

Emmanuel hat uns aus Bambusholz zwei Bänke dort unten am Ufer gebaut, und hier machen wir nach unserem Bad oft am Abend ein Picknick aus ein paar Orangen oder Bananen oder was wir sonst gerade haben.

Die Menschen dort leben hauptsächlich von der Fischerei, was mitunter schwierig ist. Denn wenn es in der Trockenheit zu heiß ist, ziehen sich die Fische in die Mitte des Sees zurück und tauchen tief nach unten weg. Dann bleiben die Netze der Fischer leer.

Daneben haben die meisten auch kleinere Felder oder Farmen und betreiben Subsistenzwirtschaft. Außer Orangen bauen sie Kochbananen an, Cassava, Yam und andere Wurzeln, außerdem Kakao. Aber auch dies ist nicht einfach in diesen Regionen: Der Boden ist steinig, und in der Trockenzeit kann nichts richtig wachsen. Kurz gesagt, die Menschen sind arm, ihre Mahlzeiten bescheiden, ihr Leben sehr hart und beschwerlich. Sie leisten im Vergleich zu uns Europäern unvorstellbar schwere Arbeit. Bei 40 Grad im Schatten die Farm zu bestellen, und zwar

mit reiner Muskelkraft – das würden wir gar nicht schaffen.

Meist essen sie, was ihr Grundstück hergibt und was die Väter in ihren Netzen nach Hause bringen. Leider reicht das oft nicht aus.

Immer wenn ich nach Apewu fahre, wird vorher eingekauft. Meistens machen wir in Kumasi halt, wo wir auf dem eindrucksvollen Markt all das besorgen, was wir in Apewu zum Essen benötigen, und das bringen wir den Leuten dann mit. Kumasi ist ein riesiger Händlertreffpunkt, und wer das unübersehbare und bis zum Horizont reichende Meer aus Marktständen, Schirmen und Händlertischen nicht mit eigenen Augen gesehen hat, der kann sich die Ausmaße dieses Marktes nicht vorstellen.

Man begegnet auf dem Markt Menschen aus dem Niger, aus Mali, aus Burkina Faso und aus der Elfenbeinküste. Einmal eingetaucht in diese fremde Welt und das Gewirr aus Straßen und Gassen, wird man vom Strom der Massen unweigerlich mitgerissen. Hier gibt es alles, was man braucht, und viele Dinge, von denen man noch gar nicht wusste, dass es sie gibt.

Es ist heiß und staubig, und die Gerüche und Geräusche der Händler, die hier aus ganz Westafrika zusammenkommen, bilden eine einzige unverwechselbare Kulisse. Kumasi, das Herz des Aschanti-Landes, ist so sehr Westafrika, dass manche behaupten, diese Stadt sei die heimliche Hauptstadt Ghanas.

Ich mag das Klima und das Wetter in Afrika, denn in Deutschland ist es mir immer zu kalt. Ich mag die Art zu leben, die Art zu essen, ich mag *fufu* – eine Art Brei aus gestampften Kochbananen und Yam –, mir schmeckt *banku* – klebrige, ein wenig säuerlich schmeckende Klöße aus Mais – und die leckeren Gemüseragouts, wie sie alle afrikanischen Frauen und ganz besonders köstlich Mimie zubereiten.

In Ghana mag ich einfach alles. Es gibt nichts Schöneres für mich, als in der Mittagshitze irgendwo im Schatten zu sitzen – was selten genug vorkommt, weil ich eigentlich immer auf Achse bin –, der Schweiß läuft mir ganz langsam den Rücken hinunter, ich schließe die Augen und lausche dem papierähnlichen Geräusch, wenn der Wind in den Palmen raschelt.

Ich mag auch das typische Leben in einem afrikanischen Buschdorf. Wenn ich morgens mit meiner Klopapierrolle unter dem Arm zur Toilette gehe und mich bereits ein halbes Dutzend Leute freudig begrüßt, wenn ich auf meinem Weg zurück hier und dort hängenbleibe, mich noch im Schlafanzug zu einem Schwatz vor ein Haus setze, egal, ob die Zähne schon geputzt sind und die Haare frisiert – dann bin ich einfach glücklich. Ich weiß, das können die wenigsten meiner Landsleute nachempfinden, aber in mir ist nach und nach die Überzeugung gewachsen, dass ich eigentlich in der Tiefe meines Herzens Afrikanerin bin.

»Du bist ghanaischer als wir Ghanaer«, sagte mein Freund und Kollege Stanley einmal zu mir, und er meinte es ernst.

Während meines zweiten Aufenthaltes in Apewu versorgte ich nicht nur die Kranken, die zu uns in die Buschklinik kamen, sondern besuchte, immer in Begleitung von Emmanuel und das medizinische Köfferchen in der Hand, auch die anderen am Ufer des Sees gelegenen Dörfer. Und hier machte ich eines Tages eine schreckliche Entdeckung.

Man hatte mich zu einer älteren Frau gerufen, die an Lepra erkrankt war. Also waren Emmanuel und ich in das Dorf Detiaso westlich von Apewu gewandert, um ihre Wunden zu versorgen. Diese Frau war meine erste Leprapatientin, und bis heute sehe ich sie klar vor mir: auf dem nackten Boden ihrer Hütte sitzend, nur in Lumpen gehüllt. Es stank entsetzlich nach faulenden Wunden. Ich trug Mundschutz und Handschuhe und hatte mich mental gerüstet. Aber auf so etwas kann man sich nicht vorbereiten.

Ich stand etwa einen halben Meter von ihr entfernt. Technisch gesehen wusste ich, was zu tun war, aber nun stand ich da in ihrer Hütte und stockte. Der Geruch trieb mir die Tränen in die Augen, ihr Blick war jedoch der, den ich von den meisten Menschen hier kenne: in den Augen ein Lächeln, und das trotz ihrer zum Himmel schreienden Situation. Und da folgte ich einem inneren Impuls. Ich riss mir den Mundschutz ab, zog die Handschuhe aus und nahm sie einfach in den Arm. Dann setzte ich mich neben sie auf den Boden und unterhielt mich mit ihr, während Emmanuel in ihrer Eingangstür hockte und übersetzte. Wahrscheinlich war das eines der wichtigsten Dinge, die ich für sie tun konnte. Denn keiner besuchte sie, keiner nahm sie in den Arm oder sprach mit ihr.

Leprakranke sind Ausgestoßene. Ihre Familie, ja die ganze Gesellschaft hat sich von ihnen abgewandt. Und das in einem Land, in dem die Familie die Garantie zum Überleben ist. Später in der Voltaregion sollten die Leprakranken zu einem wichtigen Teil meines Lebens werden, doch davon ahnte ich an jenem Tag in der Hütte am Bosomtwisee noch nichts.

Schließlich zog ich mir die Handschuhe wieder an und verband ihre Wunden, die voller Dreck und Würmer waren. Zum Abschied schenkte sie mir ein Lächeln und bedankte sich so inbrünstig, als ob ich sie geheilt hätte, dabei hatte ich doch nur ihre Wunden versorgt. Ich war tief in Gedanken versunken und hätte nicht gedacht, dass es nun noch schlimmer kommen sollte.

Zurück wollte ich den direkten Weg zum Ufer einschlagen, doch die Einwohner riefen: »Nein, nein, da könnt ihr auf keinen Fall langgehen!«

Ich fragte: »Ja warum denn nicht?«

»Na ja«, drucksten sie dann herum, »weil da einer sitzt, der stinkt so.«

»Was?«, fragte ich. »Wie meint ihr das: ›Der stinkt so‹?«

Ich vermutete gleich, dass dieser Mensch wahrscheinlich eine große Wunde hatte, die in der tropischen Hitze sehr schlecht heilen konnte und dann angefangen hatte zu stinken. Jetzt war ich erst recht neugierig und ging dort vorbei.

Auf einem Mäuerchen sah ich einen Mann sitzen mit einem Bein, das schon so gut wie abgefault war. Seine Zehen waren kohlschwarz. Das gesamte Bein war bereits ödematös geschwollen, weil sich darin unglaublich viel Wundwasser angesammelt hatte. Und natürlich stank dieses faulende Bein gewaltig.

Ich war geschockt. Ich kann kaum beschreiben, was ich beim Anblick dieses Mannes empfunden habe. Die Tränen stiegen mir in die Augen, als sich unsere Blicke trafen. Er wirkte so hoffnungslos und fast schon apathisch.

Am meisten jedoch wunderte ich mich, dass der Mann überhaupt noch am Leben war. Aber das war er, er saß dort auf seinem Mäuerchen, und kein Mensch traute sich seit Wochen in seine Nähe. Weil er so entsetzlich stank, aber auch, weil alle dachten, dass auf diesem Menschen ein böser Zauber läge, aus diesem Grund hatte auch seine Ehefrau Abstand von ihm genommen und warf ihm nur von Weitem etwas zum Essen zu. Völlig isoliert saß er da vor seinem Haus. Außer einem Stofffetzen, der um seine Hüfte gewickelt war, war er vollkommen nackt.

»Wie heißt du?«, fragte ich ihn und versuchte, ihm nicht zu zeigen, wie entsetzt ich über seinen Zustand war.

»Stephen. Stephen Owusu«, sagte er und starrte mich an, als sei ich eine Erscheinung, denn seit langer Zeit hatte sich niemand mehr in seine Nähe gewagt. In mir wuchs eine fürchterliche Wut. Wie kann man einen Menschen nur so im Stich lassen und zusehen, wie er langsam verfault? Ich war außer mir vor Zorn und sah mich nach Emmanuel um, der etwas entfernt stand und mir von dort aus übersetzte.

»Emma, bitte komm her«, rief ich, »wir müssen uns dringend um diesen Mann hier kümmern.«

Zu Stephen sagte ich: »Wir werden dir helfen, Stephen. Und wenn es das Letzte ist, was ich auf dieser Welt tue.«

Ich marschierte los, voller Wut und Zorn und legte die Strecke nach Apewu in Rekordzeit zurück. Emmanuel schritt im gleichen Tempo neben mir und fragte: »Was hast du vor? Wie willst du ihm helfen?«

Zunächst einmal holte ich aus meiner Hütte in Apewu ein Antibiotikum und ein Schmerzmittel. Danach ging ich, Emmanuel im Schlepptau, beim *Chief* vorbei und bat ihn, ein Auto zu besorgen.

»Ein Auto!?«, fragten er und Emmanuel überrascht.

Denn dies grenzte damals fast an ein Ding der Unmöglichkeit.

Um ein Auto zu besorgen, musste der Chief bis nach Kumasi fahren. Das bedeutete: zu Fuß den steilen Weg hinauf zum Kraterrand. Dort mit einem Trotro – einem Buschtaxi in Gestalt eines Minibusses, der erst abfährt, wenn er bis zum Anschlag vollgestopft ist mit Passagieren – nach Bekwai. Von dort mit einem anderen Trotro in die nächstgrößere Ortschaft und von dort in einem weiteren Buschtaxi schließlich nach Kumasi. Dort angekommen, würde es für Chief Odikro alles andere als einfach sein, einen Fahrer davon zu überzeugen, aus der Provinzhauptstadt so weit hinaus in den Busch zu fahren. Damals führten nur Erdpisten bis an den Rand des Kraters. Den abschüssigen Pfad von Morontuo nach Apewu hinunterzufahren war unmöglich und ist es heute auch nur mit einem geländegängigen Fahrzeug. Also musste sich das Auto von der anderen Seite des Sees nähern, wo eine Straße bis ans Seeufer führte, und von dort über einen Trampelpfad halb um den See. Um einen Wagen zu besorgen, das wussten wir alle, dazu brauchte man, wenn alles gut lief, mehrere Tage. Vorausgesetzt, man fand einen Fahrer, der verrückt genug war, Kumasi zu verlassen.

Kein Wunder also, dass Chief Odikro mehr als erstaunt war, als ich ihm meine Bitte vortrug.

»Wofür denn ein Auto?«, erkundigte sich der ehrwürdige Mann.

»Für Stephen Owusu«, sagte ich, »für den Mann mit dem schlimmen Bein aus Detiaso. Der muss dringend ins Krankenhaus. Oder wollen wir alle mit ansehen, wie er hier lebendig verfault?«

Der Chief sah mich mit einem solchen Staunen in den Augen an, dass ich für einen Augenblick dachte, er würde mir nicht helfen. Doch dann sagte er: »Ist gut. Ich werde gehen und sehen, was ich tun kann.«

Während er aufbrach, ging ich gemeinsam mit Emmanuel zurück nach Detiaso, wo Stephen noch immer auf der Mauer saß. Ich verabreichte ihm das Antibiotikum und das Schmerzmittel und erklärte ihm, dass wir ihn in ein Krankenhaus bringen würden. Noch immer sah er mich an wie eine Erscheinung, und wahrscheinlich glaubte er mir kein Wort. Ich fragte ihn, ob er denn ins Krankenhaus gebracht werden wolle. Er sah erst mich an, dann Emmanuel. Er nickte ganz leicht und blickte mich mit solch einer Intensität an, dass mir ein Schauer über den Rücken lief.

Wir warteten und warteten. Umringt von einer Traube Menschen saßen wir vor Stephens Hütte, und ich betete, dass es dem Chief gelingen möge, ein Auto zu besorgen. Und das Wunder geschah. Knapp 24 Stunden später hörten wir Motorengeräusche, und tatsächlich kam der Chief mit einem Taxi den Trampelpfad ins Dorf hineingefahren.

Nun mussten wir Stephen irgendwie von seiner am Hang gelegenen Behausung hinunter zum See transportieren, und für diesen Zweck hatte ich eine Schubkarre organisiert. Es war Stephen unmöglich zu laufen, und vor Schmerzen konnte er sich ohnehin kaum rühren. Inzwischen stand das halbe Dorf um uns versammelt, in sicherem Abstand, damit Stephens böser Zauber sie ja nicht befallen konnte.

»Ihr müsst mir helfen«, bat ich sie.

Schweigen. Die ansonsten so hilfsbereiten und freundlichen Menschen rührten keinen Finger. Nur Emmanuel trat auf mich zu und bot seine Hilfe an. Stephen war mit seinen eins fünfundachtzig ein Riesenkerl, wie sollten wir den in die Schubkarre kriegen, geschweige denn den steilen Berg hinunterbugsieren?

Schließlich wurde es mir zu bunt. Ich war so wütend,

dass ich beschloss, es in Gottes Namen mit Emmanuel allein zu versuchen. Ich fasste unter Stephens abgefaulte Beine, Emmanuel nahm den Oberkörper. Und irgendwie schafften wir es, ihn in die Schubkarre zu legen. Als die Leute das sahen, da wurde ihnen offenbar erst bewusst, wie ernst es mir war. Und sie kamen zu dem Schluss, dass sie unmöglich zusehen konnten, wie eine junge weiße Frau einen der ihren durch die Gegend schleppte. Endlich fassten sie mit an. Hände zogen mich sanft weg und packten die Schubkarre von allen Seiten.

Als wir Stephen endlich beim Auto hatten, umwickelte ich sein Bein mit Polsterwatte, die man sonst unter Gipsen verwendet, damit er nicht verrückt wurde vor Schmerzen. Dennoch roch das Bein so entsetzlich, dass sich der Fahrer zunächst weigerte, ihn zu transportieren. Schließlich einigten wir uns darauf, dass er hinten im Kombi gelagert würde, er war ohnehin viel zu groß und konnte sein Bein nicht anwinkeln.

Jener Pastor, der mich dem Chief so empfohlen hatte, meinte es gut und versprühte sein ganzes Parfüm auf die Sitze, aber das machte eigentlich alles nur noch schlimmer. Es war unerträglich heiß und stickig, und während der gesamten Fahrt nach Kumasi streckten wir unsere Köpfe, so gut es ging, aus den offenen Fenstern, um nicht ohnmächtig zu werden von dem Fäulnis-Parfüm-Gemisch. Aber natürlich war das alles nichts im Vergleich zu den entsetzlichen Qualen, die Stephen Owusu erleiden musste. Immer wieder stöhnte er leise vor Schmerzen. Er tat mir so unendlich leid, doch ich schluckte meine Tränen hinunter. Jetzt musste ich stark sein, zum Weinen war später noch Zeit genug.

In Kumasi beim Hospital angekommen, war es für mich eine herbe Enttäuschung, denn keiner der Ärzte wollte ihn behandeln. Die Krankenschwestern rannten alle davon, als sie uns sahen. Keiner hatte Lust, sich den Tag mit einem abgefaulten Bein zu verderben. Fassungslos sah ich meinen ghanaischen Kollegen hinterher. Ich tobte durch die Gänge und versuchte, mir einen Arzt zu greifen und ihn an seinen hippokratischen Eid zu erinnern, doch plötzlich waren alle ganz furchtbar beschäftigt. Noch heute fühle ich die unbändige Wut und die hilflose Verzweiflung, während ich in diesem fürchterlichen Krankenhaus herumirrte, auf der Suche nach irgendjemandem, der uns helfen würde. Irgendwann gelang es mir, Stephen an einen Tropf anschließen zu lassen, damit er mit Flüssigkeit und einem Schmerzmittel versorgt war, dazu musste ich die Kanüle eigenhändig anlegen. Schließlich fand ich einen ganz jungen Arzt, der offenbar gerade von seinem praktischen Jahr in Großbritannien zurückgekommen war, und der fasste sich ein Herz und untersuchte Stephen.

In Ghana ist es so, dass man alle Medikamente, auch Nadeln und Infusionen, Pflaster, Ampullen – einfach alles, was der Patient in einem Krankenhaus braucht –, zuerst in einer Apotheke kaufen muss. Wenn man Glück hat, befindet sich gleich in der Nähe eine, aber mitunter muss man durch die halbe Stadt fahren, um alles zusammenzukriegen. Und wenn es dir schlechtgeht und du niemanden hast, der das für dich einkaufen geht, dann hast du einfach Pech gehabt.

Als wir endlich alles für Stephen hatten, was er benötigte, da war der Arzt schon wieder bei einem anderen Patienten, denn es war klar, das Bein musste abgenommen werden, daran führte kein Weg vorbei. Und als nach Stunden immer noch nichts passiert war, sondern Stephen in irgendeinem Korridor geparkt war bis zum Sankt-Nimmerleins-Tag, da ging ich in den OP-Saal und sagte, wenn sich jetzt nicht endlich jemand kümmert, dann flippe ich hier und jetzt aus, und dann könnt ihr sehen, was von eurem Krankenhaus übrig bleibt. Als dann auch noch einer der Ärzte von oben herab »My dear …« zu mir sagte, war das nur noch Öl auf die Flammen meines Zorns.

»Wenn ihr glaubt«, fauchte ich, »dass ihr mich und den armen Stephen loswerdet, dann habt ihr euch getäuscht. Wir bleiben so lange, bis ihm jemand das Bein abnimmt. Und wenn er stirbt, habt ihr ihn auf dem Gewissen!«

In dieser Nacht tat ich kein Auge zu. Diese zum Himmel schreiende Ungerechtigkeit konnte ich einfach nicht hinnehmen. Wir übernachteten bei Verwandten unseres Pastors in einem Raum, in dem die ganze Nacht eine Schwarzlichtlampe brannte, und dieses unwirkliche, kalte Licht und die Sorge um Stephen raubten mir fast den Verstand.

Es dauerte drei Tage, bis ich die Leute im Krankenhaus endlich so weit hatte, dass Stephen an die Reihe kam. Immer wieder wurde ich mit den gleichen Ausreden konfrontiert: keine Zeit, kein Personal … Ich glaube, in diesen drei Tagen begriffen auch Emmanuel und der Chief Odikro, dass es eines für mich auf keinen Fall gibt: nämlich aufgeben.

Endlich rollten sie Stephen in den Operationssaal, und wir hofften und beteten, dass alles gut verlaufen würde. Während Stephen auf dem Flur geparkt gewesen war, hatten mehrere Ärzte im Vorbeigehen gesagt, dass sie kaum glauben könnten, dass dieser Mann immer noch am Leben war. Und ich schrie sie jedes Mal an, dass es an ihnen läge, ihm zu helfen oder ihn jämmerlich zugrunde gehen zu lassen. Die Operation dauerte mehrere Stunden, Stephen wurde das Bein entfernt samt der halben Hüfte. Es war ein echtes Wunder, dass er die Prozedur überstand.

Natürlich wollten wir ihn hinterher auf der Station besuchen. Und als man uns mit der Begründung, wir seien ja nicht einmal mit ihm verwandt, daran hindern wollte, da

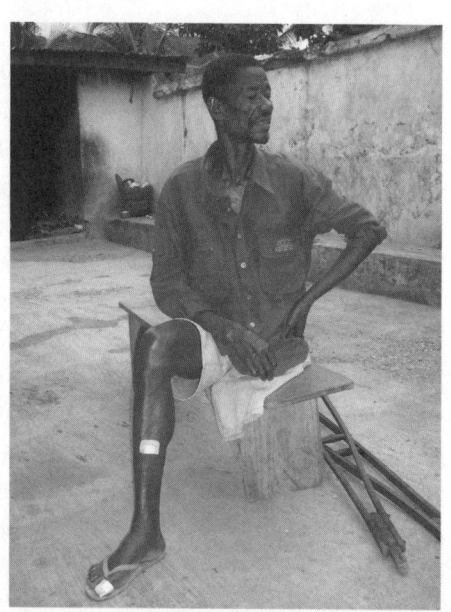

Stephen Owusu

sagte ich: »Wenn es sein muss, klettere ich auch noch über die Absperrung!«

Da sahen sie ein, dass sie sich besser nicht mehr mit mir anlegten.

Stephen lag mit dreißig bis vierzig Menschen in einem Raum. Es war heiß und stank entsetzlich. Es gab keine sauberen Betten, der Boden war verdreckt, und Essensreste klebten in kleinen rostigen Töpfen. Ich trat an Stephens Bett, er blickte mich an und ergriff meine Hand, ja, er lächelte sogar ein wenig. Er sah sehr schwach aus, und ich dachte daran, dass er sterben könnte. Der Mann, der im Bett nebenan lag, setzte sich auf und bedankte sich bei mir, dass ich Stephen die Operation ermöglicht hatte.

So ist das in Ghana: Es bedankt sich meistens nicht unbedingt derjenige, der die Wohltat empfängt, sondern die, die dabei sind. Das Personal hier war freundlicher als jenes, mit dem ich drei Tage lang auf einem Flur um Stephens Operation verhandelt hatte. Auch die Schwestern und Pfleger kamen zu mir und bedankten sich für meine Hilfe.

Stephen Owusu war ebenfalls für den Rest seines Lebens sehr dankbar. Vor seiner Erkrankung – die Ursache für sein schlimmes Bein war wahrscheinlich eine Tetanusinfektion – war er wohl eher ein streitsüchtiger Typ gewesen, doch nach seiner »Rettung« wurde er sehr religiös. Er hatte eine starke Konstitution, und da die Wunde noch eine Zeitlang eiterte, sorgte ich dafür, dass sie auch in meiner Abwesenheit immer gut nachbehandelt wurde und so am Ende gut verheilte.

Durch Spendenaufrufe in Deutschland – auch meine Großmutter sammelte an ihrem Geburtstag für Stephen – konnte ich die Operation und eine Krücke finanzieren, die für ihn speziell angefertigt wurde. Später kauften wir ihm ein Fischerboot und ein Netz, damit er seinen Lebensunterhalt verdienen konnte. Leider starb er 2009, doch seine Geschichte ist in Apewu für immer mit meinem Namen verbunden, und später, als ich für Madamfo Ghana unterwegs war, sollte ich noch oft darauf angesprochen werden.

Ich glaube, spätestens jetzt begriffen die Leute, dass es mir ernst damit war, wenn ich sagte, ich wolle ihnen helfen. Dass ausgerechnet ich, eine Weiße, eine Fremde, mehr Mitgefühl mit einem der ihren hatte als sie selbst, das hat sie im Nachhinein beschämt und zum Nachdenken gebracht. Der Chief aber schmiedete, ohne dass er mir davon etwas sagte, bereits seine ganz eigenen Pläne.

Wieder zurück in Deutschland, begann ich allen, die davon hören wollten, von meinen Erfahrungen in Ghana zu erzählen. Damals begann schon meine innere »Zerrissenheit« zwischen Deutschland und Ghana. Zwar freute ich mich auf meine Großeltern, auf Freunde, auf einen Schokoladeneisbecher und ein ordentliches Körnerbrot. Auch war es schön, mir mal wieder den neuesten Kinofilm und die Fernsehnachrichten ansehen zu können Ich konnte es kaum erwarten, den Menschen, die mir nahestanden, zu erzählen, was ich erlebt hatte, und überlegte mir, wen ich vielleicht um eine Spende bitten könnte. Und doch begann ich bereits wenige Tage nach meiner Ankunft in Deutschland, mich nach einem Flug zurück nach Ghana zu erkundigen.

Ich berichtete davon, wie herzlich die Menschen dort sind und wie sehr sie von allen im Stich gelassen werden. Großvaters Freunde wollten mehr wissen, und so legte ich ihnen dar, was ich beobachtet hatte: dass die Ursachen so vieler Erkrankungen auf das Fehlen einer Grundhygiene zurückzuführen ist und dass dieses Dorf zuallererst eine vernünftige Toilettenanlage benötigte.

Einer erzählte es dem anderen weiter, und so erhielt ich immer mehr Einladungen, um in Schulen, Vereinen, Stiftungen usw. über die Situation in Ghana zu berichten. Ich zeigte Fotos, erzählte von den bewegenden Begegnungen und Erlebnissen, und der Funke sprang immer über. Ich habe wohl die Gabe, die Menschen auf eine Reise nach Ghana mitzunehmen, wenn ich ihnen von meinen Projekten vor Ort erzähle.

Vor oder nach meinem Dienst im Krankenhaus wie auch in meiner Freizeit war ich schließlich fast ständig auf Achse. Ich führte unglaublich viele Gespräche, sprach bei Unternehmen und Behörden vor, recherchierte alle Möglichkeiten, wie und wo ich ein wenig Geld für die Projekte in Apewu beantragen könnte.

So kam nach und nach eines zum anderen. Die gewonnenen Sponsoren durfte ich als Referenzen erwähnen, und so manch einer dachte, wenn die Firma Soundso oder die Einrichtung XY diese Projekte bereits unterstützt hat, dann ist das sicherlich eine gute Sache.

Ich glaube, mein Geheimnis war und ist, dass ich persönlich hinter alldem stehe, wovon ich spreche. Ja, ich bin auch heute noch so erfüllt von meinen Erlebnissen in Ghana, dass ich mit meiner Begeisterung andere Menschen anstecken kann. Außerdem waren meine Projekte ziemlich leicht zu verstehen. Jeder wusste genau, wofür er sein Geld gab. Niemals warb ich um Spenden »für Ghana«, ohne zu sagen, was genau ich dort plante. Ich bat um Spenden für ganz konkrete Dinge wie »die Toilettenanlage in Apewu«, später »für den Brunnen dort und dort«, und wenn das Projekt verwirklicht wurde, machte ich Fotos und brachte oder schickte sie den Sponsoren zusammen mit einem Bericht. Auf diese Weise wusste jeder ganz genau, wofür er sein Geld zur Verfügung gestellt hatte und was daraus geworden war und freute sich darüber.

Ohne es vorher geplant zu haben, brachte ich in den Jahren 2003 und 2004 meine erste kleine Spendenlawine ins Rollen, und so konnte ich tatsächlich in den folgenden Wochen und Monaten genügend Geld sammeln, um dieses Projekt, die Toilettenanlage in Apewu, in Angriff nehmen zu können, obwohl ich in dieser Zeit weiter am Hagener Krankenhaus als Kinderkrankenschwester arbeitete.

Als ich dieses Mal nach Apewu zurückkam, war die Freude noch größer als sonst. Inzwischen fühlte ich mich hier wirklich zu Hause. Ich musste längst nicht mehr in meinem Zelt am Rand des Dorfes schlafen, sondern man hatte mir ein Zimmer in einem kleinen Compound nahe dem des Chiefs eingerichtet. Die Neuigkeit, dass wir die Toiletten tatsächlich bauen konnten, war mir längst vorausgeeilt. Und nun begann ich, mit Emmanuels Unterstützung, dieses Vorhaben Schritt für Schritt umzusetzen.

Es war mein allererstes größeres Projekt, und ohne Emmanuel, ohne sein Wissen und seine Geduld, hätte es niemals geklappt. Zuerst mussten wir genau festlegen, wo die

Anlage eigentlich stehen sollte. Dazu versammelte sich das ganze Dorf zur Beratung.

Dieser Prozess ist bei allen Projekten unendlich wichtig. Schließlich möchte ich etwas für die Menschen vor Ort tun, wovon sie selbst überzeugt sind, dass sie es brauchen, und nicht etwas, von dem ich denke, dass sie es haben sollten. Dazu sind mehrere Dinge zu beachten: Zum einen muss das Projekt tatsächlich von den Betroffenen selbst gewünscht sein. Das klingt selbstverständlich, ist es aber nicht. Nur zu oft meinen Entwicklungshelfer, eine bestimmte Sache, beispielsweise eine Schule oder ein Krankenhaus, sei genau das, was die Menschen vor Ort sich wünschten. Sie bauen es, ohne die Menschen zu fragen, ohne ihnen die Gelegenheit zu geben, ihre eigenen Gedanken zu dem Geplanten zu äußern. Und dann wundern sie sich oft, dass die Menschen, für die sie etwas gebaut haben, es überhaupt nicht nutzen. Auf diese Weise entstehen viele Missverständnisse und Gerüchte, zum Beispiel über unzuverlässige, unberechenbare, undankbare Afrikaner, die gar nicht zu schätzen wissen, was man für sie getan hat.

Ich habe bei meinen Projekten so etwas nie erlebt. Die Menschen werden von uns immer vorab befragt, was ihrer Meinung nach die beste Lösung ist. Dass die Bewohner von Apewu eine Toilettenanlage wünschten, das hatten sie mir bereits mehrfach versichert. Also mussten wir jetzt noch klären, wo der beste Ort dafür war. Nach einigen Gesprächen fanden wir ein Grundstück, das die richtige Entfernung zur Siedlung hatte.

Diese Meinungsfindung ist mir immer ungeheuer wichtig, ob es eine Toilette ist, ein Brunnen, eine Schule oder was auch sonst. Ich habe nichts dagegen, diesen Prozess abzuwarten, und wenn er Wochen dauert und ich manchmal ungeduldig werde. Anders hat es aber keinen Sinn.

Denn ist das Dorf nicht vollkommen einverstanden mit einem Projekt, ist das viele Geld umsonst ausgegeben.

Es wird viel von Eigenverantwortung in der Entwicklungshilfe gesprochen. Und dennoch tun sich die Leute schwer damit, die Menschen vor Ort wirklich ernst zu nehmen. Sie sind ja keine Ingenieure, haben nicht studiert, können nicht einmal lesen oder schreiben – was sollen sie denn schon wissen?

Eigenverantwortung bedeutet für mich außerdem, dass die Menschen, die von einem Projekt später profitieren sollen, in die Arbeit mit einbezogen werden. Mit anderen Worten, die Bevölkerung von Apewu hat die Toilettenanlage unter Anleitung von Emmanuel selbst gebaut.

Und so läuft das immer bei uns: Ich finanziere mit Hilfe der gespendeten Mittel das Material, Emmanuel bringt das Know-how ein und organisiert vor Ort die Bauarbeiten. Alles andere erledigen die Menschen, deren Projekt es ist, selbst. Zum einen sehe ich nicht ein, dass die Spendengelder für etwas verwendet werden, was die Leute aus eigener Kraft leisten können. Und zum anderen ist die Akzeptanz und Identifikation mit einer neuen Einrichtung viel höher, wenn die Menschen selbst daran mitgearbeitet haben.

Bei unseren Projekten fließt also nie Geld an Ort und Stelle. Im Falle von Apewu konnten wir die Baumaterialien leider nur weit entfernt vom Dorf anliefern, denn es fehlt ja bis heute eine vernünftige Straße. Dann mussten die Leute den Zement Sack für Sack zwei Kilometer bis an Ort und Stelle tragen.

Wenn man für so ein Projekt nicht die Unterstützung der Menschen hat, dann kann die Sache gar nicht erfolgreich sein. Fünfzehn Lkw-Ladungen Sand mussten ebenfalls in Eimern und Schüsseln die zwei Kilometer weit transportiert werden. Zu diesem Zeitpunkt musste jeder,

der diese Strecke zurücklegte, auch wenn der Anlass privat war, Sand mitnehmen. Und es funktionierte wunderbar. Denn es war das Projekt der Einwohner von Apewu und nicht das einer Hilfsorganisation. Noch nie ist es vorgekommen, dass von dem Baumaterial etwas verschwand. Grundsätzlich ist von Madamfo Ghana immer jemand vor Ort, um den Ablauf der Arbeiten zu leiten. Da jeder Dorfbewohner ja auch seiner eigenen Arbeit nachgehen muss, haben wir das inzwischen so geregelt, dass in sechs Schichten gearbeitet wird, und zwar von Montag bis Samstag, so hilft jeder einmal in der Woche mit und kann sich ansonsten um seine eigenen Geschäfte kümmern.

Inzwischen kennen die Menschen in den Dörfern unser Prozedere, und auch wenn neue Gemeinden auf uns zukommen und einen Antrag auf ein Projekt stellen, dann wissen sie bereits ziemlich genau, wie das bei uns läuft. Jeder hilft einen Tag in der Woche. So sind alle beteiligt, keiner wird ausgeschlossen, aber die Felder können weiter bestellt werden, und so ist nach Abschluss eines Projekts auch noch genug zu essen da.

Alle sind damit zufrieden, alle ziehen an einem Strang, weil sie sehen, was sie von uns bekommen, und sind mehr als bereit dazu, sich am Gelingen zu beteiligen. Dies ist vielleicht einer der wichtigsten Punkte, nämlich dass wir auf diese Weise den Menschen ihre Würde belassen und sie nicht (vollständig) zu Almosenempfängern machen. Natürlich hätten sich die Einwohner von Apewu diese Toilettenanlage aus eigener Kraft nicht finanzieren können. Aber ihre Arbeitskraft, die ja ebenfalls einen hohen Wert darstellt, haben sie mit eingebracht. Kein Wunder also, dass die Anlage seither vorbildlich instand gehalten und reihum nach einem Putzplan gesäubert wird.

Keiner kann sich vorstellen, welch eine Freude und Genugtuung es mir heute noch ist, in Apewu aufs »Örtchen«

zu gehen. Dann denke ich, wie einfach es doch ist. Man muss nur etwas wirklich wollen, und es entsteht etwas, wovon andere sagten, es sei ganz und gar unmöglich. Das macht mir Mut, weitere Projekte in Angriff zu nehmen, die uns zunächst vollkommen unrealistisch erscheinen.

Damals, als ich damit beschäftigt war, dieses erste große Projekt zu verwirklichen, überraschte mich der Chief Odikro mit einem unglaublichen Angebot: In aller Form bat er mich im Namen des gesamten Dorfes, Königin von Apewu zu werden.

»Warum denn das?«, fragte ich verblüfft.

»Weil du so viel für uns tust«, war die Antwort.

Ich wusste damals bereits, dass die Aschanti neben dem Chief Odikro – das bedeutet wörtlich übersetzt: owner of the town – auch eine weibliche Führungsfigur haben: die *Queen Mother*, die vom Rang her dem Chief gleichgestellt oder sogar übergeordnet ist, da bei den Aschanti in den wichtigsten Belangen das Matriarchat gilt. Der Einfachheit halber nennt man eine *Queen Mother* wie alle Respektspersonen auch: *Nana.*

Die Nana ist unter anderem dafür zuständig, den männlichen Chief zu wählen und zu beraten, sich um die Belange der Frauen in ihrem Dorf zu kümmern und Streitigkeiten zu schlichten, vor allem wenn Frauen davon betroffen sind. Nicht jedes Dorf hat eine Nana, und Apewu gehörte damals zu jenen, die vorher noch nie eine Königin gehabt hatten. Später erzählte mir der Chief, dass es die Geschichte von Stephen Owusu, dem Mann mit dem schlimmen Bein, gewesen war, die ihn tief in seinem Herzen berührt hatte. »Damals begriff ich, dass uns mit dir in unserer Mitte nichts geschehen kann«, vertraute er mir an. »Denn du vertrittst unsere Sache und lässt dich durch nichts von dem abbringen, was du für richtig hältst. Du arbeitest mit uns zusammen und respektierst unsere Meinung. Und ich sagte zu meinen Leuten: Dieser Frau müssen wir eine besondere Ehre erweisen, denn was sie für uns tut, ist etwas ganz Besonderes.«

Und darum wollte er mir im Namen des Dorfes etwas Besonderes schenken. Aber was, so dachte er, hatten sie schon zu geben? Immer hatten sie mit mir geteilt, was sie besaßen: die Früchte ihrer Felder, Kleidungsstücke und ihre wunderschönen Stoffe. Doch nun wollte mir der Chief eine besondere Ehre erweisen.

In den Wochen und Monaten, die ich in Deutschland verbrachte, hatte er alles genau geplant. Er stattete mit einer Delegation der Dorfältesten aus Apewu seinem »Vorgesetzten«, dem *Paramount Chief* der gesamten Region, einen Besuch ab. Dabei bat er ihn um die Erlaubnis, eine Königin zu inthronisieren. Als der Paramount Chief hörte, dass ich diejenige sein sollte, gab er bereitwillig seine Erlaubnis. Er hatte mich zwar noch nicht persönlich kennengelernt, aber offenbar bereits eine Menge über mich gehört. Denn in Afrika verbreiten sich Neuigkeiten, gute wie schlechte, in Windeseile. Noch bevor ich selbst davon

Bettina und Chief
Odikro Michael
Kyei Mensah
von Apewu

71

überhaupt eine Ahnung hatte, kannte man im Umkreis von vielen Kilometern bereits meinen Namen.

Nun lag es an mir, diese Ehre anzunehmen oder abzulehnen. Aber eigentlich war Letzteres gar nicht möglich, wollte ich diese wunderbaren Menschen nicht vor den Kopf stoßen. Und nichts lag mir ferner. Also sagte ich zu.

Ich wusste bereits, was es bedeutete, dieses Amt anzunehmen. Ich wusste, dass ich mich verpflichtete, bis zu meinem Lebensende für dieses Dorf zu tun, was in meiner Kraft steht. Ich wusste, dass dies eine Ehre ist, die man einmal annimmt und nie wieder ablegt. Ich war erst fünfundzwanzig Jahre alt, und dennoch fühlte ich mich dieser Aufgabe gewachsen. Ich wusste auch, dass ich mit dieser Würde einen noch viel besseren Stand bei den ghanaischen Behörden haben würde, um für unser Dorf eintreten zu können, und natürlich war dies auch dem Chief bewusst. Denn die Sache mit den Chiefs und den Queen Mothers hat eine weit höhere Bedeutung als eine reine folkloristische.

Das »House of Chiefs« ist im ghanaischen Parlament sogar offiziell vertreten, und dies zeigt, welches Gewicht diese lokalen Stammesoberhäupter, seien es die männlichen Chiefs oder die weiblichen Nanas, in der Gesellschaft und selbst in der Regierung besitzen. Und darum kann ich als Queen Mother von Apewu den Behörden auch mal ordentlich ins Kreuz treten, sollte das einmal nötig sein, um zum Beispiel Personal für unsere Kliniken oder die Kindergärten zu bekommen. Tatsächlich ist es so, dass ein Abgesandter der Regierung, und sei es auch ein Minister höchstpersönlich, bei einem feierlichen Treffen zu mir kommen und mich begrüßen muss, während ich sitzen bleibe. So hoch ist das Ansehen der Queen Mothers in Ghana.

Aber nicht wegen dieses Ansehens, sondern weil ich

mich von Anfang an bemüht habe, die entsprechenden Politiker der Regierung in Accra und die Vertreter in der Provinz kennenzulernen, verfüge ich heute über ausgezeichnete Kontakte. Inzwischen darf ich im Plenarsaal sitzen und zuhören, während das Parlament in Accra tagt. Die Familienministerin persönlich zu erreichen kostete mich zwei Anrufe. Neulich traf ich die rechte Hand des Präsidenten bei einer Beerdigung in Ho. Bei solchen Gelegenheiten kann ich auf informelle Weise Madamfo Ghana und meine Person bekannt machen und Kontakte knüpfen. Ich möchte noch einmal betonen, dass ich mir niemals mit Geld eine Gunst erkaufe. Ich lege großen Wert darauf, meine Rolle als Queen Mother mit Würde zu erfüllen, ganz so, als sei ich selbst Ghanaerin. Und tatsächlich betrachte ich mich als solche, und auch von den Ghanaern selbst bin ich als eine der ihren angenommen.

Nana von Apewu zu werden war für mich also zum einen eine wunderbare Ehre, ein kostbares Geschenk, denn es stand für die Liebe, Achtung und Dankbarkeit, die die Menschen dort für mich empfinden. In noch viel größerem Maße aber bedeutete es für mich auch einen Aufruf zu noch mehr Engagement auf allen Ebenen. Da ich ohnehin von Anfang an das Gefühl gehabt hatte, in diesem Dorf zu Hause zu sein, fürchtete ich mich nicht vor dieser Aufgabe.

Es entspricht außerdem nicht meinem Charakter, mir allzu viele Gedanken zu machen, was wohl in zwanzig oder dreißig Jahren sein könnte. Keiner in Afrika tut das. Eine Eigenschaft, die mich mit den Afrikanern verbindet, ist meine Fähigkeit, voll und ganz in der Gegenwart zu leben. Ich mache Pläne für das nächste halbe Jahr, wenn es sein muss auch für ein ganzes, aber nie darüber hinaus. Und ich denke fast nie an die Vergangenheit. Wozu an etwas Gedanken verschwenden, was vergangen und nicht mehr zu ändern ist? So sagte ich also mit frohem Herzen ja zu dem Angebot, Queen Mother von Apewu zu werden.

Wenn die Aschanti eine Queen Mother oder einen Chief einsetzen, dann erhalten sie keine Krone, sondern einen Stuhl. Der Goldene Stuhl der legendären Könige des Aschanti-Reichs der Vergangenheit ist weltberühmt und steht in Kumasi im Museum. Im Gründungsmythos des Aschanti-Reichs wird sein Ursprung so erzählt: Einst erhielt der Priester Okomfo Anokye von Gott Nyame den Auftrag, aus den Aschanti ein mächtiges Volk zu machen. Daraufhin berief der *Asantehene*, also der König, Osei Tutu eine große Versammlung ein, um die Nachricht zu verbreiten. Auf dieser Versammlung holte Okomfo Anokye vor aller Augen einen mit Gold bedeckten, hölzernen Schemel vom Himmel, der sich auf den Knien des Königs niederließ. Okomfo Anokye verkündete, dass dieser Goldene Stuhl den Geist und die Seele des gesamten Aschanti-Volkes enthalte.

Und nun wurde mir bei einer wunderschönen und den gesamten Tag während Zeremonie ein eigener, aus Holz geschnitzter und kunstvoll bemalter Stuhl übereignet, der seither während offizieller Anlässe stets vor mir hergetragen wird.

Am Morgen dieses großen Tages, an dem ich zur Nana wurde, kamen die ältesten Frauen des Dorfes zu mir, um mich in die traditionellen Gewänder einer Nana einzukleiden. Wir hatten eine Menge Spaß dabei, denn da ich noch immer wenig über die Stammesbräuche wusste, mussten sie mich anziehen wie ein Kind.

Zunächst legte ich – auch das ist eine symbolhafte Handlung – meine alten Kleider ab. Nun verteilten die Frauen mit einer Quaste ein duftendes weißes Puder über meinen Hals und das Dekolleté, denn das bringt Glück.

Über mein hochgestecktes Haar stülpten meine Helferinnen ein schwarzes Netz, wie es die Aschanti-Frauen eigentlich immer tragen. Zwei sorgsam zu Kordeln gedrehte Tücher wurden umeinander geschlungen, um meine Stirn und Schläfen gebunden und am Hinterkopf verknotet.

Und nun begann das große Einwickeln: Die Frauen schlangen ein großes Stück Stoff eng um meinen Körper, Schultern und Arme blieben frei. Dabei handelt es sich um ganz besondere Tücher, die der Königin vorbehalten sind: In den weißen Grund sind schwarze Symbole eingewoben, die alle eine bestimmte Bedeutung haben. Auf dem Tuch zum Beispiel, das mir um Brust und Hüfte geschlungen wurde und mir bis an die Fußknöchel reichte, kann man kleine stilisierte Nana-Stühle erkennen. Danach wurde mir ein besonders prächtiger, doppelter Stoff mit einem anderen Muster, aber ebenfalls weiß mit schwarz, wie eine Toga über eine Schulter geworfen, während die andere Schulter frei blieb.

Als ich fertig eingekleidet war, holten mich die Frauen des Dorfes ab, um mich tanzend und singend zum Festplatz zu geleiten. An meiner Seite schritten meine Vertrauten Emmanuel und Victor, beide ebenfalls nach Art der Aschanti prächtig gekleidet. Hinter mir ging ein junger Mann, der einen großen Sonnenschirm mit wunderschön geschnitztem Griff und goldenen Quasten über mich hielt. Beim Versammlungsplatz durfte ich einen Ehrenplatz einnehmen und die Zeremonie von dort aus verfolgen, mit der ich feierlich ins Volk der Aschanti und in den Stamm von Apewu aufgenommen wurde. Ich hatte das Gefühl, in eine große Familie aufgenommen zu werden, zu der ich im Grunde schon lange gehörte. Emmanuel saß rechts von mir als mein *Linguist*, mein Sprachrohr, denn bei offiziellen Anlässen äußert sich die Nana nicht direkt, sondern wird durch ihren Linguisten vertreten.

Der Chief hielt als einer der ersten seine Rede und bestätigte offiziell meine Inthronisierung in das Amt der Königin von Apewu. Er gab mir meinen neuen Namen, denn der Stuhl einer Nana ist mit ihrem neuen stoolname verbunden. Ich heiße Nana Enimkorkor, und das bedeutet: Königin der Entwicklung. So erhielt ich eine neue Identität, mein Leben wurde verflochten mit dem Schicksal des Dorfes Apewu und dem seiner Menschen. Es war seltsam: Während dieser Zeremonie empfand ich trotz aller Aufgeregtheit ob des neuen Amtes und der damit verbundenen Verpflichtungen doch auch eine gewisse Ruhe, ja, das Gefühl endlich dort angekommen zu sein, wo ich hingehörte. Danach brachte mir ein junges Mädchen den Stuhl, der die Königinnenwürde darstellt, und nachdem ich mich nach einem strengen Ritual dreimal auf ihn gesetzt hatte, war ich die Queen Mother von Apewu. Ein unbeschreiblicher Jubel brach aus, und auf dem Stuhl sitzend wurde ich durch das ganze Dorf getragen. Meine Güte, dachte ich, das ist ja alles schön und gut, und es ist wunderbar, dass sich alle so freuen, aber müssen sie mich deswegen gleich durchs ganze Dorf tragen? Es war mir sehr peinlich, aber so ist es nun mal Brauch.

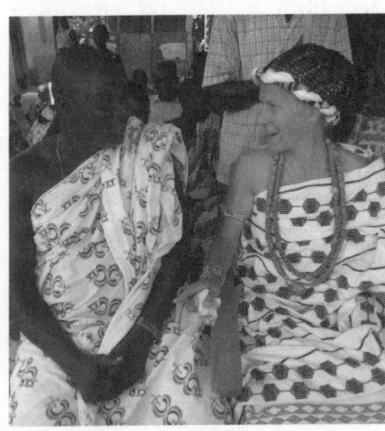

Emmanuel und
Nana Enimkorkor

Es war ein wunderbarer Tag, ein Tag, den ich niemals vergessen werde. Damals knüpfte der Chief Odikro ein unauflösliches Band zwischen seinen Leuten und mir. Die Menschen von Apewu nahmen mich nicht nur auf als eine der ihren, sondern sie machten mich quasi zu »ihrer aller Mutter«. Indem ich die Königinnenwürde annahm, zeigte ich, dass ich ihre Art zu leben respektiere und schätze. Gleichzeitig wusste ich, dass ich diese neue Aufgabe als Europäerin in Afrika nicht nur gut ausfüllen musste, sondern ausgezeichnet. Mir war klar: Will ich hier wirklich etwas verändern, dann muss ich bis ins letzte Detail begreifen, wie die Menschen hier denken und fühlen. Und diese Sache mit dem Chief und der Königin, das gehört in Ghana einfach dazu. Es macht auch unheimlich viel Spaß, wir feiern und lachen miteinander, und das immense Vertrauen, das mir die Menschen entgegenbringen, nehme ich sehr ernst. Dass mein Rat ein derart großes Gewicht hat, macht mich auf gewisse Weise stolz und glücklich.

Als besonders beglückend empfinde ich es, wie herzlich sie mich in ihrer Mitte aufgenommen haben. Das wurde mir so richtig bewusst, als unser gesamter Stamm einmal zu einer Beerdigung eingeladen war.

Bei dieser Gelegenheit lernte ich, dass Beerdigungen in Ghana eine ganz große Sache sind. Eine Beerdigung in Ghana ist wie bei uns Ostern, Weihnachten und Geburtstag auf einmal. Die Ghanaer lieben Beerdigungen, ganz besonders die Aschanti. Die Festivitäten dauern von Donnerstag bis Montag, es gibt umsonst zu essen und zu trinken, und natürlich lässt man sich auf jeden Fall blicken.

Damals, 2003, kurz nach meiner Inthronisierung als Nana, war die Mutter unseres Dorfpastors verschieden, und der lud die Menschen von Apewu in seine Heimatstadt ein. Für mich ließ er extra ein Gewand nähen aus schwarz-weiß gemusterten Trauerstoffen, denn so etwas hatte ich damals noch nicht. Also wurden meine Maße genommen und ein Kleid für mich geschneidert. Für den gesamten Stamm mietete der Pastor zwei Trotros, und ich kann es heute noch nicht glauben, dass es uns gelang, die Bewohner von halb Apewu dort hineinzuquetschen. Bester Laune begaben wir uns also auf eine Art Stammes-Ausflug in Richtung Kumasi.

Die Mutter unseres Dorfpastors war offenbar eine äußerst angesehene Frau gewesen, denn bei der Beerdigung trafen wir unglaublich viele Menschen an. Es war wie eine Art Volksfest, und ich als einzige Weiße und noch dazu als Nana wurde wie eine Sensation überall herumgezeigt, so dass ich irgendwann zu Emmanuel sagte: »Oh Emma, ich komme mir vor wie im Zoo.« Inzwischen habe ich mich daran gewöhnt, aber es kann auch heute noch mitunter sehr anstrengend sein, wirklich allen Anwesenden die Hand zu schütteln. Als Weiße Nana stehe ich immer und überall im Mittelpunkt, so sehr, dass ich manchmal nicht mal allein aufs Klo gehen kann.

Ich weiß nicht mehr, wie vielen Menschen ich die Hand schüttelte, bis sich der Tag seinem Ende zuneigte und wir irgendwann wieder zurückmussten. Und nun begann wieder dieses Trotro-Ritual, das ich so oft schon erlebt habe. Denn die Minuten vor der Abfahrt eines Trotros entwickeln immer eine ganz bestimmte Eigendynamik. Zunächst hat in Ghana jeder unheimlich viel Zeit. Alle stehen um das Trotro herum, keiner will unnötig lange in dieser heißen Blechkiste sitzen und womöglich ewig warten, bis alle anderen sich entschließen, ebenfalls einzusteigen. Also immer alles schön mit der Ruhe. Bis dann auf einmal, wie auf ein verborgenes Zeichen hin, alle gleichzeitig hineindrängeln.

In diesem Fall waren wir schlichtweg zu viele Menschen für diese zwei Trotros, und am Ende landete ich ganz hinten, eingequetscht zwischen vielen anderen. Wie eine Sardine in ihrer Büchse rang ich nach Atem. Ein *Trotro* ist ein alter VW-Bus oder Mercedes-Transporter mit einer Kapazität von 6 bis 8 Passagieren bei uns in Deutschland. In Ghana jedoch quetschen wir uns locker mit dreißig anderen hinein.

Ganz vorne saß unser oberster Stammeshäuptling, wie sich das gehört, und neben ihm der älteste aus dem Ältestenrat, ein kleines, verhutzeltes Männlein mit nur noch einem einzigen Zahn im Mund und zauberhaften Falten im Gesicht. Und spätestens, als sich noch weitere zwanzig Menschen in den Bus gezwängt hatten, da merkte unser *Chief*, dass *Nana* da ganz hinten eingepfercht war und dass das eigentlich nicht ging. Also kletterte er vom Sitz des *Trotro*-Beifahrers, den er sich mit dem Dorfältesten geteilt hatte, und zwängte sich zu mir nach hinten durch und bestand darauf, mit mir zu tauschen, was mir gar nicht recht war. Den in Afrika üblichen Respekt vor älteren Menschen schätze ich sehr und teile ihn, also gab ich nach. Und nun durfte ich bequem ganz vorne sitzen, während unser *Chief*, der sein Leben lang so viel im Busch geleistet hat, sich hinten platt drücken lassen musste. Aber da war leider nichts zu machen, die Türen wurden geschlossen, und mit großem Hallo tuckerten wir los.

Während der gesamten Fahrt hatten wir den allergrößten Spaß: Wir sangen und lachten, und ehe ich mich versah, waren wir in Morontuo angekommen. Hier musste alles aussteigen und den steilen Pfad ins Dorf zu Fuß hinuntergehen.

Mir war unsagbar heiß, und ich konnte es kaum erwarten, aus dem *Trotro* rauszukommen. Doch auf einmal wurde genau dies zum Problem. Denn zwischen mir und der Tür saß der Stammesälteste, und der grinste mich unentwegt mit seinem einen Zahn an und machte keinerlei Anstalten, die Tür zu öffnen. Was nun?

Mein »Ehemann«
aus Apewu

Ich wusste, im Zusammenhang mit diesen Würdenträgern muss man eine Menge Regeln beachten, die ich damals noch gar nicht alle kannte. Zum Beispiel hatte mir Emmanuel erklärt, dass man diese älteren Herren nicht einfach so anfassen darf. Also machte ich einen besonders langen Arm, langte an ihm vorbei und öffnete schon mal die Tür. Es war unglaublich heiß, und ich hatte mein neues Beerdigungsgewand schon mehrmals komplett durchgeschwitzt. Ich wollte endlich raus aus dieser Blechbüchse, doch der Stammesälteste rührte sich nicht vom Fleck, und langsam dämmerte mir auch, warum. Der Ärmste war einfach viel zu klein. Von seinem Sitz hoch oben neben dem Fahrer bis hinunter auf die Erde war es ein guter Meter Abstand, und das schaffte das Männchen, das wie ich in viele Gewänder gewickelt war, nicht allein. Jedenfalls nicht mit Würde. An den Füßen trug er diese wunderhübschen, aber ziemlich unpraktischen schwarz-weißen Zehensandalen mit dicken Knubbeln, und schon allein damit konnte unser Stammesältester einfach nicht ohne fremde Hilfe aussteigen. Doch die war nicht in Sicht, alle anderen waren

viel zu sehr damit beschäftigt, sich aus dem Trotro heraus-
zuschälen und die eingeschlafenen Gliedmaßen wieder
zum Leben zu erwecken.

Aber ich wäre einfach nicht ich, wäre ich einfach so
sitzen geblieben und hätte gewartet, bis uns jemand hilft.
So ergriff ich die Initiative und quetschte mich ganz vorsichtig an meinem würdigen Nachbarn vorbei und sprang
schließlich erleichtert aus dem Kleinbus. Der Stammesälteste aber saß immer noch da oben auf seinem Sitz wie
ein Äffchen auf seinem Ast, und außer mir bemerkte niemand sein Dilemma. Ich konnte ihn nicht einfach seinem
Schicksal überlassen. Ich wollte ihm helfen. Aber wie?
Fieberhaft überlegte ich, welche Vorschriften es wohl gab,
wie sich eine Nana einem Stammesältesten gegenüber zu
verhalten hat, ohne seine Würde zu beschädigen.

Aber irgendwann konnte ich nicht mehr anders: Ich
packte das schmächtige Männlein rechts und links unter
den Achseln, hob ihn aus dem Auto und stellte ihn behut-
sam auf die Erde. Das war weiter nicht schwierig, denn der
Gute wog vielleicht zwanzig, fünfundzwanzig Kilo. Da
stand er nun und starrte zu mir hoch. Ach herrje, dachte
ich, jetzt ist es passiert. Jetzt hast du dich als Queen Mother
komplett gegen die Etikette verhalten. Möglicherweise
erntest du jetzt eine saftige Ohrfeige. Oder es gibt eine
Stammesfehde. Der kleine alte Mann war vollkommen
verblüfft. Offenbar war ihm so etwas noch nie passiert.
Ich konnte richtig sehen, wie es hinter seiner Stirn ratterte,
als versuche auch er, diese ungewöhnliche Situation irgendwie in sein Wertesystem einzuordnen. Dann aber –
mir schien es nach einer Ewigkeit – erleuchtete ein Grin-
sen sein Gesicht, er strahlte mich von einem Ohr zum anderen an und schloss mich ganz fest in seine Arme.

Und seither, wann immer er mich sieht, nennt er mich
»seine Frau«. Wir sind die allerbesten Freunde, und einmal

fragte er sogar Emmanuel im Vertrauen, ob es nicht vielleicht doch ginge, dass ich ihn zum Mann nähme. Auch meine abschlägige Antwort tut unserer Freundschaft keinen Abbruch, bei jeder Stammesfete tanzen wir miteinander, und auch für mich ist das eines der Highlights eines solchen *Dabas*.

Wie war ich damals erleichtert. Und noch heute muss ich lachen, wenn ich an diese groteske Situation denke, wie wir beide es beinahe nicht schafften, aus diesem verflixten Trotro herauszukommen.

In diesen Wochen wies mir der Chief Odikro ein eigenes Haus in einem »Compound« zu. Ein Compound ist ein Häuserkomplex, der einen länglichen Innenhof umschließt. Wenn ich »Häuser« sage, dann sind das natürlich keine Gebäude in unserem Sinne, sondern einfache, aber solide gemauerte Zimmer, die aneinandergereiht sind. Mein Haus umfasst drei solcher einfachen Zimmer und eine Art Abstellkammer, und jedes dieser Zimmer hat ein Fenster nach außen und eine Tür, die in den Innenhof führt. Auf der Hofseite befindet sich ein gemauerter Absatz entlang der Zimmer, auf den man sich wie auf eine Bank setzen kann. Das Leben in Afrika findet draußen statt, in den kleinen Räumen wird nur geschlafen. Von einer Hofseite zur anderen sind Leinen gespannt, wo man nicht nur die Wäsche, sondern einfach alles, was trocknen oder auslüften muss, aufhängt.

Unsere Nachbarin, Sister Tawiah, die auf der gegenüberliegenden Seite des Innenhofs mit ihren Söhnen und Töchtern wohnt, passt auf meine Räume auf, wenn ich nicht da bin. Gekocht wird in der gemeinschaftlichen Küche am Ende des Komplexes, und daneben ist ein kleiner Raum mit einem Abfluss nach draußen, das Waschhäuschen. Sister Tawiahs Kinder lassen es sich nicht nehmen, mir frisches Wasser in Eimern vom Brunnen zu holen, damit ich mich damit auf afrikanische Art duschen kann: Im Waschhäuschen zieht man sich aus und überschüttet sich mit einer Kelle Wasser, seift sich ein und spült sich danach wieder kellenweise mit dem Wasser ab. Auf diese Weise reicht ein Eimer für eine gründliche Dusche, während wir in Deutschland viel zu viel gutes Trinkwasser durch den Abguss laufen lassen.

Mein Haus in Apewu – hier bin ich nie allein

Dem Waschhäuschen und der Küche gegenüber liegt ein etwas erhöhter und überdachter Bereich, in dem man Besuch empfängt, am Mittag, wenn es besonders heiß ist, im Sessel ein kleines Nickerchen macht oder sich während eines der heftigen Tropengewitter zurückziehen kann – quasi das Wohnzimmer für den gesamten Compound. Hier gibt es ein Fenster, das zur Dorfstraße hinaus zeigt, und sind die Fensterläden geöffnet, dann hängen hier oft Trauben von Dorfkindern, um zu sehen, was Nana gerade macht. Sie freuen sich, wenn wir ihnen ein paar Verschlüsse von Cola- und Fantaflaschen in die kleinen Hände drücken, dann laufen sie und basteln etwas daraus und kommen später wieder, um mir ihr Werk zu zeigen. Seit ich hier wohne, kommen mich die Bewohner von Apewu besuchen.

Das Zeichen ist mein Fenster: Sind die Läden geöffnet, bin ich zu sprechen. Und sie sind meistens auf, außer ich bin einmal ganz besonders erschöpft. Sind Fenster und Tür geöffnet, dann kommt jeder zu mir, der irgendetwas auf dem Herzen hat, dann halte ich schon mal vierundzwanzig Stunden am Tag Sprechstunde. Ist die Tür aber geschlossen, dann ist meine Ruhe heilig, und ich werde nur dann gestört, wenn jemand im Dorf stirbt.

Für mich gibt es nichts Schöneres, als am Abend dort im Hof zu sitzen, dem Rascheln des Windes in den Palmblättern zu lauschen, über uns der funkelnde tropische Sternenhimmel, zu fühlen, wie langsam die Hitze ein klein wenig nachlässt, und Emmanuel zu bitten, uns eine Geschichte zu erzählen.

Das Leben im Busch unterscheidet sich schon gewaltig von dem in Accra. Im Busch geht es bei meinen Aufenthalten um die konkrete Arbeit am Projekt. Ich besuche die Baustellen, bespreche mich mit meinen Mitarbeitern, den Arbeitern vor Ort, nächste Schritte werden geplant, Hindernisse aus dem Weg geräumt. Und die können ganz unterschiedlich aussehen, so kann es beispielsweise sein, dass es mal wieder keinen Zement zu kaufen gibt, oder der Sand ist nicht verfügbar. Auf meinem Programm stehen auch Treffen mit den Stammesältesten oder der Frauendelegation eines Dorfes. Da die Ortschaften weit auseinander liegen, stehen wir oft um fünf Uhr auf, nehmen eine Eimerdusche und frühstücken etwas, um vor der großen Hitze loszukommen.

Die Fahrten zu unserem Ziel sind mitunter weit, die Fußmärsche lang. Da ich mit meinem europäischen Magen nicht alles essen kann, gibt es unterwegs häufig keine

Möglichkeit für mich, etwas zu mir zu nehmen, nur in Flaschen abgefülltes, keimfreies Wasser gibt es dann zu trinken. Oft halte ich mich mit Bananen oder Kokosnüssen und ein paar Keksen aufrecht. Wir versuchen immer, vor Einbruch der Dunkelheit wieder »zu Hause«, also zurück im Dorf zu sein. Dann gibt es wieder die erfrischende und dringend nötige Eimerdusche und endlich etwas zu essen für mich. Ein kleiner Plausch hier und da, und um spätestens 21 Uhr liegen wir alle todmüde in unseren Betten.

In Accra befindet sich dagegen unsere »Zentrale«. Früher trafen mein Team und ich uns immer in meinem Wohnzimmer. Seit zwei Jahren haben wir nun ein richtiges Büro, und hier laufen alle Fäden zusammen. Nein, richtiger ist es zu sagen, dass alle Fäden bei mir zusammenlaufen, egal, wo ich mich aufhalte. Die modernen Kommunikationsmedien machen es möglich, dass ich auch im afrikanischen Busch online sein kann – vorausgesetzt, ich habe Handyempfang. Apewu verfügt noch immer nicht über Elektrizität, aber mein Notebook kann ich zur Not auch an der Autobatterie aufladen.

Dennoch ist meine Zeit in Accra immer bis zum Anschlag ausgefüllt mit der Beantwortung von Anfragen zum Koordinieren von Terminen und für Rückfragen zur Buchhaltung meiner beiden ghanaischen Sekretärinnen. Victor, Emmanuel und ich nutzen die Zeit hier, um die Berichte für aktuelle Projekte zu schreiben und neue Kostenvoranschläge anzufertigen, Baupläne zu besprechen und Behördengänge zu unternehmen. Was einmal mit dem Plündern meines Sparbuchs und Geldgaben meiner Großeltern und ihrer Freunde begann, hat sich in wunderbarer Weise ausgeweitet. So viele Menschen haben sich unserer Sache angeschlossen, und ich bin immer wieder überwältigt, wenn mir wildfremde Menschen schreiben und mich ermutigen. Darum ist mir auch der organisatorische Part meiner Arbeit enorm wichtig. Die großzügigen Spenden unserer Unterstützer wollen schließlich sorgfältig eingesetzt werden. Denn ich stehe persönlich dafür ein, dass die Gelder ihr Ziel erreichen.

Mir ist sehr wohl bewusst, dass so manche alte Dame oder auch junge Menschen, die mit ihrem Geld haushalten müssen und es nicht im Überfluss zur Verfügung haben, sich mitunter ihre Spende absparen und auf etwas anderes verzichten. Mich freut jeder überwiesene Betrag, gleich, ob es nun fünf Euro sind oder fünftausend. Für einen Rentner kann es viel schwieriger sein, fünfzig Euro zu erübrigen, als für einen Unternehmer ein Vielfaches davon. Darum sehe ich nicht nur die Zahl auf der Überweisung, sondern vor allem die Geste des Teilens, die dahinter steht und ohne die meine Arbeit nicht möglich wäre. Es gibt Kinder, die haben einen Dauerauftrag von einem oder zwei Euro im Monat eingerichtet. Mir bedeutet das sehr viel, denn es zeigt, dass sich selbst Kinder mit mir und meiner Arbeit verbunden fühlen.

Inzwischen ist es Mittag geworden, und ich habe noch nicht einmal gefrühstückt. Rasch schmiere ich mir ein Nutella-Brot und gieße mir einen Tee auf. Doch schon wieder ruft mich Victor ans Telefon, und das angebissene Nutella-Brot bleibt noch ein paar Stunden liegen. So geht es oft. Würde Mimie nicht auf mich aufpassen, ich würde oft das Essen vergessen. Eben steckt sie den bonbonfarbenen Stoff an einer Schneiderpuppe zusammen, ein Kleinmädchentraum von einem Prinzessinnenkleid entsteht unter ihren Händen.

»Mimie«, rufe ich im Vorübereilen, »das wird ein erstklassiges Osterei. Wann ist denn die Hochzeit?«
Mimie grinst.
»Übermorgen«, sagt sie ruhig.

Ich bin hier nicht die Einzige, die Tag und Nacht schuftet. Doch genau wie Mimie tue ich es leidenschaftlich gern.

Am Telefon ist Joycelyn, unsere Mitarbeiterin.

»Schade, dass du nicht hier bist«, erzählt sie vom Voltasee. »Du solltest sehen, wie Joshua sich freut!« Eben hat sie ihn in eines unserer Kinderheime gebracht, wo er zum ersten Mal in seinem Leben in einem richtigen Bett schlafen wird und wo er, statt auf den See hinaus zu rudern, in die Schule darf. Auch dies wäre nicht möglich ohne die Spenden aus Deutschland. Und dann meldet sich Emmanuel, der schon wieder auf dem Weg von Ho nach Accra ist.

»Wenn alles gutgeht«, sagt er, »komme ich heute Abend vorbei. Wir müssen etwas besprechen. Der Chief Odikro hat sich gemeldet. Er will wissen, wann wir das große Stammes-Daba machen zur Einweihung des Kindergartens im Nachbarort Dunkura. Das ganze Dorf ist schon aus dem Häuschen, weil ihre Nana bald wiederkommt. Sie sagen, du warst schon viel zu lange nicht mehr in Apewu.«

Wir lachen beide. Denn das sagen sie immer. Ein warmes Gefühl entsteht in meiner Magengegend, breitet sich von dort über meinen ganzen Körper aus. Es ist die Freude, bald wieder »nach Hause« zu fahren. Ich kann es kaum glauben, dass es erst acht Jahre her ist, seit sie mir den Titel Nana Enimkorkor verliehen haben. Inzwischen ist er mir zur zweiten Natur geworden. Es ist einiges geschehen in jenen Jahren danach. Und dann kommt mir ein Ereignis in den Sinn, etwas, was mir gezeigt hat, dass nichts unmöglich ist auf dieser Welt, außer man findet sich damit ab. Es ist die Geschichte von einem Brunnen, den es eigentlich gar nicht geben dürfte.

Kapitel 4

Wasser für Apewu

War ich vor meiner »Beförderung« zur Nana mehr oder weniger zu Besuch gekommen, so war es mir von nun an, als kehrte ich nach Hause zurück, wenn ich in Apewu ankam. Nirgendwo sonst auf der Welt werde ich mit so viel Herzlichkeit und ehrlicher Freude empfangen. Damals begann mein Leben in zwei Welten, die unterschiedlicher nicht sein könnten. Ich begann immer mehr zu begreifen, welchen Sinn es hat, dass ich mit einem afrikanischen Herzen in Deutschland geboren wurde. Denn nur so kann ich »meinen« Leuten, wie ich die Ghanaer seit langem nenne, wirklich helfen.

Ich habe niemals geplant, eine Hilfsorganisation aufzubauen. Es ist einfach so gekommen. Eines führte zum anderen. Ich bin ein Mensch, der einen Schritt nach dem anderen tut, wenn er ihn für notwendig erachtet. Große Bedenken, was in Zukunft daraus wohl entstehen könnte, halte ich für kontraproduktiv. Ich sehe, was zu tun ist, und packe es pragmatisch an. Nach und nach entstand daraus, was wir heute sind: Madamfo Ghana.

Damals sah ich, dass meine Leute in Apewu dringend gutes Trinkwasser brauchten. Die Toilettenanlage war ein wichtiger Anfang. Dennoch litten Erwachsene wie Kinder nach wie vor darunter, dass sie Wasser aus einem verseuchten Bach tranken. Den meisten war dies gar nicht so bewusst, schon immer hatte man das Wasser aus dem in den See strebenden Bach geholt, seit Generationen schon. Vielleicht war früher das Wasser von einer besseren Quali-

Wasserstelle von Apewu

tät gewesen, aber heutzutage wimmelte es nur so von Erregern und Keimen.

Der Chief und das ganze Dorf sahen das genauso, gleich nach der Elektrizität war ein Brunnen ihr größter Wunsch. Wir waren uns völlig einig darin, dass sauberes Wasser die Grundlage für die Gesundheit unseres Dorfes darstellte. Die Menschen hofften auf ihre Nana Enimkorkor. Doch wie um alles in der Welt sollte ich hier ein Brunnenbohrfahrzeug herzaubern?

Was ich bereits bei meinem zweiten Besuch in Ghana begonnen hatte, nämlich die offiziellen Stellen aufzusuchen und mich durchzufragen, wer für das Dorf Apewu und für den Bereich, in dem ich tätig werden wollte, zuständig war – das führte ich nun auch bei meinen nächsten Besuchen konsequent fort. Ich erkundigte mich also, wie es mit den Planungen im Straßenbau aussah, ob man in absehbarer Zeit damit rechnen könnte, dass der Staat eine anständige Straße nach Apewu bauen würde. Ich erfuhr, dass dies, ebenso wie die Anbindung an das Elektrizitätsnetz, durchaus geplant sei, doch wann es in den Bereich der Wirklichkeit rücken würde, darüber konnte mir niemand Auskunft geben.

Mittlerweile warten wir seit zehn Jahren darauf. In den Jahren 2004 / 2005 lernte ich den Regierungsvertreter für unsere Region näher kennen, der uns im Parlament in Accra vertritt. Ich erkannte sofort, dass ich es mit jemandem zu tun hatte, der keineswegs die Hände in den Schoß legen wollte, sondern unter den vielen desinteressierten und korrupten Politikern, denen ich inzwischen auch begegnet war, positiv heraustach. Bei meinen Recherchen hatte ich bereits alle möglichen Arten von Politikern kennengelernt. Zum einen die, denen ziemlich egal ist, was außerhalb von Accra passiert. Dann jene, die gerne etwas tun würden, denen aber aus irgendeinem Grund die Hände gebunden sind. Denn die Interessenlage ist in der ghanaischen Politik genauso verstrickt wie die in Deutschland.

Das ländliche Ghana verfügt über extrem schlechte Infrastrukturen, und so kann man Gesetze und Verordnungen in der Provinz schwer durchsetzen. Also lässt man es oftmals lieber gleich ganz. Besucht man in Ghana nur Accra, hat man ein völlig verzerrtes Bild von der Situation im Land. Denn hier gibt es Strom, es gibt fließend Wasser, es gibt Autos und Mobiltelefone, und im alltäglichen Straßenbild bekommt man den Eindruck, der Lebensstandard sei durchaus passabel. Doch sobald man die Städte verlässt, sieht es sofort ganz anders aus. Und viele Politiker bleiben deshalb lieber in Accra, wo das Leben leicht ist und verhältnismäßig luxuriös.

Zu denen gehörte Honorable Member of Parliament Nana Yaw Ofori-Kuragu zum Glück nicht. Er ist Regionalpolitiker mit Leib und Seele, und wir verstanden uns von Anfang an sehr gut. Er war auf mich aufmerksam geworden, als wir die Toilettenanlage einweihten, und nun hörte er mir interessiert zu, als ich ihm von meinen Plänen, einen Brunnen für Apewu zu bohren, erzählte.

»Das ist eine wunderbare Idee, die ich sofort unterstützen würde«, sagte der Honorable. »Aber ich sehe nicht, wie das realisiert werden könnte.«

Doch ich bin nun mal kein Mensch, der den Satz »Das geht nicht« gelten lassen könnte. Ich finde, wir bekommen Grenzen gesetzt, um Lösungen zu finden, wie wir sie am besten überwinden können. Alles, was ich bisher erreicht habe, war nur möglich, weil ich felsenfest davon überzeugt war, dass es das Richtige und auf jeden Fall zu schaffen ist. Und wenn ich von etwas überzeugt bin, dann will ich das

Honorable MP Nana Yaw Ofori-Kuragu

so unbedingt erreichen, dass es mir am Ende auch gelingt. Ich überlege mir dann, welche Schritte muss ich als Nächstes unternehmen, um dieses Ziel zu erreichen? So war das auch mit diesem Brunnen: Ich wollte ihn bauen, und ich wusste, es würde gelingen.

Im Grunde gab es zwei Hindernisse. Das eine war das nötige Geld, das andere das Problem der nicht vorhandenen Straße. Ich weiß nicht mehr, wie oft Emmanuel und ich zusammensaßen und darüber berieten, wie wir diese riesigen Fahrzeuge zum Brunnenbau nach Apewu bringen könnten. Sitzt man da unten am See, kommt einem das ganz und gar unmöglich vor. Wir sprachen mit unserem Chief darüber, und eines Abends sagte ich: »Wenn wir keine Straße haben, müssen wir eben eine bauen.«

Emmanuel sah mich mit großen Augen an, ebenso der Chief.

»Wie meinst du das?«, fragte Emmanuel.

»So, wie ich es sage.«

Dabei musste ich lachen, bis die anderen einfielen und wir uns die Bäuche hielten. So einfach war das. Jedenfalls in meiner Vorstellung. Und doch ließ ich mich von diesem Vorhaben nicht mehr abbringen.

Diese Worte im Herzen, flog ich einmal mehr zurück nach Deutschland, das mir immer weniger vorkam wie mein Heimatland. Die Kälte in den Gesichtern der anderen Reisenden. Das so nahe Nebeneinandersitzen, ohne sich zu grüßen. All das begann mich abzustoßen. Nach der Landung in Düsseldorf bei drei Grad und Nieselregen wäre ich am liebsten auf dem Absatz umgedreht und direkt zurück nach Ghana geflogen.

Wieder erzählte ich allen Menschen, die mir über den Weg liefen, von meinem Plan, einen Brunnen in einem der abgelegensten Dörfer der Welt zu bauen, mitten im Aschanti-Land am Ufer eines traumhaft schönen Sees. Und dann passierte etwas, das meine Arbeit in Ghana mit einem Schlag aus den familiären und freundschaftlichen Kreisen in Hagen heraushob und bei einer größeren Öffentlichkeit bekannt machte. Ja, man kann sagen: In Sachen Professionalisierung meines bislang eher privaten Projektes bedeutete dieses Erlebnis den Durchbruch.

Es war eine Nachtschicht im Krankenhaus wie jede andere. Notfälle wurden eingeliefert, und wir kümmerten uns um sie. Da kam ein besonderer Fall zu uns: Der Insasse eines in der Nähe gelegenen Gefängnisses wurde mit Herzbeschwerden und mit Verdacht auf Infarkt eingeliefert – in seiner Begleitung ein junger Polizist, der auf ihn aufpassen musste.

Die Sache zog sich in die Länge, und während sich die Ärzte um den Patienten kümmerten, kam ich mit dem Polizisten ins Gespräch. Wir unterhielten uns über Gott und die Welt, und wie das eben so bei mir ist, kam ich recht schnell auf Afrika zu sprechen, denn im Grunde dachte ich unentwegt an meine Freunde dort unten und wie es ihnen wohl gerade geht. Der Polizist war schon in Kamerun gewesen, und wir tauschten unsere afrikanischen Erfahrungen aus.

»Das ist ja eine richtig tolle Sache«, sagte der sympathische Polizist, als er von meinem Engagement für Apewu hörte.

»Ich muss das einfach tun. Schließlich haben sie mich zu ihrer Königin gemacht. Diese Leute brauchen sauberes Trinkwasser. Ich möchte, dass die Kinder sehen können und nicht wegen der Flussblindheit ihr Augenlicht verlieren.«

»Wie machst du deine Arbeit denn publik?«

Ich erzählte ihm, dass meine Projekte bislang hauptsächlich von mir, meinen Großeltern und deren Freunden finanziert würden. Da versprach er, einem Freund davon zu erzählen. »Der ist nämlich Journalist«, sagte er. »Ganz bestimmt interessiert deine Geschichte noch mehr Menschen.«

Ich freute mich darüber. Es ist immer wunderbar für mich, in Deutschland Menschen zu treffen, die Afrika bereits kennen und ebenfalls lieben. Schön, dachte ich, vielleicht wird ja etwas daraus. Und hatte es schon fast wieder vergessen.

Bis mich ein Journalist von der *Westfalenpost* anrief und mich um ein Interview bat. Der nette Polizist hatte also tatsächlich Wort gehalten.

Dies war der erste größere Zeitungsartikel über meine Arbeit und mich, und er erschien im Mantelteil der *Westfalenpost*, die eine ziemlich hohe Auflage hat.

Auch der stellvertretende Vorsitzende einer großen Stiftung schlug an diesem Tag die Zeitung auf und las den Artikel. Er war sofort begeistert. Das Glück wollte es, dass seine Stiftung gerade auf der Suche nach einem verlässlichen Projektpartner in Afrika war, und das, was ich machte, schien ihnen genau passend. Kurz darauf klingelte bei mir das Telefon.

»Ich würde Sie gerne kennenlernen«, sagte er, nachdem er sich vorgestellt hatte. Kurze Zeit später trafen wir uns zu einem Gespräch.

Seine Frau und er kamen zu mir nach Hause. Ich war sehr nervös, denn noch nie hatte ich mit einer derart großen Stiftung zu tun gehabt. Es hing doch so viel für meine Leute in Apewu von diesem Treffen ab. Ich wollte sie auf keinen Fall enttäuschen. Es klingelte an der Tür, und ich hatte einen Puls von mindestens 180, so aufgeregt war ich. Doch schon im nächsten Moment war ich wieder ruhig. Das Ehepaar, beide waren Ende sechzig, war unglaublich nett. Ich erzählte ihnen von meinen Plänen, und sie hörten begeistert zu und stellten viele Fragen.

Ich hatte das Gefühl, meine Sache gut gemacht zu haben. Und doch glaubte ich zu träumen, als mir kurz darauf die Stiftung per Telefon mitteilte, dass sie den Brunnen für Apewu finanzieren würden. Nachdem ich den Hörer aufgelegt hatte, sprang ich auf und rief sofort Emmanuel in Ghana an, der nicht minder jubelte. Ein Brunnen für Apewu! Und die Finanzierung stand! Dies war zwar das erste, aber noch lange nicht das letzte Projekt, das diese Stiftung und ich gemeinsam umsetzten. Diese wunderbare Zusammenarbeit hält bis heute an, und die Stiftung ist gegenwärtig einer meiner wichtigsten Sponsoren, der sich auch an Projekte wagt, die andere lieber ruhen lassen.

»Emmanuel«, schrie ich außer mir vor Freude ins Telefon, »ich hab das Geld beisammen!« Es war mal wieder mitten in der Nacht, doch Emmanuel ist das gewöhnt. »Geh zu Chief Odikro und sag ihm, sie können schon mal damit anfangen, die Straße zu bauen.«

Wir lachten und freuten uns über sechstausend Kilometer hinweg, und ich merkte einmal mehr, dass ich mit einem Bein in Europa stand und mit dem anderen in Afrika. Ich konnte es kaum erwarten, bis ich meinen nächsten Urlaub beantragen konnte, sammelte Überstunde um Überstunde, um nur ja bald wieder »nach Hause« nach Ghana fliegen zu können. Doch vorerst musste ich die Arbeiten dort per Telefon von Deutschland aus koordinieren.

Zunächst folgte der schwierige Teil der Umsetzung. Wie macht man das eigentlich, einen Brunnen bohren? Zunächst einmal muss das Gelände natürlich geeignet dafür sein. Doch darüber sorgten wir uns im Falle von Apewu nicht. Es gab genügend Grundwasser, und ob wir nun dreißig, vierzig oder gar fünfzig Meter bohren mussten, irgendwie würden wir das schon hinkriegen. Das Schwierige war, die Bohrfahrzeuge an Ort und Stelle zu bringen.

Wenn es schon so kompliziert war, einen einfachen PKW für den Transport von Stephen Owusu zu organisieren, wie sollte dann eine tonnenschwere Maschine ihren Weg ans Ufer des Bosomtwisee finden? Und es brauchte nicht nur das Bohrfahrzeug selbst, sondern zusätzlich einen LKW mit einem Wassertank, um die Sedimente aus dem neu gebohrten Loch herauszuspülen.

Die Straße, die wir bauen würden, musste also diese schweren Fahrzeuge aushalten. Außerdem war es nötig, die ganze Bohrmannschaft hinzubefördern. Rasch kamen wir überein, dass es unmöglich war, den steilen Pfad von Morontuo herab an den See auszubauen. Stattdessen schlug ich vor, den Fußweg nach Abonu, das auf der gegenüberliegenden Seeseite liegt und durch eine halbwegs vernünftige Straße mit Kumasi verbunden ist, zu verbreitern. Doch auch dies waren viele Kilometer, und der Weg war oft nicht breiter als ein Trampelpfad.

Ich bat Emmanuel herauszufinden, welche Brunnenbau-Firma am zuverlässigsten und erfahrensten war. Seine Wahl fiel auf eine Firma aus Accra. Von diesem Unternehmen hatte Emmanuel nur Gutes gehört. Mr. Kofi, der Leiter und Besitzer, war bekannt dafür, dass er auch schwierige Projekte zu einem guten Ende bringen konnte. Übrigens werden in Ghana alle männlichen Kinder, die an einem Freitag geboren werden, Kofi genannt.

Ich hielt es für ein gutes Omen, dass auch ich an einem Freitag geboren wurde, deswegen nennen sie mich in Ghana auch Afua, das ist die weibliche Form für »Freitagsgeborene«.

Und tatsächlich sollte die Begegnung mit Kofi für mich schicksalhaft werden.

Doch zunächst mussten wir uns um die Straße kümmern. Denn wenn wir die um den See herum ausbauen wollten, dann war das nicht mehr länger nur die Sache von Apewu. Fünf weitere Dörfer lagen an dieser Strecke, und deren Bewohner mussten uns, sollte unser Plan gelingen, beim Straßenbau helfen.

Also führte Emmanuel Gespräche mit den Chiefs der Nachbardörfer. Ich lege großen Wert darauf, dass nicht ich als Weiße dort hingehe und sage, wo es langgehen soll. Stattdessen verhandelte Emmanuel als einer der ihren mit den Menschen vor Ort und legte ihnen unser Anliegen dar. Mit viel Geduld und guten Argumenten versuchte er, zwischen den verschiedenen Parteien zu vermitteln, und keiner könnte das besser als er.

Denn wie kann man jemanden davon überzeugen, dass er bei tropischer Hitze die Mühen auf sich nimmt, einige Kilometer Straße zu bauen, von der er selbst nicht profitieren wird? Da muss man das nötige Fingerspitzengefühl haben und die Gepflogenheiten der Menschen kennen. Man muss ihnen Wertschätzung entgegenbringen und ihre Regeln kennen und beachten. Emmanuel ist ein wunderbarer Botschafter unserer Anliegen, und so gelang, was meiner Meinung nach in Deutschland unmöglich wäre: Die Einwohner von fünf Gemeinden leisteten zehn Wochen lang unbezahlte Schwerstarbeit, rodeten das Gebüsch am Rand des Trampelpfades, um ihn ausreichend zu verbreitern, schleppten schwere Steine und Baumstämme, um die schlimmsten Löcher zu ebnen, füllten alles mit Erde auf, befestigten abschüssige Stellen und schufen so tatsächlich, was ich mir vorgestellt hatte: eine Straße.

Alles wäre so wunderbar gewesen, hätten nicht ausgerechnet dann schwere Regenfälle eingesetzt, die all die mühsam geleistete Arbeit zunichtemachten: Der Regen schwemmte die aufgeschüttete Erde, die Stämme und Steine wieder in den See. Und was machten meine geliebten Ghanaer? Sie begannen einfach noch mal von vorn. Schufteten und ackerten, und am Ende waren die schlimmen Schäden behoben. Apewu war tatsächlich durch eine Straße mit der Außenwelt verbunden!

Als es so weit war, kam Kofi, der Brunneningenieur, aus Accra und sah sich das Ganze an. Danach rief er mich in Deutschland an und sagte: »Na ja, Bettina, eine richtige Straße ist das natürlich nicht, und ich denke, das wird ganz schön schwierig. Aber wir versuchen das jetzt einfach.«

Ich war unendlich erleichtert. Schon damals merkte ich, dass auch Kofi ein ganz besonderer Mensch sein musste.

Er hätte genauso gut sagen können: »Für einen so kleinen Auftrag von nur einem Brunnen riskiere ich nicht meine teuren Maschinen.« Nein, er war bereit, das Abenteuer zu wagen.

Damals saß ich in Deutschland wie auf Kohlen. Ich arbeitete bis zum letzten Augenblick, und als ich endlich im Flugzeug nach Accra saß, wusste ich, dass die Bohrfahrzeuge schon nach Apewu unterwegs waren. So verpasste ich die äußerst dramatische Anfahrt der schweren Fahrzeuge über die selbstgebaute Piste, doch allein die Schilderungen ließen mir im Nachhinein die Haare zu Berge stehen. An einer besonders abschüssigen Stelle war das Erdreich schon wieder abgerutscht, und das Bohrfahrzeug neigte sich gefährlich in Richtung See. Es geriet in eine derartige Schieflage, dass der zuständige Fahrzeugführer sagte, er fahre keinen Zentimeter weiter, er könne das Risiko nicht eingehen, dass die gesamte Maschine in den See stürze.

Da eilte das ganze Dorf hinzu, um das Fahrzeug mit langen Stangen abzustützen – ich bin im Nachhinein froh, dass ich das nicht mit ansehen musste. Wahrscheinlich hätte ich die ganze Aktion abgeblasen, denn das Risiko, dass Menschen unter dem umstürzenden Fahrzeug begraben würden, wäre mir viel zu hoch gewesen. Doch die Seebewohner waren entschlossen, alles dafür zu tun, dass ihre Arbeit nicht umsonst war, und irgendwie gelang es dann doch, die Fahrzeuge heil nach Apewu zu bringen.

Schon als ich von Morontuo die Kraterwand hinunter zum Dorf stieg, hörte ich in der Ferne das Geräusch des Bohrers. Und obwohl ich es ja wusste und schließlich selbst dafür gesorgt hatte, konnte ich meinen Augen kaum trauen: Diese gigantischen Maschinen in unserem abgelegenen und plötzlich winzig erscheinenden Dorf, in das man ja schließlich nur zu Fuß gelangen konnte, kamen mir vor wie eine Erscheinung. Im Nu war die Baustelle zum Treffpunkt der umliegenden Dörfer geworden. Jeder, der sich auch nur irgendwie fortbewegen konnte, fand sich um den Bauplatz herum ein. Besonders die Kinder waren außer sich vor Begeisterung und mussten immer wieder hinter die Absperrung zurückgejagt werden.

Auch in diesem Fall hatte das Dorf für die Entscheidung, wo genau der Brunnen gebohrt werden sollte, zahlreiche Versammlungen abgehalten. Denn bei einem Brunnen, von dessen Vorteilen gegenüber der alten Wasserstelle viele Einwohner ja erst überzeugt werden mussten, ist es noch viel wichtiger als bei anderen Projekten, dass er an der für die Bewohner »richtigen« Stelle entsteht. Ein paar Meter zu weit, und die Frauen, die in Ghana traditionell für das Wasserholen zuständig sind, gehen lieber wieder zum Bach.

Aus diesem Grund war Kofi schon Wochen vorher da gewesen und hatte mehr als dreißig Stellen markiert, an denen ein Brunnen gebohrt werden könnte. Danach wurde so lange debattiert, bis sich die Einwohner auf eine Stelle geeinigt hatten. Hier wühlte sich jetzt der Bohrer in die Erde – ein unfassbarer Anblick für mich.

Nun traf ich also zum ersten Mal Kofi persönlich. Und ganz ähnlich wie bei Emmanuel war es Freundschaft auf den ersten Blick. Wir sahen uns an und wussten, dass wir aus ähnlichem Holz geschnitzt waren. Schließlich hatten alle gesagt, es sei unmöglich. Und dieser Mann, der uns überhaupt nicht kannte, der noch nie zuvor von diesem Dorf namens Apewu gehört hatte, der scheute kein Risiko, um uns zu helfen. Er tat es einfach, und das ist es, was ich an Menschen unter anderem am meisten schätze: Wenn sie tun, was notwendig ist, ohne Bedenken vor sich herzutragen, »Wenn« und »Aber« vorzubringen und am Ende die Hände in den Schoß zu legen, »weil man ja leider nichts tun kann«. Man kann immer etwas tun, wenn man nur will. Und Kofi sah das genauso.

Da saß ich also in Afrika unter einem Baum und sah zu, wie sich der Bohrer in den sandigen Erdboden grub, und dachte an all diejenigen, die mir in Deutschland ihr mühsam verdientes Geld für unsere Projekte anvertraut hatten, und wünschte mir, sie alle könnten dabei sein.

In sechzig Meter Tiefe stießen Kofis Mitarbeiter auf Wasser. Alle jubelten wie aus einem Munde. Auch das ist etwas, was ich an Afrika so liebe: dass sich die Menschen noch richtig freuen können. Die Freude bringt sie auf ihre Beine und lässt sie herumtanzen, sie werfen die Arme in die Luft und singen vor Begeisterung. Und das tat nun das gesamte Dorf.

Doch noch waren wir nicht ganz am Ziel. Denn ist er einmal auf Wasser gestoßen, muss der Bohrer vorsichtig aus dem Loch gezogen werden, und Rohre aus PVC werden eingeführt als Ummantelung des späteren Brunnenloches. Danach kommt der Tankwagen zum Einsatz, denn nun wird das Bohrloch gründlich durchgespült, damit es frei von allen Sedimenten wird. Und genau da passierte es: Beim Einbringen der PVC-Rohre kollabierte unten das Loch wieder – der Boden war zu sandig.

O Gott, dachte ich, das kann nicht wahr sein, was haben wir nicht alles angestellt, um so weit zu kommen, und jetzt stellt sich raus, dass der Untergrund nicht geeignet ist für einen Brunnen? Das darf einfach nicht wahr sein.

Es waren die schlimmsten Stunden meines Lebens. Eine heftige Diskussion entspann sich unter der Bohrmannschaft, die kurz vor der Rebellion stand. Schließlich fasste ich mir ein Herz und sprach mit Engelszungen auf den Operator des Bohrfahrzeugs ein, einem Riesenkerl von einem Mann, bis er sagte: »O.k. Wenn diese weiße Frau aus Deutschland sich so ins Zeug legt und die Leute hier extra eine Straße gebaut haben, um einen Brunnen zu kriegen, und das sogar zweimal, weil der Regen sie beim ersten Mal wieder weggeschwemmt hat, dann müssen wir es einfach noch mal versuchen. Kommt! Wir setzen den Bohrer zwei Meter weiter vor. Mal sehen, ob es dann gelingt.«

Und so geschah es. Doch auch dies gestaltete sich als äußerst schwierig. Apewu liegt am Hang der Kraterwand, und es ist nicht einfach, eine ebene Fläche im Dorf zu finden. Als sich nun dieses mächtige Fahrzeug nach vorne bewegen wollte, gab der Untergrund nach, der Boden rutschte ab, und das Gefährt geriet gefährlich ins Schwanken. Die Arbeiter murrten und wollten nicht mehr, aber ihr Anführer hielt sein Versprechen. Riesige Arme wurden zur Stabilisierung der Maschine ausgefahren, und als sie einigermaßen sicher stand, senkte sie ihren Bohrrüssel erneut in die Erde von Apewu.

Meine Güte, ich platzte fast vor Aufregung. Es musste nun einfach klappen, es *musste*. Ich ging zu Kofi und sagte ihm rundheraus, dass wir nicht in der Lage waren, einen Aufpreis für die zweite Bohrung zu bezahlen. Ich hatte gerade die Summe beisammen, die es brauchte, um einen Brunnen zu bohren, mehr war schlichtweg unmöglich.

Doch er winkte ab. »Wenn wir das hier schaffen«, sagte er, »dann reicht mir die Genugtuung darüber.«

Ich glaube, das ganze Dorf hielt den Atem an. Noch nie habe ich selbst die Kinder so still erlebt. Bei vierundvierzig Metern stießen sie erneut auf Wasser. Als der Bohrer herausgezogen und die Ummantelung eingelassen wurde, da klappte es endlich.

Ich glaube, ich war in meinem ganzen Leben noch nie so erleichtert und glücklich wie an jenem Tag. Ich kann das Gefühl gar nicht beschreiben, ich sagte mir nur immer wieder: »Jetzt müssen meine Leute nicht mehr das Wasser aus dem Bach trinken! Jetzt haben sie sauberes Wasser!«

Dieser Brunnen hat dermaßen viel Kraft und Anstrengung gekostet, dass es bis heute für mich das wichtigste und unglaublichste Projekt geblieben ist, das ich jemals realisiert habe. An jenem Tag haben wir alle geweint vor Freude, sogar Kofi. Jeder lag jedem in den Armen, und mir wurde klar, in Kofi hatten wir einen weiteren Verbündeten für unsere Sache gewonnen.

Am nächsten Morgen ging es weiter. Die Arbeiten rund um den Brunnen, die übernahm wie immer das Dorf. Kofis Mitarbeiter halfen unseren Leuten, aus dem Bohrloch einen richtigen Brunnen zu bauen.

Als schließlich das Gestänge für die Pumpe installiert wurde, da schlug die große Stunde für die vier ältesten Frauen von Apewu.

Wasserholen ist, wie gesagt, Sache der Frauen. Sie entscheiden, wo das lebenswichtige Nass geholt wird, wann und wie viel. Darum hatte Kofi uns einen Tipp gegeben, den wir seither auch in anderen Dörfern befolgen: Den vier ältesten Frauen, die traditionell den größten Respekt im Dorf genießen, wird erklärt, wie der Brunnen funktioniert. Wie er zusammengesetzt ist, und was man tun muss, wenn er einmal nicht funktioniert.

Mit viel Geduld erläuterten Kofis Mitarbeiter unseren vier Damen des Vertrauens die Mechanik des Brunnens und bauten ihn gemeinsam mehrere Male auseinander und wieder zusammen. Den Brunnen zu warten ist eine ehrenvolle Aufgabe, und die Frauen erfüllen sie auch heute noch mit großem Stolz. Werden sie eines Tages zu alt dafür, dann geben sie ihr Wissen an jüngere weiter. Auf diese Weise stärken wir auch die Position der Frauen innerhalb des Dorfes, denn so verfügen sie über ein Wissen, das die Männer nicht haben. Und das Wichtigste ist: Sollte etwas nicht funktionieren, dann kann sich das Dorf selber helfen. Mit dieser Methode sind wir bislang immer gut gefahren.

Was für eine wunderbare Einrichtung das ist, wurde mir erst neulich wieder bewusst. Bei einem Besuch in Apewu stürmte eine jener Frauen auf mich zu und rief: »Nana, Nana, du glaubst nicht, was passiert ist!«

Und dann erzählte sie mir atemlos, dass man sie neulich ins Nachbardorf holte, weil dort der Brunnen nicht mehr funktionierte. Sie konnte das Problem lösen und das Wasser wieder zum Fließen bringen. Dafür erhielt sie sogar 15 Cedi Honorar, das sind umgerechnet rund 7 Euro 50, und das ist für Ghana richtig viel Geld. Ich habe selten einen stolzeren und zufriedeneren Menschen gesehen als diese Frau.

Damals also, am Tag nachdem es gelungen war, bis zum Grundwasser zu gelangen, stand das gesamte Dorf um den Brunnenplatz und sah zu, wie die Frauen in ihr wichtiges Amt eingewiesen wurden.

Als der Brunnen schließlich fertig war, feierten wir ein großes Einweihungsfest. Das ist immer ganz wichtig, denn große Ereignisse müssen einfach mit einem Fest begangen werden, vor allem, wenn sie eine so große Auswirkung auf das tägliche Leben der Menschen haben wie frisches Trinkwasser. Es ist nämlich für viele, besonders auch für Ältere, schwer zu verstehen, warum das Wasser, das über Generationen das Dorf erhalten hat, auf einmal schlecht sein soll.

»Unser Urururgroßvater hat dieses Wasser schon getrunken«, heißt es dann, »und wir sind auch noch da.«

Die Menschen sind an den Geschmack dieses Wassers gewöhnt, und oft lehnen sie anfangs das Brunnenwasser ab, denn es schmeckt anders, ein wenig salziger, schließlich kommt es aus viel größerer Tiefe. Wir lassen grundsätzlich jedes Wasser aus einem Brunnen, den wir bohren, prüfen, ehe wir ihn freigeben, und alle unsere Brunnen haben erstklassige WHO-Qualität. Das muss noch nicht heißen, dass es den älteren Menschen schmeckt. Auch wenn sie vorher den Brunnen ausdrücklich wünschten, so ist die Macht der Gewohnheit doch oft stärker.

Ein wichtiges Ritual, das habe ich damals verstanden, ist also bei einer Einweihungsfeier der Moment, wenn die erste Schale Wasser dem Chief Odikro überreicht wird.

Ich weiß es noch wie heute, wie damals unser Chief die Schale entgegennahm. Atemlose Stille legte sich über die versammelte Dorfgemeinschaft. Ich höre noch das Schlürfen, mit dem der Chief das Wasser trank, einen Moment des Innehaltens und dann sein lautes, genüssliches: »Hmmmmm!« Und der ungeheure Jubel, der daraufhin ausbrach.

Denn wenn der Chief das Wasser für gut befindet, dann ist es auch gut. Und letztendlich sind es, wie schon erwähnt, die Frauen, die entscheiden, wo das Wasser geholt wird. Bringen uns einzelne einmal wieder ihre Kinder mit Durchfallerkrankungen und Wurmbefall in den Augen, dann erklären wir ihnen geduldig: »Das kommt davon, weil du dein Wasser immer noch aus dem Bach holst. Mit Brunnenwasser wäre das nicht passiert!«

Besonders gut ist es auch, wenn wir in einem Dorf, so wie in Apewu, längerfristig Projekte durchführen. Zum Beispiel einen Kindergarten oder eine Schule bauen. Dann können wir die Kinder durch die Schulspeisung bereits an den Geschmack des gesunden Wassers gewöhnen und ihnen im Unterricht immer wieder vor Augen führen, wie wichtig es ist, sauberes Wasser zu trinken. Und nach und nach setzt sich das dann auch durch.

Haben wir also erst einmal die Frauen vom Brunnenwasser überzeugt, dann werden sie es auch dort holen, selbst wenn ihr Mann vielleicht meckert und sagt, das Wasser schmecke ihm nicht, er wolle lieber das Wasser aus dem Bach. »Nein«, sagen die Frauen dann ziemlich selbstbewusst, »das Wasser wird vom Brunnen geholt.« Und

Der Brunnen von
Apewu

dabei bleibt es dann auch. Denn den Mann habe ich noch nicht gesehen, der sich mit einem Eimer bewaffnet auf den Weg macht, um selbst Wasser zu holen.

Als der Brunnen fertig war, verabschiedete sich die ganze Brunnenbohrmannschaft und setzte sich wieder, diesmal in umgekehrter Richtung, in Bewegung. Ich nahm Abschied von Kofi, wohl wissend, dass er mit all den Widrigkeiten an unserem Projekt eigentlich so gut wie nichts verdient hatte. Ich sprach ihn darauf an, doch er meinte nur: »Ach Unsinn. Du setzt dich dermaßen ein. Da ist es doch selbstverständlich, dass wir Ghanaer unseren Teil dazu beitragen.«

Er fragte mich, wo ich denn wohnte, wenn ich in Accra war.

»In einem Guest House«, antwortete ich.

»Dann komm doch das nächste Mal zu uns«, sagte er. »Meine Frau Mimie und ich würden uns freuen.«

Er schrieb mir die Adresse auf, und ich sagte: »Klar! Danke schön! Ich schau bei euch vorbei.«

Damals hatte ich keine Ahnung, dass diese Einladung noch weitreichende Folgen haben sollte.

Es ist später Nachmittag, da tritt ein erschöpfter und dennoch strahlender Emmanuel zum Tor herein. Er hat den ganzen Weg von Ho nach Accra hinter sich gebracht. Heute Morgen war er noch am Voltasee dabei, als Josuah in sein neues Zuhause gebracht wurde.

»Wie war es?«, will ich wissen. »Du musst mir alles erzählen.«

»Großartig«, sagt Emmanuel, »du hättest dabei sein sollen.«

Natürlich wäre ich das auch gerne gewesen. Am liebsten wäre ich an mehreren Orten gleichzeitig. Aber besonders bei der Befreiung der Kinder wäre ich gerne anwesend. Trotzdem bin ich niemals dabei, denn ich will nicht, dass der Eindruck entsteht, die weiße Frau holt die Kinder da raus. Das ist eine Angelegenheit des ghanaischen Staates und darum Roland Kumfos, des zuständigen Welfare Officers, Aufgabe, in Zusammenarbeit mit Joycelyn. Die Lage ist so kompliziert, dass ich sie durch meine Hautfarbe nicht noch schwieriger machen möchte. Das Wichtige ist, Josuah ist in Sicherheit.

»Wer kommt als Nächstes dran?«

»Ein Kind aus dem zweiten Dorf, ein Mädchen. Es heißt Stella. Sind die Zwillinge noch da?«

Schon ist er auf dem Weg in Richtung Büro. Ich folge ihm und muss lächeln. Emmanuel ist aus demselben Holz geschnitzt wie ich. Müdigkeit kennt er nicht, solange er noch etwas zu tun hat. Auch wenn er eben fünfhundert afrikanische Kilometer hinter sich gebracht hat.

KAPITEL 5

MEINE AFRIKANISCHE SCHWESTER

In Afrika zu reisen ist für uns Europäer mitunter ganz schön anstrengend. Damals war ich noch mit öffentlichen Verkehrsmitteln unterwegs, und das bedeutete, dass ich von Apewu nach Accra mindestens einen vollen Tag unterwegs war, je nachdem, ob es regnete oder nicht oder ob es eine Fahrgelegenheit gab oder nicht. Heute brauchen wir für diese Strecke in unserem geländetauglichen Jeep, den wir mit Spendengeldern aus Deutschland anschaffen konnten, acht bis zehn Stunden. Bis dahin fuhren wir Trotro wie jeder Afrikaner eben auch, der keinen eigenen Wagen hat.

Ich fahre eigentlich gerne Trotro. Nirgendwo kann man so tief eintauchen in das afrikanische Leben wie in diesen Kleinbussen, in die aber in Afrika fast genauso viele Fahrgäste hineinpassen wie bei uns in einen ausgewachsenen Reisebus. Irgendwie scheinen die afrikanischen Kleinbusse Gummiwände zu haben, sonst wäre das schlichtweg nicht möglich. Statt festen Abfahrtszeiten gilt hier: Erst ein volles Trotro ist ein abfahrbereites Trotro. Und darum muss man eben warten, bis sich genügend Mitfahrer eingefunden haben. Auch wenn das Stunden oder Tage dauert.

Dies war immer wieder eine harte Prüfung für meine deutsche Ungeduld. Einmal, als mir die Warterei zu bunt wurde, schlug ich dem Fahrer vor, ich könnte einfach alle Platzkarten aufkaufen – denn schließlich kostet eine Fahrt umgerechnet nur wenige Cent. Meine Zeit, dachte ich mir, ist wertvoller als die paar Euro. Eine ziemlich deutsche Einstellung. Das fand auch der Fahrer, der überhaupt nicht verstand, was ich wollte, und der auf mein Angebot, das gesamte Trotro zu mieten, nicht einging. So etwas kommt einfach nicht vor in der Mentalität dieser Menschen, so dass er, auch wenn Emmanuel mein Anliegen astrein übersetzte, mich einfach nicht verstand. Ich gab auf und entspannte mich.

Ein anderes Mal war das Trotro zwar voll, doch der Mate des Fahrers fehlte. Das ist derjenige, der bei jeder Haltestelle die Tür öffnet und schließt und bei den Leuten das Fahrgeld kassiert. Wir warteten und warteten, und schließlich sagte ich: »Weißt du was, Emmanuel, sag ihm, *ich* mache den Mate.«

Erst wollte es der Fahrer nicht glauben, lachte sich halb tot bei der Vorstellung, eine deutsche Frau könne sein Mate sein, doch als er sah, dass es mir ernst damit war, stimmte er zu. Wir fuhren los, und ich hatte noch nie so viel Spaß wie während dieser Fahrt. Die Leute, die einstiegen, starrten mich an, als wäre ich eine Erscheinung, und sicherlich erzählen sie heute noch die Geschichte von der blonden Weißen, die ihnen damals die Fahrkarte verkaufte.

Auch wenn ich hart im Nehmen bin – nach einigen Wochen Busch und der umständlichen Trotro-Fahrt zurück nach Accra war ich jedes Mal ganz schön erledigt. Um Kosten zu sparen, hatte ich mich bislang in einem einfachen Guest House eingemietet, dessen Komfort dem einer Jugendherberge bei uns entsprach. Bei dieser Gelegenheit im Herbst 2005 allerdings nannte ich dem Taxifahrer die Adresse in Accras Stadtteil La Pas, die Kofi mir aufgeschrieben hatte. Ich war sehr gespannt, denn nie zuvor war ich in Accra bei einer Familie zu Gast gewesen. Das Taxi hielt vor einem Haus mit einem großen Tor davor.

Als ich läutete, öffnete mir Kofi die Tür.

»Willkommen!«, sagte er. »Komm, ich stell dich Mimie vor.«

Da stand sie, in der Tür zur Küche. Groß und schlank und wunderschön. Damals trug Mimie ihr Haar kurz, was ihr apartes Gesicht und ihre fein gezeichneten Züge vorteilhaft zur Geltung brachte. Sie lächelte.

»*Akwaaba*«, sagte sie, »willkommen in unserem Haus.«

Wir sahen uns in die Augen, und mir war auf der Stelle klar, dass ich mich mit ihr verstehen würde. Kofi zeigte mir mein Gästezimmer. Es hatte sogar ein eigenes Badezimmer, wie es bei gut situierten Familien in Afrika üblich ist. Nach den vielen Wochen in Apewu, wo wir es als unglaublichen Fortschritt ansahen, das Wasser in Eimern nicht mehr vom Bach, sondern von einem richtigen Brunnen zu holen, um uns im Badehäuschen auf afrikanische Weise mit einem Becher zu begießen, war dies Luxus pur.

Später erfuhr ich, dass für Mimie deutscher Besuch durchaus nichts Ungewöhnliches war, denn Kofi hatte viele Geschäftspartner aus Deutschland. Dennoch merkte sie schnell, dass ich eine andere Geschichte mitbrachte als die Geschäftsleute. Während jene wohl hauptsächlich daran interessiert sind, ihre Projekte möglichst rasch abzuwickeln, um dann wieder nach Hause zu fliegen, verstand Mimie, dass es mir um die Ghanaer selbst ging. Und das fand sie äußerst erstaunlich.

Mimie hat einen Universitätsabschluss in Modedesign

Mimie und
Bettina

und beschäftigte damals mehrere Schneiderinnen, die für ihr Studio arbeiteten. Gleichzeitig half sie Kofi dabei, sein Geschäft aufzubauen. Für mich war sie die erste afrikanische Frau, die eine höhere Ausbildung hatte und ein Geschäft führte – eine gebildete Frau in meinem Alter mit einem weiten Horizont. Sie sprach Englisch, und endlich konnte ich mich ohne Übersetzer von Frau zu Frau mit einer Afrikanerin unterhalten. Außerdem kochte sie wie eine Göttin. Vor allem ich, die ich als Vegetarierin in Afrika immer Probleme habe, etwas Vernünftiges zu essen zu bekommen – denn für einen Afrikaner ist ein Essen ohne Fleisch oder Fisch kein richtiges Essen –, konnte bei ihr nur so schwelgen.

Während dieses ersten Besuchs, der nur sehr kurz währte, denn mein Flug zurück nach Deutschland ging bereits am übernächsten Tag, sprach ich hauptsächlich mit Kofi. Immer noch war unser großes Thema das Wunder unseres geglückten Brunnenbaus in Apewu. Auch für weitere Projekte war Kofi für mich ein unendlich interessanter Gesprächspartner. Kofi hatte die Welt gesehen, war beruflich viel gereist und hatte dadurch einen weiteren Horizont als die meisten anderen Ghanaer, die ich kannte. Und schon bereits in den wenigen Tagen fühlte ich mich bei dieser Familie wie zu Hause.

»Komm wieder«, sagte Mimie beim Abschied.

Ich sah in ihren Augen, dass sie es wirklich so meinte.

Wieder zurück in Deutschland, während mich unser übliches geschäftiges und hektisches Leben wieder in Beschlag nahm, setzte ich mich eines Abends hin und schrieb Mimie und Kofi einen Brief. Ich bedankte mich bei ihnen für ihre Gastfreundschaft und versuchte zu schildern, was sie für mich bedeutete. Ich schrieb von meinem Heimweh nach Ghana und wie sehr ich hoffte, bald wiederkommen zu können. Das ist jetzt schon viele Jahre her. Erst neulich, als wir eines Abends auf unserer Terrasse in Accra zusammensaßen, holte Mimie auf einmal diesen Brief aus ihrem Zimmer und las ihn mir vor.

»Kannst du dich erinnern?«, wollte sie wissen.

Ich war unendlich gerührt. Selbstverständlich wusste ich noch alles und konnte mich genau an jenen Abend erinnern, als ich diesen Brief schrieb.

»Du hast ihn aufgehoben?«, fragte ich zurück.

»Natürlich«, sagte Mimie, betrachtete den Brief liebevoll, ehe sie ihn wieder zusammenfaltete. »Ich habe alles aufgehoben, Betti.«

Auch wenn ich damals schon ahnte, dass Mimie und ich einmal echte Freundinnen, ja Schwestern sein würden, so gab es doch, wie in jeder Beziehung, einige Schlüsselmomente, die uns einander immer näherkommen ließen.

Ich war nun jedes Mal, wenn ich in Ghana ankam und bevor ich wieder abreiste, Gast in Kofis und Mimies Haus. Mimie überraschte mich mit wunderschönen afrikanischen Kleidern, die sie eigens für mich entworfen hatte und die mir ausgezeichnet standen. Sie und Kofi erklärten mir, dass ich als Queen Mother von Apewu am besten nur noch einheimische Kleidung tragen sollte, und das entsprach so sehr meinen eigenen Wünschen, dass ich es ohne zu zögern seither so pflege.

Einmal in Afrika angekommen, schlüpfe ich nicht nur in diese farbenfrohen Gewänder, sondern auch in meine Rolle als Nana. Inzwischen ist mir das so sehr zur zweiten Natur geworden, dass ich gar nicht mehr darüber nachdenken muss. Ich steige in Deutschland als Bettina Landgrafe ins Flugzeug und komme in Accra als Nana Enimkorkor an.

Und welche Bedeutung diese Rolle bei meinen Leuten in Apewu hat, das zeigt eine kleine Geschichte, die ich während meinem Aufenthalt im Frühjahr 2011 erlebte. Zum ersten Mal begleitete mich bei diesem Besuch ein Verwandter, nämlich mein Cousin. Auch das Dorf war ganz aus dem Häuschen, denn die Familie nimmt einen hohen Stellenwert in Ghana ein, und er wurde von allen herzlich aufgenommen. Während eines Stammesmeetings erhielt er sogar die Erlaubnis, etwas zu sagen. Als er aber von mir als »Bettina« sprach, da unterbrach ihn der Dorflehrer höflich, aber bestimmt und korrigierte ihn. Ich sei Nana Enimkorkor und nicht Bettina oder gar Betti, und er möge mir doch bitte Respekt zollen. Es sei äußerst unhöflich und respektlos, mich anders als Nana anzusprechen. Mich hat das sehr beeindruckt. Ich weiß ja um die Seriosität dieses Titels. Dieses Beispiel hat mir einmal wieder vor Augen geführt, wie viel ich diesen Menschen doch bedeute.

So ist es auch für mich noch ein stetiges Dazulernen. Damals während meiner ersten Besuche in ihrem Haus erfuhr ich von Mimie auch vieles darüber, wie Afrikanerinnen leben und denken, wie sie fühlen und was sie bewegt. Wenn ich nicht im Busch unterwegs war, sondern mich während meiner kurzen Zwischenstopps in Accra aufhielt, gingen wir zusammen ins Kino oder unternahmen sonst etwas gemeinsam. Manchmal waren das ganz banale Dinge, zum Beispiel gingen wir zusammen einkaufen, und Mimi zeigte mir, wo man in Accra Nutella bekommen kann. Ein Glas kostete allerdings 14 Euro, und so muss jeder, der mich in Accra besuchen kommt, in seinem Gepäck unweigerlich ein Mammutglas von dieser dunkelbraunen Köstlichkeit für mich mitbringen. Denn ich bin leider süchtig danach.

Leider blieb es nicht aus, dass ich während meiner Fahrten und Aufenthalte im ghanaischen Busch, auch durch den Kontakt mit kranken Menschen und durch Essen, das ich

Oben: Mein Tag der Einschulung
Unten: Im Alter von 12 Jahren mit meinem Pflegepony Nathan

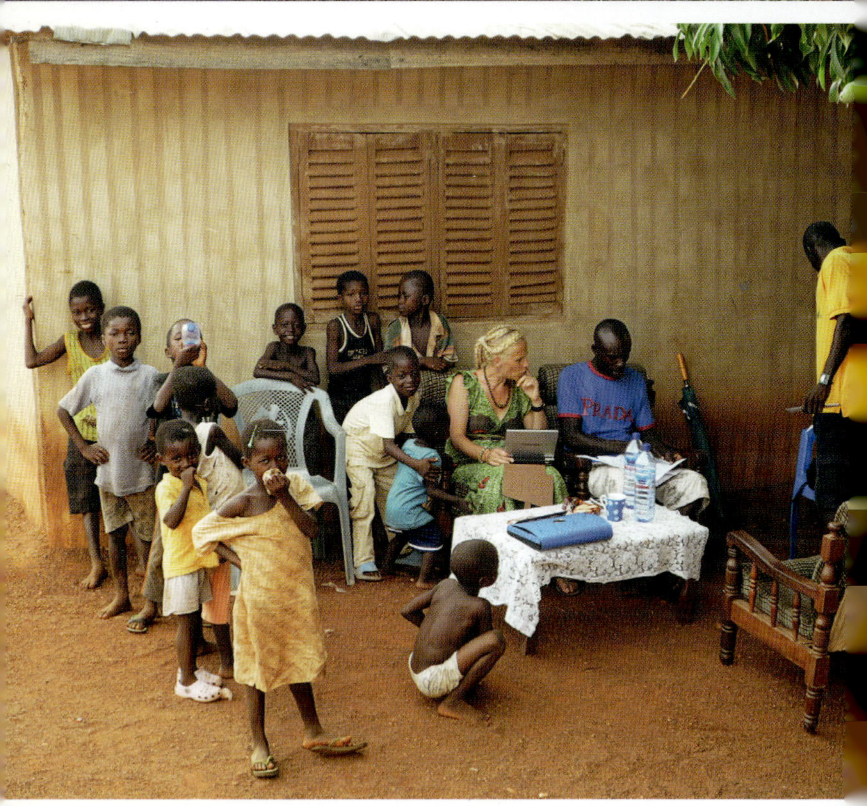

Oben: Abendstimmung am Bosomtwisee
Unten: Mein »Outdoor-Büro« in Brodi

Oben: Nana Enimkorkor auf dem Weg zur Einweihungszeremonie in Detiaso
Unten: Die »Weiße Nana« beim traditionellen Adowa Dance in Morontuo

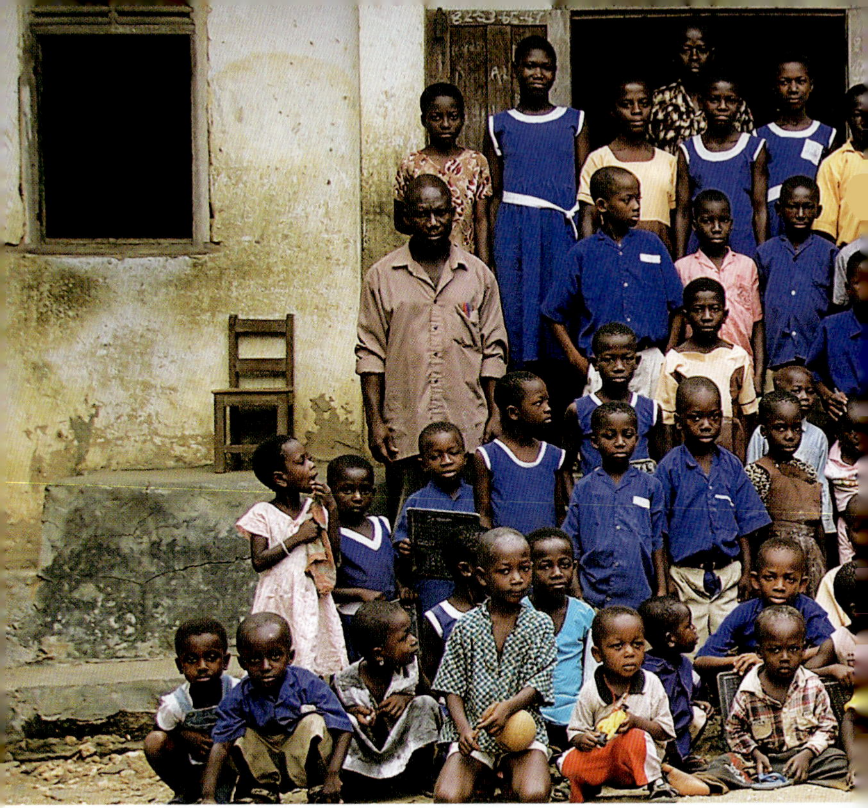

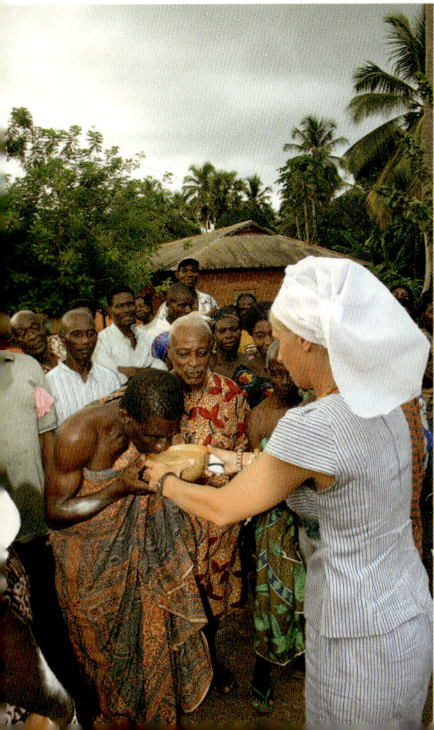

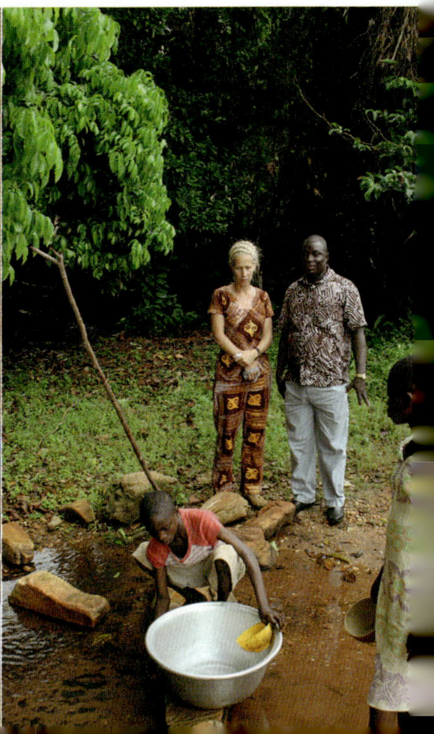

Oben: Die Grundschule in Apewu vor der Renovierung
Links: Die Einweihung des Brunnens in Dodome. Traditionell trinkt der Chief als Erster
Mitte: Dieses Wasser mussten die Menschen von Dodome trinken
Rechts: Die Küche für unser Schulspeisungsprojekt in Banso

Oben links: Die Küche in Detiaso vorher …
Unten links: … und nachher
Oben rechts: Hier lebe ich: Der Ausblick aus dem Hinterausgang meiner Hütte in Apewu
Unten rechts: Mein »Ehemann« in Apewu

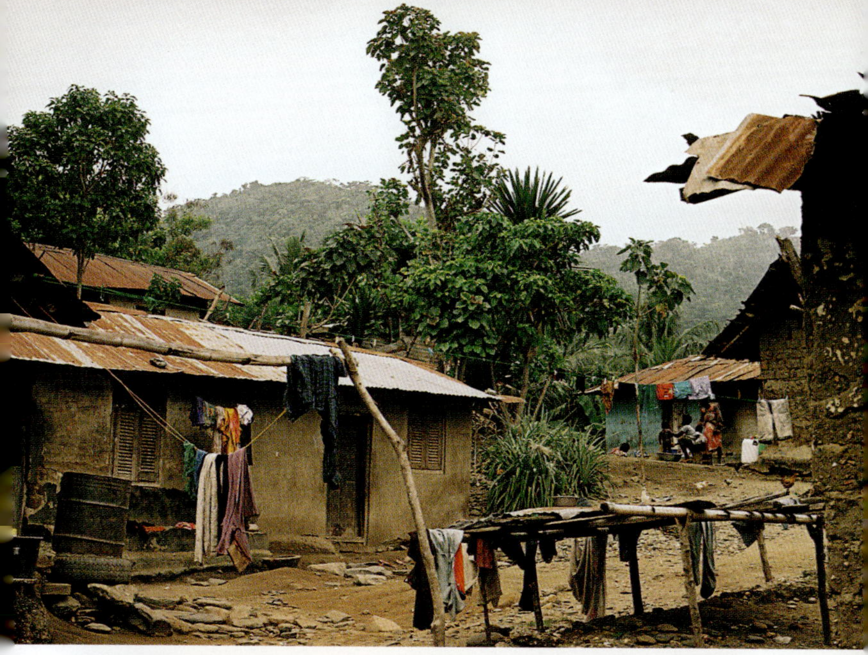

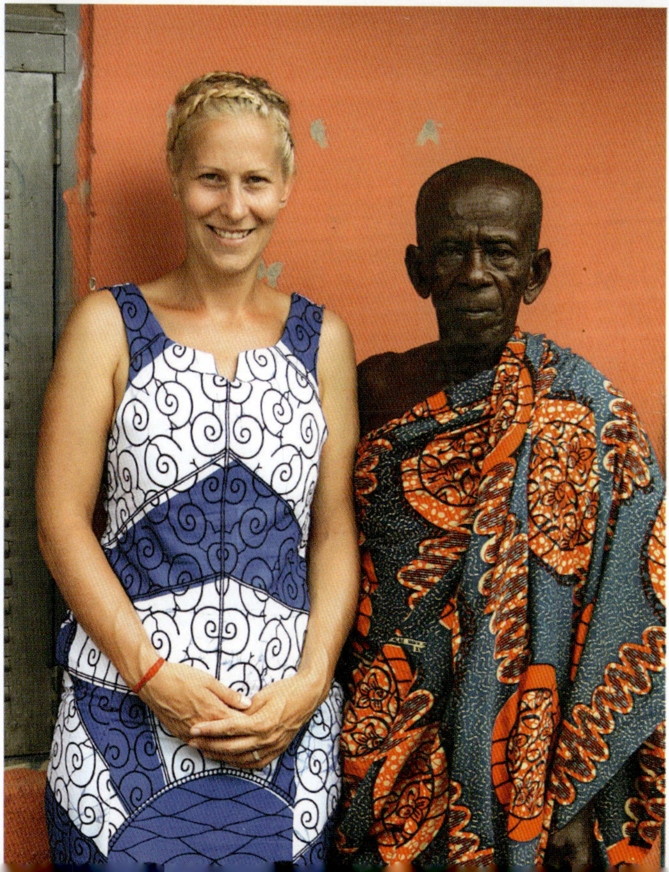

Oben: Frauen holen Wasser aus dem Voltasee zum Trinken
Unten: Marktfrauen in Accra verkaufen ihre Waren. Im Hintergrund
stapelt sich der Müll

Oben: Die Hütten der Leprapatienten
Unten: Man muss den Menschen nur in die Augen sehen: große Freude
über die neue Klinik

Oben: Inmitten meiner Leute aus Apewu
Unten: Meine ghanaische Familie

Oben: Mit meinen Kindern Godwin und Eyram in Accra
Unten: Team Madamfo Ghana. V. l. n. r.: Victor, Pamela, Bettina, Pearl, Emmanuel

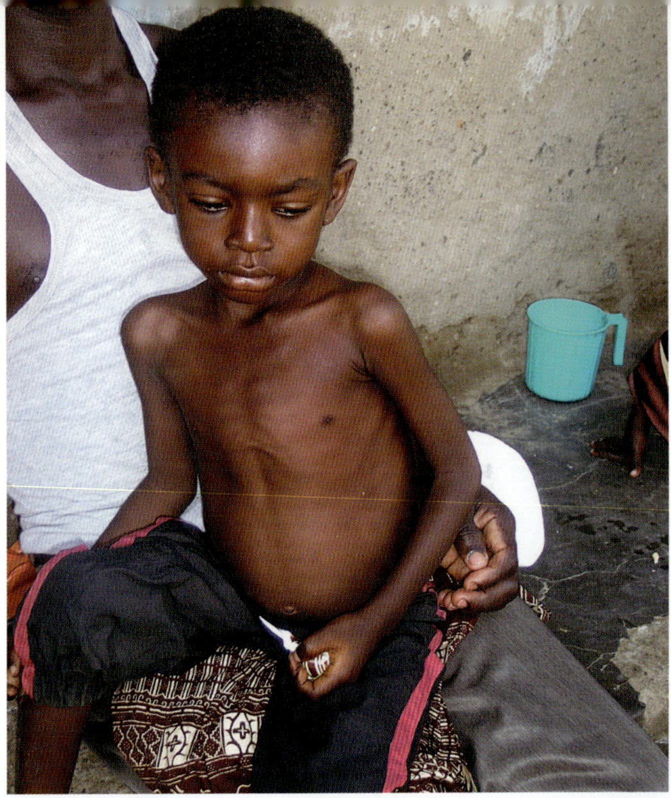

Oben: Little Sven, wir werden dich nie vergessen. Du fehlst mir sehr
Unten: Anstellen bei Dominic für ein Bonbon. Ich stelle mich mal mit
an

Oben: Der Voltastausee
Unten: Unser Lebensretter »Obama! Obama!«

Oben: Gerettete Fischerkinder in Kpando
Mitte: Die Kindersklaven vom Voltasee
Unten: Viele der Kinder können noch nicht einmal schwimmen
Rechts: Wir bringen die geretteten Kinder ins Krankenhaus zur Untersuchung. Viele haben Malaria und Würmer

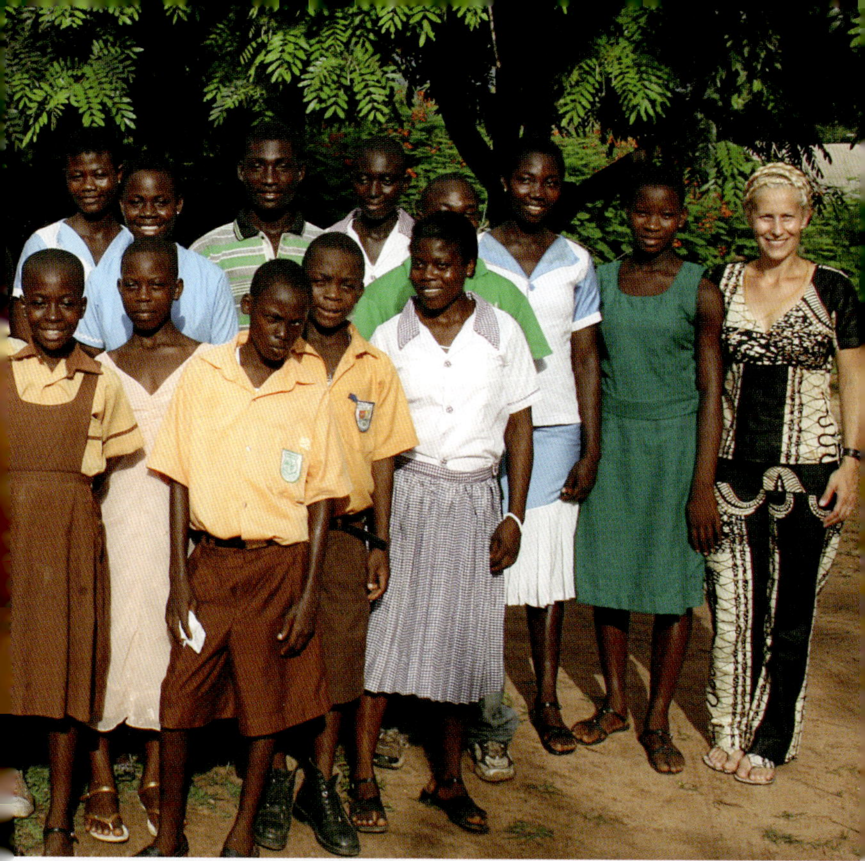

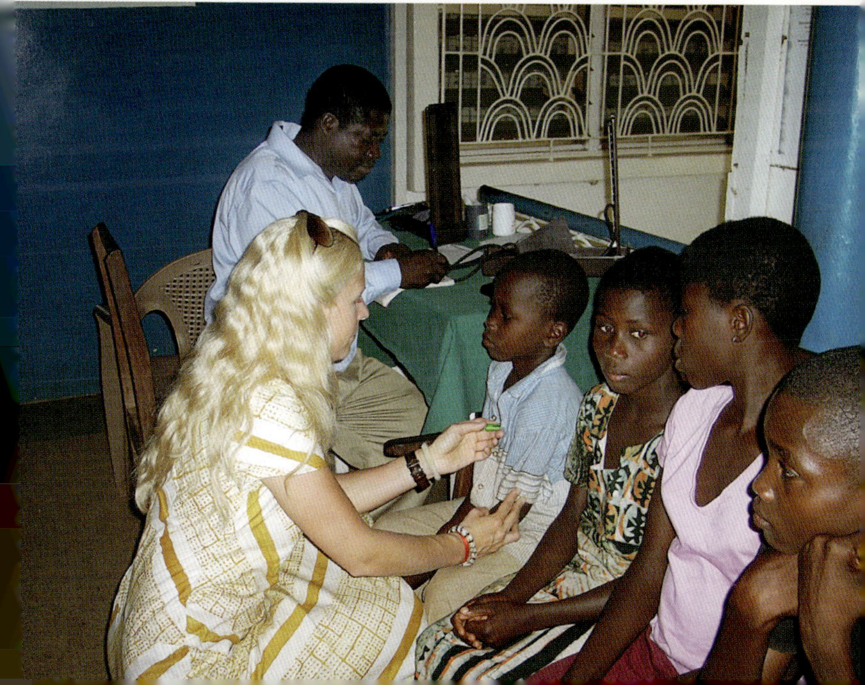

Oben: Eine weitere kleine Bettina. Nein, eigentlich zwei, es sind nämlich Zwillinge

Unten: Der Madamfo-Ghana-Infostand auf einem Afrikamarkt im Sommer 2010

nicht vertrug, die eine oder andere Krankheit einfing. Meistens schlägt uns Europäern das dann auf die Verdauung, das weiß jeder, der einmal in Afrika oder den Tropen unterwegs war und die afrikanische Variante von »Montezumas Rache« erleiden durfte. Der Durchfall auf Reisen durch den Busch ist besonders unangenehm, weil man nirgendwo eine vernünftige Toilette antrifft und als Frau an den Straßenrändern nur schwer ein einsames Plätzchen findet. Mit diesem Phänomen hatte ich mich bereits abgefunden, aber eines Tages erkrankte ich wirklich schwer.

Wir waren gerade in Apewu, als es mich nachts überraschte. Ich bekam Durchfall, und noch auf dem Weg aus meinem Zimmer nach draußen sackten mir die Beine weg. Mein Bauch verkrampfte sich, und von einer Sekunde auf die nächste war mir, als flösse alle Kraft aus meinem Körper.

Ich rief nach Victor, der mich damals begleitete. Er brachte mir einen Eimer, doch ich war so schwach, dass er mich festhalten musste, damit ich mich überhaupt darauf setzen konnte. Das Wasser schoss nur so aus mir heraus, und in meinem ganzen Leben war mir niemals so elend gewesen. Stundenlang schwankte ich zwischen Eimer und Bett hin und her. Bei 40 Grad Hitze und 40 Grad Fieber und so großem Flüssigkeitsverlust dachte ich allen Ernstes, ich müsse sterben. Ich fühlte mich völlig ausgedörrt und hatte das Gefühl, innerlich zu vertrocknen. Immer wieder versuchte ich, mir selber eine Infusionsnadel zu legen, aber dafür war ich schon längst viel zu schwach. Alles, was ich tun konnte, war atmen. Zu mehr reichte die Kraft nicht mehr aus.

Am nächsten Tag trugen sie meine Matratze nach draußen in den Innenhof, weil die Hitze im Zimmer unerträglich war. Rasch sprach sich herum, dass Nana krank war, das ganze Dorf ging bedrückt herum und jede Minute erkundigte sich jemand nach meinem Befinden. So vergingen vier Tage, in denen Victor treu über mich wachte, bis endlich meine Medikamente anschlugen und ich mich etwas besser fühlte.

Da ich glaubte, das Schlimmste überstanden zu haben, folgten wir unserem ursprünglichen Plan und fuhren noch weiter weg von Accra in die Brong-Ahafo-Region, in Victors Heimat im Nordwesten Ghanas. Während unserer Fahrt in die Kleinstadt Brodi bekam ich eine fürchterliche Bindehautentzündung. Erst abends, als ich meine Kontaktlinsen herausnahm, sah ich in meinem winzigen Reisespiegel, dass ich Augen hatte wie Dracula: außen um die Linsen herum war alles blutrot und innen weiß. Dann bekam ich schreckliche Halsschmerzen, im Nu waren meine Mandeln vollständig von Eiterklumpen überzogen. Meine Zunge verfärbte sich grau, die Lymphknoten schwollen schmerzhaft an. Zu allem Überfluss bekam ich noch hohes Fieber, das kam und ging, so dass auch Malaria als Krankheit in Frage kam. Wenn man bei fünfundvierzig Grad Außentemperatur vierzig Grad Fieber hat, unter wahnsinnigen Gliederschmerzen leidet, dann ist das wirklich unerträglich.

War Apewu schon am Ende der Welt, dann war es Brodi erst recht. In meinem Zustand war es undenkbar, mit dem Trotro zurück nach Accra zu fahren, und darum blieben wir einfach, wo wir waren, auch wenn ich dort keine ärztliche Betreuung hatte.

»Hier müssen wir ein Krankenhaus bauen«, sagte ich matt zu Victor, und der nickte heftig. Das war nämlich genau unser Plan, und ich bedauerte sehr, dass es noch nicht stand.

Stattdessen rief ich, sobald ich Kraft genug dafür hatte, meine Freundin Katharina in Deutschland an, die Ärztin ist, um mir von ihr eine Ferndiagnose einzuholen. Sie war sich mit mir einig, dass ich vermutlich Typhus hatte und versuchen sollte, mich entsprechend selbst zu behandeln. Allerdings konnte mein geschwächter Magen die Medikamente, die ich dabeihatte, nicht gut behalten und ausreichend rezipieren. Eigentlich hätte ich eine Infusion gebraucht. Aber das war nun mal nicht möglich.

»Wir müssen wirklich so schnell wie möglich hier diese verflixte Klinik bauen«, knurrte ich, und Victor nickte traurig und besorgt. Es blieb uns nichts anderes übrig, als abzuwarten und zu hoffen, dass ich bald meine Kräfte wiedererlangen würde.

Es dauerte mehrere Tage, bis ich in der Lage war, die Reise auf mich zu nehmen. Die Fahrt in verschiedenen Trotros und Überlandbussen war eine einzige Qual. Ich saß mit hohem Fieber eingezwängt in dem Überlandbus und konnte mich weder rühren noch etwas zu mir nehmen.

Als wir dann endlich in Accra ankamen, war ich mehr tot als lebendig. Das starke Fieber hatte mich völlig ausgetrocknet. Ich werde nie vergessen, wie ich endlich in Mimies Arme sank, sie trug ein rotes Oberteil, für immer ist dieses Detail in mein Gedächtnis eingebrannt.

Nun endlich wusste ich, ich war gerettet. Mimie fragte mich, was ich essen wollte, schließlich hatte ich tagelang nichts bei mir behalten können. Ich packte mich in mehrere Lagen Hosen und Pullover, denn das Fieber stieg erneut an, und ich fror entsetzlich trotz 40 Grad Außentemperatur. Ich sank auf die Couch und wickelte mich in eine Decke ein.

»Kartoffeln mit Karotten«, hörte ich mich sagen, das hatte ich schon als kleines Kind gewollt, wenn ich krank war. Und doch wusste ich, dass sowohl das eine als auch das andere in Afrika so gut wie nicht zu bekommen ist. Zwar gibt es eine Menge an Wurzeln und Knollen, aber Karotten und die Art Kartoffeln, wie wir sie kennen, gehören leider nicht dazu. Ich staunte allerdings nicht schlecht, als Mimie nach einer Weile mit gekochten Kartoffeln und Karotten ankam.

»Das hast du für mich gefunden?«, krächzte ich mit meinem entzündeten Hals. Und futterte so gut es ging diese Köstlichkeit in mich hinein.

Es ist noch nicht lange her, da erzählte mir Mimie, dass sie an jenem Tag begriff, was ich ihr tatsächlich bedeutete.

»Du hingst so völlig kraftlos in meinen Armen, dass ich es mit der Angst bekam, du könntest sterben«, sagte sie. Und dass sie erst da so richtig erkannte, dass es mehr als Freundschaft war, was sie für mich empfand, dass es Liebe war, die Liebe einer Schwester, und dass sie alles dafür tun würde, um mein Leben zu retten.

Seither besteht sie darauf, für mich zu kochen. Wenn ich in Accra bin, lässt sie niemanden anderes an mein Essen heran. Da auch ich meine Lehre aus diesen Erfahrungen gezogen habe, nehme ich auf meine Reisen in den Busch immer eine Köchin ihres Vertrauens mit, die mein Essen zubereitet und vor allem darauf achtet, dass stets sauberes Wasser dafür verwendet wird. Sosehr ich es bedaure, dass mir das Schicksal zwar ein afrikanisches Herz, jedoch keinen afrikanischen Magen beschert hat, so konsequent sorge ich jetzt dafür, dass ich, so gut ich es verhindern kann, auf meinen Projektreisen nicht mehr krank werde. Es ist niemandem damit geholfen, wenn ich Durchfall und Fieber habe, noch weniger, wenn ich an einer dieser Krankheiten sterbe. Ich brauche meine Kraft, um mich um meine Leute zu kümmern und die Projekte voranzutreiben, die täglich mehr werden.

Über all unserer Arbeit ist es spät geworden. Gegen sechs Uhr geht die Sonne unter und wenige Minuten später ist es stockfinstere Nacht. Mimie ruft mich zum Essen, und ich merke, wie hungrig ich bin.

»Was gibt es denn heute Gutes?«, frage ich.

»Dein Lieblingsessen«, sagt sie und lacht verschmitzt, so wie nur sie lachen kann.

»Ich habe Hunderte von Lieblingsessen«, gebe ich zurück. »Alles, was du kochst, ist mein Lieblingsessen.«

»Aber dies magst du ganz besonders gern.«

Sie hat recht, wie immer. Denn heute gibt es Fufu *aus* Cocoyam, *einer ganz besonderen Wurzel, die weder mit Kokosnuss noch mit Yam etwas zu tun hat. Sie ist rosarot, und darum hat auch das Fufu diese herrliche Farbe. Ich habe noch nicht rausgefunden, ob es der Geschmack ist oder die Farbe, die mich so anziehen. Wie auch immer, ich lade mir eine große Portion auf meinen Teller. Dazu gibt es Okra-Gemüse mit Zwiebeln und Tomaten, gedünstet in köstlichem rötlichem Palmöl.*

»Hmmm«, mache ich, »das ist wirklich mein Lieblingsessen.«

»Sag ich doch«, lacht Mimie und hat für dieses eine Mal das letzte Wort, denn ich bin voll und ganz damit beschäftigt zu essen, und mit vollem Munde spricht man schließlich nicht.

Kapitel 6

Helfen auf Augenhöhe

Während der großen Projekte des Toilettenbaus und der Bohrung des Brunnens gab es auch noch eine Vielfalt an kleineren Problemen, um die ich mich kümmerte.

Da war zum Beispiel ein junges Mädchen, Ama Enima, die nicht gehen konnte und hilflos in der Hütte ihrer Mutter lag. Ihr linkes Bein war bereits von Geburt an am Ansatz nach innen verdreht, die Hüfte verkümmert, und es war ihr unmöglich, sich mit dieser Behinderung fortzubewegen.

Ich sah mir Hüfte und Bein an und kam zu dem Schluss, dass man die Fehlstellung wahrscheinlich operativ korrigieren könnte. Emmanuel stellte Erkundigungen an, und wir fanden heraus, dass diese Operation im ersten Krankenhaus von Kumasi, dem Komfo Anokye Teaching Hospital, möglich war.

Ich machte daraus ein Projekt und rief über die *Hagener Zeitung*, bei der ich inzwischen gute Kontakte hatte und die über meine Arbeiten in Ghana regelmäßig berichtete, zu Spenden für Ama Enimas Operation auf.

Schon bei meinem nächsten Besuch konnte ich ihrem Vater, der als Dorfältester in Morontuo lebt, die Nachricht überbringen, dass wir ihre Operation finanzieren könnten.

Ama Enimas Operation wurde zu einem meiner persönlich größten Erfolge. Jedes Mal, wenn ich in Apewu bin, dann besucht sie mich, und wenn ich es einrichten kann, schau ich in ihrem Haus vorbei. Und immer freue ich mich darüber, wie diese hübsche junge Frau mit dem melancholischen Lächeln heute in der Lage ist, sich ohne fremde Hilfe fortzubewegen und nur noch ein leichtes Hinken von ihrer Behinderung übrig geblieben ist. Sie ist nun die Dorfschneiderin, und mit Hilfe von Spenden haben wir ihr geholfen, ein kleines Geschäft aufzubauen. Das ist eines dieser typischen Einzelschicksale. Manche nennen es »einen Tropfen auf den heißen Stein«, aber für Ama Enima ist es bestimmt viel mehr als das. Ich brauchte mir nur vorzustellen, was es heißt, ein Leben auf einer Matte liegend zu verbringen, dann ist mir keine Anstren-

Ama Enima

gung zu groß, um das Geld zusammenzubringen, um so einem Menschen zu helfen.

Ähnlich erging es mir mit einer unserer Nachbarinnen im Compound. Auch sie verbrachte acht Jahre ihres Lebens gelähmt in ihrem Zimmer liegend. Sie hatte keine Verwandten und war von der Hilfsbereitschaft ihrer Nachbarn abhängig. Ihr finanzierte ich eine Beckenopera-

119

tion, und seither kann sie, wenn auch langsam und bedächtig, an einem Stock gehen.

Mit Ama Enimas Vater verbindet mich seither eine tiefe Freundschaft. Da er ja in Morontuo lebt, also in dem Dorf oben am Kraterrand, stellte ich in all den Jahren, in denen ich noch mit dem Trotro anreiste und zu Fuß nach Apewu hinunterstieg, jenen Teil meines Gepäcks, den ich in Apewu nicht brauchte, bei ihm unter. Auch heute noch, wenn ich mal wieder meine Batterien nachladen muss oder unten am See keinen Handy-Empfang habe, dann gehe ich hinauf nach Morontuo und bleibe auch schon mal über Nacht. Meine Leute in Apewu sehen das zwar gar nicht gerne, und spätestens, als mir Morontuo ebenfalls ehrenhalber einen Stuhl anbot – was wirklich nur eine symbolische Bedeutung hatte, denn in diesem Dorf gibt es bereits eine Queen Mother –, da sagten meine Leute in Apewu: »Die von Morontuo, die wollen uns unsere Nana klauen.«

Es ist ein Scherz zwischen uns, und ich kontere jedes Mal mit: »Macht euch mal keine Sorgen. Ich weiß schon, wohin ich gehöre.« Sind die Akkus wieder aufgeladen, die nötigen E-Mails geschrieben und Gespräche geführt, dann steige ich gerne wieder hinunter an den See.

Als ich einmal beim Chief von Morontuo saß und mit ihm sprach, beobachtete ich, wie Frauen und Kinder einen weiten Weg zurücklegen und dabei auch noch die viel befahrene Straße überqueren mussten, um Wasser zu holen.

»Das ist gefährlich«, sagte ich zum Chief, »gab es denn da noch nie Unfälle?«

»Oh doch«, sagte der würdige alte Mann, »aber was will man tun?«

Ich beobachtete diese Situation noch eine Weile und kam zu dem Schluss, dass man dies so nicht lassen konnte.

»Ich kann euch das Wasser bis vor eure Haustür bringen«, sagte ich, »wenn ihr das wollt, dann lasst es mich wissen.«

Die Zeit verging, aber der Chief von Morontuo stellte keinen Projektantrag. Endlich sprach ich ihn darauf an.

»Ich hielt es für einen Scherz«, sagte der Chief und schaute verdutzt.

Ich lachte.

»Mit solchen Dingen mache ich keine Scherze«, sagte ich. »Wenn ihr also eine Wasserleitung haben wollt, die das Wasser näher an eure Siedlung heranbringt, dann ruf deine Leute zusammen und diskutiere mit ihnen das Projekt. Frage sie, ob sie eine solche Wasserleitung wollen oder nicht.«

Selbstverständlich waren die Einwohner von Morontuo begeistert von der Idee. Sie diskutierten die Sache und stellten das, was wir einen förmlichen Antrag nennen: Das kann in Briefform geschehen, oder eine Ältestendelegation kommt zu mir und fragt, ob sie das Projekt bekommen können. Und so wurde die Wasserleitung gebaut.

Als die neue Leitung mit den Tanks schließlich in Betrieb genommen werden konnten befand ich mich gerade in Deutschland. Ich war eben todmüde von einer Schicht im Krankenhaus nach Hause gekommen und legte die Füße hoch, als das Telefon klingelte. »Wir haben es geschafft!«, hörte ich Emmanuels Stimme. »Das Wasser läuft!«

Und dann gab er sein Handy nach und nach an jeden einzelnen Bewohner von Morontuo weiter. Ich hörte das Jubeln, das Lachen all dieser Menschen, unzählige Stimmen, die sich bei mir bedankten, ich hörte den Chief sagen: »Nana Enimkorkor, das Wasser läuft, wir sind sehr glücklich, vielen, vielen Dank.«

Ich freute mich wie eine Schneekönigin, mein Herz hüpfte in meiner Brust, ich saß zu Hause in Hagen, und

6000 Kilometer weiter südlich feierte ein ganzes Dorf ein Fest, und das nur, weil ein Mensch in Deutschland die Idee dazu hatte und wusste, wie man das Geld dafür auftreiben konnte. Und per Handy ein wenig dabei zu sein, das ist eine wunderbare Sache.

Seitdem freue ich mich an dem Anblick der jungen Mädchen und Frauen, die mitten in ihrer Siedlung Trinkwasser holen können.

Es handelte sich damals um eine Wassertankanlage, die durch den bereits vorhandenen Brunnen außerhalb des Dorfes gespeist wird.

Für Morontuo setzten wir nach der Wassertankanlage noch weitere Projekte in die Tat um. Als wir eines Tages anlässlich der Einweihung einer Toilettenanlage wie immer ein großes Stammesfest feierten, erklärte ich den Einwohnern, dass Bildung bei mir einen ebenso hohen Stellenwert hat wie Hygiene und schlug ihnen vor, einen Kindergarten zu bauen. Als wir diesen dann einweihten, kam sogar die Paramount Queen zum Fest, die für den gesamten Distrikt zuständig ist. Ich freute mich riesig, diese verdiente Frau kennenzulernen, und darüber, dass sie uns die Ehre gab, uns zu besuchen.

Damals verlieh sie mir symbolisch zusätzlich zu mei-

Wassertanks in
Morontuo

Einweihungszeremonie
in Morontuo

nem Stuhl von Apewu noch den von Morontuo und Ampaha. Wie schon gesagt, bedeutete dies nur eine Art Anerkennung meiner Arbeit, denn diese beiden Dörfer haben bereits eine Queen Mother. Das geht eigentlich nicht, aber die Chiefs waren der Meinung, man muss auch mal die Regeln brechen. Ich weiß diese besondere Ehre zu schätzen. Es zeigt mir, dass die Menschen in dieser Gegend mein Engagement würdigen. Und diese Traditionen haben so viel Schönes, vor allem die Feste, die wir regelmäßig feiern, mag ich gerne. Bei diesen so genannten Dabas gibt es Reden, aber auch eine Menge Gesänge und Tänze. Und eine Sache gefällt mir immer ganz besonders: Die Kinder der Dörfer verfassen anlässlich der Dabas Gedichte, die sie bei dieser Gelegenheit vortragen. Das dauert zwar Stunden, bis jeder dieser Zwerge an der Reihe war, aber ich liebe es, wenn sie anfangen mit: »My name is …, the title of my poem is: …«, und dann ihr Gedicht aufsagen.

Ich finde, eine Kultur, bei der es Brauch ist, dass als Höhepunkt von Versammlungen Kinder eigene Verse vortragen, ist eine höchst poetische. Natürlich muss man bei diesen Anlässen stundenlang in brütender Hitze aushalten, mitunter ist es auch so heiß, dass mir schwindlig wird, doch da muss ich als Nana einfach durch.

Eine Geschichte, die mir sehr zu Herzen ging und über die ich heute noch weinen könnte vor Trauer und Zorn, ist die eines Enkels von unserem Chief Odikro von Apewu. Wir nannten ihn Little Sven nach meinem damaligen Freund, der mich nach Apewu begleitet hatte und der für diesen kleinen Jungen eine Patenschaft übernahm.

Der Junge war wie sein Zwillingsbruder bei der Geburt vollkommen gesund gewesen. Als Kleinkind erkrankte Little Sven und behielt einen Herzklappenfehler zurück. Wahrscheinlich war die Ursache eine verschleppte Grippe, es gibt bestimmte Bakterien, die bei Kleinkindern aufs Herz schlagen können.

Sein Vater brachte ihn nach Kumasi in ein Krankenhaus, aber dort konnten sie ihm nicht helfen. So kam der Kleine zu seinem Großvater nach Apewu. Unser Chief erwähnte gegenüber Emmanuel bei einem seiner Besuche, dass sein Enkel krank sei, aber da eigentlich immer irgendjemand im Dorf »sick« ist, ging Emmanuel nicht gleich darauf ein. Erst als er Tage später durch den Wohnbereich des Chiefs ging und dabei zufällig den Fünfjährigen sah, der halbtot auf dem Arm seines Vaters hing, wurde ihm klar, dass es sich hier um etwas Ernstes handeln musste. Er rief mich sofort, und ich untersuchte das Kind. Es war völlig apathisch und nicht mehr ansprechbar, ganz ausgetrocknet und atmete nur noch reflexartig.

»Meine Güte«, dachte ich, »warum hat mir das nie jemand gesagt? Jetzt sind wir doch hier, um zu helfen, und keiner zeigt mir dieses todkranke Kind!«

Auch bei unserer Nachbarin im Compound war es ganz ähnlich gewesen. Jahrelang lag sie in ihrem Zimmer, und keiner erzählte mir etwas davon. Offenbar haben sich die Menschen derart an diese unabänderlichen Schicksale gewöhnt, dass sie gar nicht mehr auf die Idee kommen, man könnte da helfen.

Ich sah sofort, dass der Junge eine Spezialklinik brauchte, und schickte ihn mit seinem Vater und Onkel, dem

Dorflehrer Anthony, und einer *Referal Note*, einer Art Arztbrief, nach Accra ins Korle Bu Teaching Hospital. Dort behielten sie ihn viele Wochen lang, und nachdem sie ihn gründlich untersucht hatten, sagten die Ärzte, dass man ihm eine künstliche Herzklappe einsetzen könnte, wenn er etwas größer sei.

Dieser Eingriff kostete natürlich eine Menge Geld und es war alles andere als einfach, die nötigen Mittel zusammenzukriegen. Nach rund vier Jahren hatten wir die Ghana Heart Foundation endlich so weit, die Hälfte zu übernehmen, den Rest konnte ich durch Spenden decken. Vier Jahre lebte der Junge also mit Medikamenten und musste immer wieder zu Kontrolluntersuchungen nach Accra ins Korle-Bu-Krankenhaus. Dann hatten wir bereits einen Operationstermin für den kleinen Jungen, doch leider war er zu schwach, um ihn zu erleben: Zwei Wochen vor dem festgesetzten Termin starb Little Sven.

Für mich war das ein fürchterlicher Schlag. Es zeigte mir, dass wir immer noch nicht genug tun, noch nicht schnell genug sind.

Das ganze Dorf nahm an diesem Trauerfall besonderen Anteil. Und als wir in Apewu den Kindergarten eröffneten, dann taten wir das »Im Gedenken an Little Sven«. Damit wir immer daran denken, wie zerbrechlich unser Leben ist und vor allem das unserer Kinder. Ein nicht ausgeheilter Grippeinfekt kann hier bereits zum Tod führen.

Im Gedenken an unseren
kleinen Freund Little Sven

Ein weiteres Problem, das mich von Anfang an beschäftigte, war die miserable Situation der Schule in Apewu. Sie befand sich in einem baufälligen Haus mit drei Räumen, an dessen Wänden aus einem Lehm-Zement-Gemisch der Zahn der Zeit bereits sehr genagt hatte. Für eine Schule war das Gebäude ohnehin viel zu klein – und darüber hinaus war es in einem furchtbaren Zustand. Als ich mitbekam, wie oft der Unterricht allein wegen des Wetters ausfallen musste, war ich entsetzt. Entweder regnete es durch das marode Dach oder es war viel zu heiß darunter. Außerdem fehlte jedes Mobiliar. Die wenigsten Eltern hatten das Geld, ihren Kindern Hefte, Stifte und Schulbücher zu kaufen. So war es kaum möglich, einen vernünftigen Unterricht abzuhalten. Es wunderte mich nicht, dass die meisten Kinder gar nicht erst erschienen.

Da aber eine solide Ausbildung die Voraussetzung dafür ist, dass sich auf lange Sicht die Situation in einem Dorf ändern kann, beschloss ich, nachdem die Grundhygiene durch die Toilettenanlage und den Trinkwasserbrunnen gesichert war, hier anzusetzen, und besprach mich mit dem Schulleiter. Teacher Anthony ist ein sehr engagierter junger Mann aus dem Nachbardorf Dompa, der mit der Tochter des Chiefs verheiratet ist. Außerdem gilt er mit seiner guten Ausbildung als einer der ihren, der »es geschafft hat«, und wird deshalb, im Dorf sehr geschätzt.

Wieder machte ich ein Projekt aus der Sache und warb in Deutschland dafür. Viele Spender fühlten sich von dem Anliegen, Schulbildung zu finanzieren, angesprochen. Wir renovierten die Grundschule und bauten drei Klassenräume an. Dazu schafften wir Gaslaternen an, damit auch am Abend Unterricht abgehalten werden und eine Hausaufgabenbetreuung stattfinden kann.

Die Kinder bestätigten uns, dass es viel mehr Spaß macht, gemeinsam zu lernen. Denn wenn sie von der

Schule nach Hause kommen, müssen sie erst einmal im Haushalt oder auf dem Feld helfen, und bis sie dazu kommen, sich um ihre Schulaufgaben zu kümmern, ist es bereits dunkel. Ohne elektrisches Licht sitzt man dann im Finstern und fängt an zu gähnen, auch wenn es erst sechs Uhr abends ist – auch ich hätte da keine Lust mehr zu lernen. Ganz davon abgesehen, dass man im Dunkeln nichts in sein Schulheft schreiben oder lesen kann.

Bald konnten wir jedem Kind in Apewu die Primary School von der ersten bis zur sechsten Klasse ermöglichen. Kurz darauf fanden wir genügend Sponsoren, die bereit waren, Patenschaften für Kinder zu übernehmen, deren Junior-School-Abschluss gut genug war, um auch die weiterführende Secondary School, die unserem Gymnasium entspricht, zu besuchen.

Dies begann damit, dass mich der Chief Odikro von Apewu auf einen Jungen namens Gyasi ansprach, der sehr klug sei.

»Wäre es vielleicht möglich«, fragte mich der Chief höflich, »diesen Jungen auf die Secondary School zu schicken? Seine Eltern haben das Geld nicht dazu. Es wäre schade um ihn, wenn er nicht weiter lernen könnte. Vielleicht kann er einmal Lehrer werden. Klug genug ist er jedenfalls dazu.«

Ich dachte darüber nach. Einer meiner Grundsätze war und ist, dass ich – außer im Fall von außergewöhnlichen Krankheiten wie bei Stephen Owusu und bei Ama Enima oder später, als sich ein Mädchen einmal einen Arm so kompliziert brach, dass er ohne ärztliche Hilfe unbeweglich geblieben wäre – keinen Einzelnen helfe, sondern immer einer Gruppe von Menschen. »Mass benefit« heißt einer meiner Grundsätze: mit möglichst wenig Geldaufwand möglichst vielen Menschen helfen. Ich wollte nicht in den Verdacht geraten, dass ich Einzelne bevorzuge, außerdem konnte ich mich auch so schon kaum mehr vor Bittgesuchen Einzelner retten.

»Ich kann nicht einem einzigen Jungen helfen«, sagte ich also bestimmt und sah, wie der Chief ein enttäuschtes Gesicht machte. »Also kann nicht er allein auf die Secondary School. Aber wie sieht es mit den anderen Kindern aus? Sicherlich ist er nicht der einzige intelligente Schüler in Apewu?«

Chief Odikros Miene hellte sich auf.

»Nein«, sagte er, »natürlich nicht. Ich wollte nur nicht zu viel erbitten.«

»Lass uns den Lehrer rufen«, fuhr ich fort, »er soll uns die zehn besten Schulabgänger und -abgängerinnen nennen. Und denen finanzieren wir die weiterführende Schule.«

So begann ein Erfolgsprojekt, das sich bis heute bewährt. Inzwischen sind es über achtzig Schüler, die über Schulpatenschaften die höhere Schule besuchen, und bald, wenn wir wieder in Apewu sind, werde ich mich einmal wieder davon überzeugen, dass dieses Geld die beste Anlage ist, die wir tätigen können. Unsere Kinder wissen ganz genau, welch ungeheures Glück sie haben, und ganz anders als Kinder in Deutschland, denen die Schule meist ein notwendiges Übel ist, sind »unsere« Kinder mit ganzem Herzen und mit großer Begeisterung dabei. Gute Noten mit nach Hause zu bringen ist für sie eine Herausforderung und eine Ehre. Und ihre Paten freuen sich sehr, wenn sie das Zeugnis und einen Brief »ihres Kindes« bekommen. Matthew zum Beispiel konnte durch die Unterstützung seines Paten einen Universitätsabschluss in Buchhaltung machen. Er hilft Madamfo Ghana nun in seinem Heimatland bei der Buchführung. Solche Ergebnis erfüllen mich mit großer Freude, sind sie doch ein Paradebeispiel für Hilfe zur Selbsthilfe.

In unserem Team ist es Victor, der diese Kinder und Jugendlichen betreut, die je nach ihren Veranlagungen in speziell für sie geeigneten Internaten untergebracht sind. Und auch ich spreche mindestens einmal im Jahr mit ihnen, wenn sie auf Urlaub nach Hause kommen und es sich trifft, dass ich gerade in Apewu bin. Dabei interessieren mich nicht nur ihre Noten, sondern ich frage sie auch, welches ihre Lieblingsfächer sind und was sie einmal werden wollen, ob die Schule, die wir für sie ausgesucht haben, ihrer Meinung nach die richtige ist. So konnten wir neulich ein blitzgescheites Mädchen, das besonders gute Leistungen in Finanzbuchhaltung und Rechnungswesen vorweisen konnte, in eine Schule wechseln lassen, die diese Fächer vertiefend anbietet und als eines der besten Wirtschaftsgymnasien im Lande gilt. Denn ich bin auch hier der Meinung, dass das Geld der Paten optimal genutzt werden muss. Sowohl Victor als auch Anthony, der Dorflehrer, stehen ständig im Kontakt mit den Kindern und können so rechtzeitig eingreifen, sollte es Probleme geben.

Die Zukunft dieser Jugendlichen liegt mir sehr am Her-

Jugendliche in Apewu, denen wir die Ausbildung finanzieren

zen, denn sie ist gleichzeitig die Zukunft unserer Dörfer. Ich wünsche mir und ihnen, dass sie einen Beruf erlernen können, der ihnen Freude bereitet und mit dem sie in ihrem Land etwas bewirken können.

Sehr hoch angesehen sind alle medizinischen Berufe in Ghana. Da rangieren die Krankenschwestern noch vor den Ärzten. Hebammen dürfen im Trotro vorne sitzen, denn jeder weiß, wie viel sie leisten müssen und wie hart dieser Beruf ist.

Um diese medizinischen Berufe zu erlernen, muss man teure Kurse belegen. Ich habe vor kurzem einen Vertrag mit einer jungen Frau geschlossen, die bereits Medical Officer ist und der wir nun den Rest ihrer Ausbildung bezahlen. Dafür bindet sie sich fünf Jahre lang an Madamfo Ghana. Eine solche Ausbildung kostet 4000 Cedi, und ich frage mich, wo soll ein junger Mensch so viel Geld hernehmen? Denn diese Summe entspricht immerhin rund 2000 Euro. Für uns ist es eine gute Sache, und für die junge Frau eine Art Ticket für ein besseres Leben.

Solange solche Berufe nur von einer Oberschicht erlernt werden können, die es sich leisten kann, das teure Schulgeld zu bezahlen, wird sich in Ghana nichts ändern. Aus diesem Grunde engagieren wir uns von Madamfo Ghana auch so gerne in der Bildung. Dies ist Hilfe zur Selbsthilfe par excellence.

Doch zurück zu der Dorfschule von Apewu: Hier renovierten wir das baufällige Gebäude und statteten es mit Schulbänken und Tafeln aus. Die Bänke werden übrigens im Nachbarort Detiaso geschreinert, und so profitieren die ansässigen Handwerker ebenso von dem Projekt. Selbstverständlich feierten wir die Eröffnung der neu renovierten Dorfschule mit einem großen Fest, einer Daba. Denn meiner Meinung nach darf man, nachdem man hart gearbeitet hat, auch ruhig das Erreichte feiern.

Als ich jedoch die renovierte Schule während des Unterrichts besuchte, stellte ich zwei Dinge fest. Zum einen dachte ich, könnten weit mehr Kinder in den neuen Schulbänken sitzen. Und zum anderen sahen diejenigen, die zum Unterricht gekommen waren, müde, schlapp und unkonzentriert aus.

»Was ist denn da los?«, fragte ich Anthony, unseren Schuldirektor. »Warum ist das ein so lahmer Haufen? Geht es den Kindern nicht gut?«

Der Lehrer breitete die Arme aus und ließ sie wieder fallen.

»Ich fürchte«, sagte er, »diese Kinder haben nichts zum Frühstück gegessen und sind hungrig und schwach. Die meisten Familien hier essen nur einmal am Tag, nämlich am Abend.«

Und so war es tatsächlich. Ich befragte einige der Kinder, und sie bestätigten mir, dass sie nur einmal täglich aßen, und diese Mahlzeit war nicht gerade üppig. Nun sagt man zwar in Deutschland, dass ein voller Bauch nicht gerne studiert, aber ein leerer tut das erst recht nicht. Also fasste ich einen Plan.

Ich beschloss, eine kostenlose Schulspeisung einzuführen. Dies stellte sich in vielfacher Weise als Segen für das Dorf heraus. Zum einen bekamen die Kinder endlich genügend zu essen, wurden kräftig und aufgeweckter. Als sich herumsprach, dass die Kinder in der Schule eine Mahlzeit erhielten, schickten auch die letzten Zögerlichen ihre Söhne und Töchter zum Unterricht. Außerdem erhielten Frauen aus dem Dorf Arbeit, denn jemand muss das Essen ja auch zubereiten. Und nicht zuletzt profitieren auch die einheimischen Bauern, denn wir lassen die nötigen Lebensmittel grundsätzlich vor Ort einkaufen. So können wir sicher sein, dass die Kinder eine vernünftige und ausgewogene Ernährung erhalten, und zwar alle gleich, egal, wie gut oder wie schlecht ihre Eltern gestellt sind.

Wenn ich heute Apewu und seine Nachbardörfer besuche – denn inzwischen haben wir auch in Detiaso, in Banso und Morontuo die Schulen erneuert, teilweise angebaut und die Schulspeisung eingeführt –, dann freue ich mich aus vollem Herzen über die aufgeweckten Kinder, die statt auf dem Boden auf Bänken sitzen und sich voll auf den Unterricht konzentrieren können. Am liebsten besuche ich die Schulen zur Essenszeit und überzeuge mich davon, dass die Qualität der Mahlzeit gut ist und die Menge ausreichend. Die glücklichen, essenden Kinder sind für mich die größte Motivation, immer weiterzumachen, zu sehen, wie wirkungsvoll unsere Hilfe ist.

Und auch umgekehrt motiviert das Erreichte die Menschen in den Dörfern selbst. Sie sind unendlich stolz, wenn sie hören, ihre Nana hat mal wieder in einer Zeitung ein Interview gegeben oder kommt womöglich ins Fernsehen. Sie wissen ganz genau, wie hart es für mich ist, immer wieder dafür zu sorgen, dass die Menschen in Deutschland von ihrer Situation erfahren. »Nana ist wieder in Deutschland«, sagen sie dann, »und kümmert sich darum, dass wir weitermachen können.« Alle wissen ganz genau, dass ich persönlich nicht viel besitze, dass mir das Geld für die Projekte von Menschen in Deutschland anvertraut wurde und dass ich mit Argusaugen darüber wache, was damit geschieht.

Kindergartenspeisung in Detiaso

Nur um ein Beispiel zu nennen: Der Anbau der beiden zusätzlichen Klassenzimmer für die Schule in Apewu hat umgerechnet 3311 Euro gekostet. Auf der deutschen Botschaft in Ghana sagten sie, das könnten sie gar nicht glauben, dass das so billig gewesen sein sollte. »Oh, doch«, gab ich zur Antwort, »das ist möglich, weil bei uns niemand irgendwelches Geld abzweigt.« Weil unsere Organisation »schlank« ist und so wenig wie nur möglich von den Spendengeldern auffrisst. Das ist nämlich für die Projekte da und für sonst nichts.

Ich denke oft an eine Rentnerin, die mir schrieb, dass ihr von ihrer Rente nach Abzug aller Fixkosten pro Monat neunzig Euro bleiben. Nachdem sie im Fernsehen einen Beitrag über mein Engagement in Ghana sah, beschloss sie, 180 Euro zu spenden. Für sie bedeutete dieser Betrag wirklich ein persönliches Opfer. Und darum bemühe ich mich, die Spender wenn möglich wissen zu lassen, wohin ihr Geld ging. Ihnen persönlich zu antworten, mitunter auch Fotos zu schicken. Die ganze Sache transparent zu machen, denn dann freuen sich die Menschen, die spenden, und geben das nächste Mal wieder gerne.

Natürlich stoße ich dabei leider auch an natürliche Grenzen. Als nach dem ersten großen TV-Beitrag mehr als zweitausend Anrufe reinkamen, da war es völlig unmöglich, alle persönlich zu beantworten. Auch mein Tag hat nur vierundzwanzig Stunden, und darum gab ich im vergangenen Jahr schließlich doch meine Stelle im Krankenhaus auf, um mich hauptberuflich Madamfo Ghana zu widmen. Denn der persönliche Kontakt zu den Spendern für Madamfo Ghana ist mir enorm wichtig.

Von Anfang an, das spürte ich deutlich, funktionierten meine Spendenaufrufe deshalb so gut, weil ich mit meiner Person für die Sache einstand. Ich stehe persönlich dafür gerade, dass das Geld dort ankommt, wo es hin soll. Die

Spendengeber haben damit ein Gesicht, eine Stimme, einen richtigen Menschen vor sich, und nicht eine anonyme Institution. Manchmal merke ich, dass die Anrufer direkt erschrecken, wenn ich ans Telefon gehe, und fragen: »Sie sind es selbst?!«

»Ja«, sage ich dann und lache. »Ich bin es selbst.«

Überflüssig zu betonen, wie unglaublich dankbar meine Leute in Ghana den ihnen unbekannten Spendern im fernen Deutschland sind, die gar nicht ahnen, in wie viele Gebete sie täglich eingeschlossen werden.

Jene Kinder, die dank unserer Spenden heute die Schulen besuchen können, werden in ein paar Jahren erwachsen sein und mit einer guten Berufsausbildung selbst für ihre Eltern und ihre eigenen Kinder sorgen. Denn irgendwann, das ist mein größter Wunsch, soll die Hilfe von Madamfo Ghana überflüssig werden. Ich verstehe unsere Hilfe als Anschub, als Hilfe zur Selbsthilfe. So wie Ama Enima aus eigener Kraft nicht aufstehen konnte, sondern jemanden brauchte, der ihr die Hüftoperation ermöglichte, um buchstäblich auf eigenen Beinen stehen zu können, so braucht es in vielerlei Hinsicht einen Initialeffekt, damit die Menschen sich selbst helfen können. Dazu sind sie durchaus in der Lage.

Über die Jahre konnte ich immer wieder beobachten, wie tapfer und ausdauernd die Menschen in Ghana sind, um in den beschränkten Umständen, in denen sie leben, zu bestehen. Reicht man ihnen die Hand und belässt ihnen dabei ihre Würde, dann sind sie zu großartigen Dingen fähig.

Bei allem, was wir tun, haben wir von Madamfo Ghana das Rad natürlich nicht neu erfunden. Wir lernen ständig, sei es von den Einheimischen, von anderen Organisationen oder von der Regierung. Wir bauen selbstverständlich keine Schule, ohne die Regierung mit einzubeziehen, dieser Grundsatz, den ich von Anfang an verfolgte, ist mir ungeheuer wichtig. Denn damit übernehmen wir ja eine Aufgabe, die eigentlich der Staat leisten müsste. Immerhin ist der Grundschulbesuch von der ersten bis zur sechsten Klasse in Ghana grundsätzlich umsonst – das ist nicht in allen afrikanischen Ländern der Fall. Dennoch gibt es eine versteckte finanzielle Hürde für ärmere Familien, denn das Kind braucht, um zur Schule gehen zu können, nicht nur Schreibmaterial und Bücher, sondern auch eine Schuluniform. Das können sich viele Eltern nicht leisten, vor allem, wenn sie mehrere schulpflichtige Kinder haben. Da gibt es vom Staat keine Hilfe, keine Stipendien oder Zuschüsse.

Aber was ist mit den Schulgebäuden, möchte man fragen, gehört deren Erhaltung nicht auch zu den Aufgaben des Staates? Natürlich. Doch ist auch dafür – besonders in den ländlichen Gebieten – kein Geld vorhanden.

Hier leisten wir unseren Beitrag, während der Staat grundsätzlich das Personal stellt: Im Falle der Schulen sind es die Lehrer, im Falle eines Krankenhauses die Ärzte und Schwestern. Das nennt man *Public Private Partnership,* also eine Finanzierung durch private Sponsoren in Zusammenarbeit mit der öffentlichen Hand in Ghana. Und das funktioniert nach meinen Erfahrungen sehr gut. Denn jeder, der rechnen kann, weiß, dass die laufenden Personalkosten im Grunde das Teuerste an einem Unternehmen sind. Darum finde ich diese Zusammenarbeit durch uns NGOs – das sind Nicht-Regierungs-Organisationen – und dem Staat sehr sinnvoll.

Das bedeutet aber auch, dass die entsprechenden Regierungsstellen grundsätzlich in unsere Pläne involviert sein müssen. Das ist wichtig und für beide Seiten von Interesse. Denn vielleicht plane ich an einem Ort einen Kindergarten, dabei gibt es im Nachbarort bereits einen, und statt eines Neubaus genügt es, einige Klassenzimmer anzufügen. Es ist also nicht nur recht und billig, sondern auch klug, sich in den vorhandenen Strukturen zu bewegen und die Behörden mit einzubeziehen. Nur so kann man sich auf Dauer Respekt verschaffen und auf eine langfristige, konstruktive Zusammenarbeit bauen. Ich jedenfalls habe noch nie schlechte Erfahrungen dabei gemacht, wenn ich mit Beamten der Regierungsbehörden zu tun hatte. Noch nie habe ich irgendjemandem ein Schmiergeld bezahlt, und wenn ich in meinen traditionellen Gewändern als Nana Enimkorkor und meinem Gefolge, bestehend aus Emmanuel und Victor, auftrete, kommt auch keiner auf die Idee, es damit zu versuchen. Im Gegenteil, ich werde stets mit demselben Respekt behandelt, den ich für meine Gesprächspartner habe. »So wie man in den Wald hineinruft, so schallt es zurück.« Diese Weisheit gilt überall auf der Welt. Dann begreifen sie nach und nach, dass ich mich, trotz meiner weißen Hautfarbe und meines für afrikanische Verhältnisse hell leuchtenden Haars als eine der ihren sehe und mich auch entsprechend verhalte.

Diesen Grundsatz, niemals mehr zu versprechen, als ich halten kann, den hat mir in jungen Jahren mein Großvater vermittelt. Lügen jedweder Art waren ihm ein Greuel. Immer wieder höre ich, dass Mitarbeiter von NGOs oder sogar Privatleute, die in Afrika Urlaub machen, das Blaue vom Himmel versprechen, und kaum sind sie zurück in ihrer Heimat, vergessen sie alles.

Ich kann mir gut vorstellen, wie das abläuft, denn es ist ja so schön in Afrika. Das Wetter ist gut, die Menschen sind freundlich, die Natur überwältigend, da gerät man in eine ganz besondere Stimmung. Dennoch sollte man sich niemals in solchen Situationen dazu hinreißen lassen, irgendwelche Dinge zu versprechen, wenn man sich nicht hundertprozentig sicher ist, dass man zu seinem Wort auch stehen wird. Vielleicht mag es manche überraschen zu lesen, dass wir Europäer in Afrika den Ruf haben, unzuverlässig zu sein. Wo doch bei uns eher das umgekehrte Bild vorherrscht. Afrikaner sind faul, unberechenbar, unzuverlässig und arbeitsscheu. Das ist es, was viele bei uns denken. Dabei kann man sich vor Ort davon überzeugen, dass die Afrikaner alles andere als faul sind, sondern bei einer Hitze, die wir kaum in einem Sessel sitzend aushalten, schwere Feldarbeit erledigen. Meine Bauprojekte sind das schönste Beispiel dafür, wie fleißig die Menschen in Ghana sind, wie bereitwillig bei der Arbeit, wenn sie selbst in die Planung involviert wurden und ihnen nicht irgendetwas von wohlmeinenden Entwicklungshelfern vorgesetzt wird.

Meine Leute wissen alle ganz genau, dass ich wieder nach Deutschland fahren und um Geld bitten muss, damit wir ihre Projekte finanzieren können. Die Afrikaner sind stolze Menschen, sie wissen, was es bedeutet, andere um Geld zu bitten. Dass ich das für sie tue, das rechnen sie mir hoch an. Und wir sagen ihnen: Ohne euch wollen und können wir es nicht machen. Auch wenn wir euch für eure Arbeit nicht bezahlen. Es ist euer Projekt.

Viele weiße Ingenieure behandeln die Afrikaner von oben herab und respektieren sie nicht. So kommt es oft zu negativen Erfahrungen. Ich bin davon überzeugt, dass dies alles nur funktioniert, wenn wir im Konsens mit den Arbeitern sind. Von demjenigen angefangen, der den Zement für die Steine mischt, bis hin zum Architekten, der das Gebäude entworfen hat. Und genau so denken auch die Afrikaner: Ohne jeden Einzelnen von uns funktioniert das Ganze nicht. Auch Emmanuel hat anfangs Steine geschleppt und war sich dafür nicht zu gut. Das setzt Zeichen und prägt die ganze Atmosphäre während eines solchen Bauprojektes. Jeder ist ein Teil des Ganzen. Und das Ganze ist am Ende für jeden Einzelnen ein Gewinn.

Kapitel 7

In Sachen Liebe

Es ist schon spät. Mimie hat endlich auch ihre Näharbeit für heute beiseitegelegt. Wir haben uns eine kühle Cola geholt und sitzen auf unserer Veranda. Das elektrische Licht bleibt aus, unter unseren Stühlen glimmen Moskito-Spiralen vor sich hin. Ich kann es noch immer kaum fassen, dass Mimie und ich dieses wunderschöne Haus für uns und ihre Tochter gefunden haben. Wir mussten damals aus unserer gemieteten Wohnung ausziehen, und nahezu zeitgleich bekam ich von den ghanaischen Behörden die Auflage, ein richtiges Büro für Madamfo Ghana zu eröffnen. Madamfo Ghana ist auch in Ghana als NGO registriert, aber in der Zwischenzeit waren wir gewachsen, und ein Wohnzimmerbüro, wie wir es bisher hatten, gestatteten uns die Behörden nicht mehr. Sie bestanden auf einer offiziellen Anlaufstelle und auf Ansprechpartnern auch für die Zeit, wenn ich in Deutschland und Emmanuel und Victor im Busch unterwegs waren. Ein Büro in Accra zu mieten ist aber unglaublich teuer, und so machten wir uns auf die Suche nach einer neuen Wohnung mit einem Raum, in dem Madamfo Ghana ein offizielles Büro haben könnte. Unter Zehntausenden Euro Miete für zwei Jahre war aber nichts zu finden. Das war mir viel zu teuer. Doch dann kam uns der Zufall zu Hilfe. Durch einen Freund von Mimie erfuhren wir von einem Haus in Achimota, einem Stadtteil Accras, das zu vermieten war und Platz für all unsere Ansprüche hatte. Wir wurden uns mit dem Vermieter einig, dass wir das Haus auch als Büro nutzen dürfen, ohne dass er die Miete deswegen erhöhte.

In diesem Stadtteil und in vielen anderen Gegenden Accras wohnen keine Weißen, es ist ihnen dort zu gefährlich. Ich jedoch möchte unter Einheimischen wohnen, auch wenn viele meiner Landsleute in Ghana das sicherlich nur mit einem Kopfschütteln abtun würden. Und so haben wir eine neue Bleibe und ein Büro gefunden und am Ende noch Geld dabei gespart.

Mein deutsches Handy klingelt, es ist mein Schatz aus Deutschland. Es tut so gut, seine Stimme zu hören. Auch wenn ich tagsüber kaum dazu komme, ihn zu vermissen, fehlt er mir umso mehr, wenn der Trubel nachlässt.

Es ist nicht einfach, mit einer Frau wie mir zusammen zu sein. Mein unbedingtes Engagement für Afrika bedeutet eine nicht zu geringe Herausforderung für jeden Partner. Eine langjährige Beziehung, die für mich die große Erfüllung zu sein schien, ist vor einigen Jahren bereits daran gescheitert. Wird diese neue Liebe damit klarkommen, dass ich die Hälfte des Jahres in Ghana verbringe und die andere Hälfte kaum etwas anderes im Kopf habe als Afrika?

Schon für eine Krankenschwester auf der Notfallstation mit Schichtdienst ist es alles andere als einfach, eine sogenannte »normale« Beziehung zu unterhalten. Denn wer kann ermessen, was es bedeutet, jeden Tag zu einer anderen Zeit zu arbeiten, und zwar oft genau dann, wenn andere frei haben? Es ist nicht einfach, mit jemandem zu leben, der zu den unmöglichsten Zeiten müde wird und schlafen muss. Kein Tag ist

wie der andere, und wenige Menschen, die in einem
»normalen« Beruf arbeiten, halten einem auch dann
noch die Stange, wenn man das vierundzwanzigste
Mal eine Einladung aus diesen Gründen ausschlägt.
Darum sind die typischen Beziehungspartner einer
Krankenschwester häufig Polizisten, Feuerwehrmän-
ner oder Ärzte. So war es auch bei mir. Denn unsere
Berufsgruppen treffen nicht nur naturgemäß immer
wieder aufeinander, sondern sie sind meist die einzi-
gen, die Verständnis dafür haben, dass das Leben des
anderen eine einzige Ausnahmesituation ist.
Das an sich wäre schon Herausforderung genug für
jede Partnerschaft, doch bei mir kommt noch mein
Engagement für Afrika hinzu. Denn diese Arbeit be-
setzt mein Leben, mein Denken, Handeln und Füh-
len so vollständig, dass ich einen Partner mit einem
ungeheuer großen Selbstvertrauen und einer starken
Persönlichkeit brauche, also jemanden, der es akzep-
tieren kann, dass ich die Hälfte des Jahres gar nicht da
bin und die anderen sechs Monate vierundzwanzig
Stunden am Tag damit beschäftigt bin, Spenden zu
akquirieren, Vorträge zu halten, inzwischen auch
Pressetermine wahrzunehmen, aus der Ferne Proble-
me aus dem Weg zu räumen und neue Perspektiven
zu entwickeln.
Die Sache mit Madamfo Ghana e. V. hat sich in den
vergangenen Jahren so rasant entwickelt, dass sich,
wenn ich in Deutschland bin, alles nur noch um mich
zu drehen scheint. Ich hetze von Termin zu Termin,
und mein Partner muss sich anpassen, während mir
keinerlei Spielraum bleibt. Ich habe ein Versprechen
gegeben, das mir heilig ist, und dafür brauche ich un-
eingeschränktes Verständnis. Ich bin zu mir selbst
sehr streng, und mitunter wirkt das für einen Partner

so, als sei ich es auch zu ihm. Ich habe ein ungeheures Durchhaltevermögen, und das muss der andere auch haben, will er mithalten. Alles in allem würde ich sagen: Ich bin als Partnerin ganz schön schwierig.

Einen Mann, der das mitmacht, den trifft man nicht alle Tage. Es hat mir ganz schön zu schaffen gemacht, als Beziehungen, an die ich fest geglaubt hatte, aus diesen Gründen in die Brüche gingen. Und eine ganze Zeit lang, als ich ohne Beziehung lebte, versuchte ich mich mit dem Gedanken anzufreunden, dass meine Berufung und eine Partnerschaft miteinander möglicherweise nicht vereinbar sind.

Es war die längste Phase in meinem Leben, in der ich als Single lebte. Eigentlich ging es mir, von einsamen Momenten abgesehen, ganz passabel damit. Ich lernte, mit mir selbst in Einklang zu leben und in mir zu ruhen. Die Kraft aus mir zu schöpfen und nicht aus anderen Menschen. Meine Arbeit für Afrika ließ mir nicht viel Zeit zum Grübeln.

Doch dann begegnete ich einem Mann, und ich begann, durch ihn daran zu glauben, dass es zu schaffen wäre.

Es ist eigenartig, wie das Leben manchmal spielt. Denn bereits in den Monaten zuvor dachte ich hin und wieder an diesen Menschen. Wir kannten uns nämlich noch aus Schulzeiten, damals hatten wir bereits einen guten Draht zueinander, doch ich war mit jemand anderem zusammen. Schließlich verloren wir uns aus den Augen. Ich hatte mir sogar schon überlegt, wie ich möglicherweise herausfinden könnte, wo er lebt, doch zum einen hatte ich keine Zeit für solche privaten Recherchen, und zum anderen wusste ich auch nicht, wie ich das anstellen könnte, also verliefen meine Überlegungen irgendwie im Sande.

Eines Tages kam ein Mann auf mich zu und sagte, er sei Mitglied in einer christlich orientierten Organisation und anlässlich einer Spendenaktion sei eine größere Summe für Madamfo Ghana gesammelt worden. Ich freute mich riesig. Bei der offiziellen Spendenübergabe fragte ich, was ich immer frage, nämlich wie sie denn auf unseren Verein gekommen seien. Da erfuhr ich, dass es mein alter Bekannter von früher gewesen war, der ihn auf Madamfo Ghana aufmerksam gemacht hatte. Auch er hatte nämlich wieder an mich gedacht und sich überlegt, was wohl aus mir geworden sein mochte. Nun ist es nicht schwer, herauszufinden, was Bettina Landgrafe heute macht, man muss nur meinen Namen in eine Internetsuchmaschine eingeben, und man landet bei unserem Verein. So kam er auf die Idee, Madamfo Ghana als Spendenempfänger zu empfehlen.

Wir trafen uns und freuten uns beide darüber, dass wir nach all den Jahren Sendepause gleichzeitig aneinander gedacht hatten. Langsam keimte aus der Sympathie, die wir schon vor Jahren füreinander empfunden hatten, Liebe. Ich hoffe von Herzen, dass es diesem Mann auch langfristig möglich sein wird, mich so zu lieben, wie ich bin, als Bettina Landgrafe, Krankenschwester, Managerin und Nana Enimkorkor, mit allem, was bei mir dazugehört. Und das ist nicht wenig. Genau genommen, wenn man alles zusammenrechnet, ist das tatsächlich eine ganze Menge. Vielleicht hat Mimie und mich auch dies so zusammengeschweißt. Denn leider ist auch die Ehe zwischen Mimie und Kofi nach sechs Jahren gescheitert. Während all dieser Jahre versuchte Mimie vergeblich, schwanger zu werden, und irgendwann hatte Kofi eine andere Frau. Kinderlosigkeit ist für Afrikaner bekanntermaßen ein Makel, und dennoch hat mich das damals doch sehr überrascht, ich meine, ich hielt Kofi für einen modernen, aufgeschlossenen Menschen. Aber leider ist es eben so, am Ende zeigt sich, welche Belastung eine Beziehung aushält oder auch nicht, und ob man einen Menschen liebt und zu ihm steht, auch wenn er nicht alle Bedingungen erfüllen kann, die man sich wünscht.

Für Mimie brach eine Welt zusammen. In dieser schweren Zeit hielt ich ihr unbeirrbar die Treue. Nicht, dass ich mit Kofi gebrochen hätte, aber bei solchen Trennungen ist es meistens nicht möglich, mit beiden gleich eng befreundet zu bleiben. Und Mimie war mir als Frau einfach von Anfang an näher.

Gerade noch die Frau eines erfolgreichen Unternehmers, stand Mimie von heute auf morgen vor dem Nichts. Zum Glück hatte sie ihren Beruf und kann damit immer auf eigenen Beinen stehen. Eine Entschädigung für die langjährige Mitarbeit in Kofis Firma erhielt sie allerdings nicht. Aus dem gemeinsamen Haus musste sie ausziehen.

Ich mischte mich damals in diese wie immer unangenehmen Details der Trennung in keiner Weise ein. Stattdessen machte ich ihr einen Vorschlag.

»Sag mal, Mimie«, sagte ich, »wollen wir uns nicht einfach gemeinsam eine Wohnung suchen?«

Das war der Anfang von unserem Zwei-Frauen-Haushalt. Hatte sie mir zuvor so oft geholfen, war ich nun gerne diejenige, die ihr unter die Arme griff, wenn ich konnte. Mimie war immer schon fleißig, und was sie auch anpackt, es gelingt ihr.

»Ich habe gesegnete Hände«, formuliert Mimie es selbst, »und ich liebe es, mit ihnen zu arbeiten.«

Eine Weile nach der Trennung wurde Mimie zu unser

aller Erstaunen auf einmal doch schwanger. Das Kind entstammte einer flüchtigen Beziehung, es kam alles andere als zur passenden Zeit, und doch waren wir beide, und vor allem Mimie selbst, überglücklich. Zu lange hatte der Makel der Kinderlosigkeit an ihr gehaftet, auch wenn sie sich mit dem Vater schon längst nicht mehr traf, wurde ihr Töchterlein Eyram von uns mit Freuden erwartet.

»Nun bekommen wir eben ein Kind«, sagte ich. »Akwaaba! Willkommen!«

Damit war für uns die Sache besiegelt.

KAPITEL 8

VON NEUN AFRIKANISCHEN BETTINAS
UND ANDEREN KINDERN

Bereits nach meinem ersten Besuch in Apewu, damals, im Jahr 2001, erhielt ich, zurück in Deutschland, einen wundervollen Brief. Er kam von einer jungen Familie aus Apewu, die sich während meiner ersten Wochen im Dorf rührend um mich gekümmert hatte. Die Frau war schwanger gewesen, und ein paar Monate später gebar sie eine Tochter. Sie schrieben mir, dass es für sie eine große Ehre wäre, wenn sie das Kind nach mir Bettina nennen dürften, und ob ich die Patenschaft übernehmen mochte.

Da saß ich, von seltsamem Heimweh nach dieser neuen Welt geplagt, und freute mich unbändig. Natürlich sagte ich ja. Mir war klar, dass dies durchaus eine Verpflichtung bedeutete und dass mir die Eltern des Kindes diesen Vorschlag sicherlich nicht ganz uneigennützig machten, doch ich fand es in Ordnung, mich auf privater Ebene um ein Kind besonders zu kümmern. Auch ich hatte als Baby meine Großeltern, die nicht mit mir verwandt waren, sich aber dennoch um mich kümmerten und denen ich so viel verdanke. Ich fand es also nur natürlich, jetzt, da ich erwachsen war, dies auf meine Weise weiterzugeben. Und warum nicht in Afrika, wo es mir so gut gefallen hatte?

Also nahm ich diese Ehre mit Freuden an.

Die Eltern der kleinen Bettina trennten sich ein paar Jahre nach der Geburt des Kindes, und Bettina lebte bei ihrer Mutter. Als sie das entsprechende Alter erreicht hatte, sprach ich mit der Mutter und überzeugte sie davon,

Bettina und Bettina

dass ich die Mittel hatte, dem Kind eine gute Schulausbildung zu ermöglichen. Das war das erste und einzige Mal, dass ich mich einmischte, aber ich fand, meine Rolle als Patin verlangte das auch.

Ich war in der Lage, der kleinen Bettina eine Tür zu öffnen, die für ihre weiteres Leben von entscheidender Bedeutung sein würde. Leider bedeutete das in Apewu natürlich, dass das Kind in ein Internat musste, und es dauerte eine Weile, bis die Mutter das einsah und bereit war, ihr Kind loszulassen. Bei der Schulwahl bezog ich auch den Vater mit ein, und gemeinsam suchten wir die passende Schule aus, und Bettina ging nach Kumasi.

Inzwischen ist sie ein zehn Jahre altes besonnenes Mädchen, eine gute Schülerin und stolz darauf, dass sie neben ihrer leiblichen auch eine weiße Mutter hat. Besuche ich sie in ihrer Schule, wissen alle, aha, Bettinas Mama ist da. Ich verfolge so gerne ihre Entwicklung und freue mich an ihren schulischen Leistungen. Sie ist sehr gut in Mathematik und Englisch, und sie erinnert mich oft an die Chance, die ich als Kind durch meine Großeltern geboten bekam.

Inzwischen sind acht weitere kleine Mädchen nach mir

benannt, Bettina ist der absolute Modename am Ufer des Bosomtwisees geworden, aber zu keiner dieser Bettinas habe ich eine so enge Beziehung wie zu meinem ersten Patenkind.

Dann kam noch Godwin in unsere »Familie«. Den brachte Mimie zu uns. Godwin ist der Sohn einer ihrer Schneiderinnen, Rita, die eines Morgens mit verweinten Augen zu Mimie kam und ihr von ihrem Sohn erzählte.

»Ich musste ihn bei seinem Vater in der Voltaregion lassen«, berichtete Rita, »doch der schlägt ihn nur und lässt ihn nicht einmal zur Schule gehen.«

»Was sollen wir bloß machen?«, fragte mich Mimie am Abend. »Wir können doch nicht einfach so hinnehmen, dass der Junge vor die Hunde geht.«

»Nein«, sagte ich, »lass ihn herkommen. Irgendwie füttern wir den auch noch mit durch.«

Godwin war sieben Jahre alt, als er zu uns kam. Wir sahen uns in die Augen – und es war Liebe auf den ersten Blick. Die ersten Tage beobachtete er mich mit riesigen Kulleraugen, denn ich war die erste Weiße, die er in seinem Leben zu sehen bekam.

Der Junge war so entsetzlich dünn, dass es mir fast Angst machte. Er konnte weder schreiben noch lesen, und das Schlimmste war, er sprach nur Ewe, die Sprache aus der östlichen Provinz am Voltasee. In Accra wird aber Twi und allenfalls Ga gesprochen, der Unterricht findet in diesen Sprachen statt, und in der neuen Schule, in der wir ihn anmeldeten, kam er deshalb natürlich überhaupt nicht mit.

Also suchten wir für ihn ein Internat in Ho, der Hauptstadt der Voltaregion, eine Schule mit gutem Namen, die ich gerne für ihn finanzierte.

Allerdings mussten wir leider feststellen, dass Godwin dort in keinen guten Händen war. Da er noch nie eine

Schule besucht hatte, wäre es nötig gewesen, sich besonders um ihn zu kümmern, damit er den versäumten Stoff nachholen konnte. Leider ist dies nicht geschehen. Und eines Tages – ich war natürlich ausgerechnet in Deutschland – wäre beinahe etwas Schreckliches passiert.

Während des Sportunterrichts sprang ihm ein anderes Kind in den Rücken, und Godwin konnte sich daraufhin nicht mehr rühren. Statt ihn sofort ins Krankenhaus zu bringen, das keine fünf Minuten von der Schule entfernt war, legten sie den Jungen einfach ins Bett und warteten ein paar Tage ab.

Godwin

Als es mit Godwin nicht besser wurde, telefonierten sie mit Rita, die völlig aufgelöst Mimie anrief, die wiederum mich in Deutschland alarmierte. Es war mitten in der Nacht, und es gibt nichts Schlimmeres, als eine solche Nachricht zu erhalten, während man 6000 Kilometer entfernt ist und selbst rein gar nichts unternehmen kann.

In meiner Not rief ich einen guten Freund und Mitarbeiter an, der ähnlich wie Kofi im Baugeschäft tätig ist, allerdings mit Firmensitz in Ho, und der für uns bereits einige Aufträge übernommen hatte. Auch er gehörte seither zu unserem »harten Kern«, der mir mit Rat und Tat zur Seite steht, wenn es irgendwo brennt. In dieser Nacht brannte es wirklich. Leider befand er sich aber gerade in der Nähe von Accra. Trotzdem ließ er es sich nicht nehmen, sich auf der Stelle in sein Auto zu setzen und die fünfstündige Fahrt nach Ho in Angriff zu nehmen. Am nächsten Morgen brachte er Godwin endlich ins Krankenhaus.

Nach vielen langwierigen Untersuchungen stellte man fest, dass seine Wirbelsäule zum Glück nichts abbekommen hatte. Warum aber hatte er sich tagelang nicht bewegen können? Durch einen Bluttest fand man heraus, dass er unter Sichelzellenanämie leidet. Seither wird er entsprechend behandelt. Er lernte schließlich auch Twi und besucht heute ein Internat in Tema in der Nähe von Accra. Endlich konnte er zeigen, was in ihm steckt. Er ist nämlich ein aufgewecktes, intelligentes Bürschlein, und inzwischen folgt er dem Unterricht problemlos.

Ich finde, Godwin ist ein gutes Beispiel dafür, wie gute Anlagen verkümmern, wenn sie nicht gefördert werden. Und was im Gegenteil aus Kindern werden kann, wenn man ihnen eine echte Chance gibt. Mit Godwin verbindet mich viel, wir haben einander fest ins Herz geschlossen. Wenn ich einmal alt bin, das hat er mir versprochen, dann passt er auf mich auf.

An manchen Abenden, wenn ich mit Mimie auf unserer Veranda plaudere, dann stelle ich mir vor, wie ich einmal als Hundertjährige in einem Schaukelstuhl sitzen werde und zusehe, wie Bettina die Erste gemeinsam mit Godwin Madamfo Ghana leitet. »Ach«, sage ich dann zu Mimie, »das wird schön.«

»Du und still in einem Schaukelstuhl sitzen«, neckt sie mich, »das glaube ich erst, wenn ich es sehe.«

»Dann musst du eben auch hundert werden. Sonst kriegst du es nicht zu sehen.«

»Was Eyram dann wohl macht?«

»Keine Ahnung«, überlege ich, »vielleicht kocht sie für uns. Oder sie übernimmt dein Modestudio.«

Mimie wird nachdenklich. »Wenn ich hundert bin, dann ist Eyram auch schon über siebzig.«

»Dann ist sie selbst schon Großmutter. Und hier wimmelt es nur so von unseren Urenkeln.«

Bei dieser Vorstellung müssen wir beide herzlich lachen.

»Hast du dir das so vorgestellt?«, will Mimie wissen, als wir wieder ernst geworden sind, »als du damals zum ersten Mal bei uns zu Besuch warst?«

»Klar«, antworte ich. »Ich hab dich gesehen und gewusst, mit dieser Frau werde ich einmal alt.«

Eine Freundschaft wie die zwischen Mimie und mir wächst nicht über Nacht. Man muss eine Menge gemeinsam erlebt haben, und das haben wir.

Ähnlich ist es nur mit meiner besten Freundin Elvira. Mit ihr machte ich gemeinsam die Ausbildung zur Kinderkrankenschwester. Das ist nun schon fünfzehn Jahre her, und seitdem ist Elli für mich ein Fels in der Brandung. Aufgrund meines Engagements in Ghana sehen wir uns manchmal Monate nicht. Und doch ist es so, als wäre ich eben erst aus der Tür gegangen, wenn wir uns dann endlich wieder gegenüber stehen. Elli hat mir schon manches Mal geholfen, über eine Trennung hinwegzukommen, und sie ist es, zu der ich zu jeder Tages- und Nachtzeit kommen kann.

Es sind nicht immer nur die schwierigen Zeiten, die einen zusammenschweißen, auch die schönen Erlebnisse gehören dazu. So wie Eyrams Geburt. Wir hatten so viel Spaß miteinander, während Mimie mit Eyram schwanger war. Mimie hatte einen riesigen Bauch und sah wirklich zum Fürchten aus, und wir dachten schon, da ist mehr drin als nur ein Baby.

»Bist du sicher«, neckte ich sie oft, »dass es nur ein Kind ist?«

So machten wir unsere Späße die ganze Zeit über. Es waren wirklich glückliche Wochen und Monate für uns beide, auch wenn es in Afrika, selbst in einer großen Stadt wie Accra, nach wie vor nicht ganz ungefährlich ist, ein Kind zu bekommen.

Wir lachten uns noch halb kaputt, als Mimie ins Krankenhaus musste. Ich weiß noch, wie der Taxifahrer ungläubig in den Rückspiegel sah und seine seltsame Fracht beobachtete: eine weiße Frau und eine hochschwangere Schwarze. Das war nicht unbedingt das Paar, das er sonst zu einer Entbindung fuhr.

Im Krankenhaus fragte ein Arzt, ob das Baby schwarz oder weiß sein würde. Was für eine bescheuerte Frage! Mimie antwortete: »Schwarz.« Aber ich fügte hinzu: »Bist du sicher?«

Obwohl Mimie bereits Wehen hatte, konnten wir nicht anders, als wieder loszukichern. Die Wehen kamen und gingen wieder, dann blieben sie aus, und es kam uns so vor, als würde das Ganze noch eine Weile dauern.

»Du musst nicht hier herumsitzen«, meinte Mimie, »ich ruf dich sofort an, wenn es losgeht.«

Also sagte ich: »Okay, aber du musst mich wirklich anrufen. Und du wirst sehen, ich komme sofort.«

Und tatsächlich, das Baby ließ sich Zeit. Ich hatte gerade Besuch aus Deutschland, und der wollte unbedingt an den Strand. Vorher schauten wir noch bei Mimie vorbei, da war noch alles in Ordnung. Kaum waren wir jedoch an einem der herrlichen Strände Accras angelangt, als mein Handy klingelte.

»Es geht los«, hörte ich Mimies ängstliche Stimme.

»Jetzt sofort?!«, rief ich. »Ich bin schon unterwegs.«

Kurz darauf lief ich in einem dünnen Batikstrandkleid

in den Operationssaal ein, denn ein Kaiserschnitt wurde nötig.

»Ich bin der Vater«, rief ich einem Assistenzarzt zu, der mich aufhalten wollte. »Und außerdem Krankenschwester. Ich weiß, was hier geschieht.«

So erlaubten sie mir, dabei zu sein. Der Kaiserschnitt verlief glatt, und bald hielt ich das winzige kleine Mädchen in der Hand. Und als Mimie aus ihrer Narkose erwachte, legte ich ihr die Kleine in die Arme.

»Aus unserem Zwei-Frauen-Haushalt wird jetzt ein Drei-Mädel-Haus«, sagte ich. »Mach dir keine Sorgen, ich hab schon alles nachgezählt. Die Kleine hat zehn Finger und zehn Zehen. Also alles paletti.«

Und schon brachte ich Mimie wieder zum Lachen. Wir sahen uns an, das Baby an Mimies Brust. Eine größere Verbundenheit zwischen drei Menschen kann man sich nicht vorstellen.

»So«, sagte ich zu der Kleinen. »Du hast zwar keinen Vater, dafür aber zwei Mütter.«

Mimie lag eine Woche im Krankenhaus, und ich musste mich in der Zeit wieder um ein Projekt kümmern. Drei Tage lang war ich in Apewu, und einen Tag, bevor Mimie aus dem Krankenhaus entlassen werden sollte, kam ich

Eyram einige Stunden alt

nach Accra zurück. Ich werde nie vergessen, wie sie mir da weinend in die Arme fiel. Mimie, die immer die Ruhe selbst war und für alles eine Lösung wusste, war am Ende ihrer Nerven.

»Betti«, schluchzte sie, »ich weiß überhaupt nicht, wie ich das alles schaffen soll.«

Jede Frau, die ihr erstes Kind geboren hat, weiß, dass gerade die Zeit am schwierigsten ist, wenn man die Routine des Krankenhauses verlässt und die neue bei sich zu Hause erst noch finden muss. Wie soll das alles funktionieren? Klappt es mit dem Stillen? Trinkt das Kind genug? Mache ich das richtig mit dem Wickeln? Warum weint das Kind, habe ich etwas falsch gemacht? Wie soll ich mein Geschäft weiterführen können mit einem Neugeborenen, das mich rund um die Uhr in Anspruch nimmt? Komme ich finanziell über die Runden?

Viele junge Mütter gelangen da an einen Punkt, an dem alles über sie hereinbricht und sie das Gefühl haben, dem Ganzen nicht gewachsen zu sein. Natürlich hatte auch Mimie eine solche emotionale Krise. Zum Glück konnte ich ihr beistehen.

Ich sagte zu den Schwestern: »Bitte kümmern Sie sich um die Mutter. Ich kümmere mich um das Baby.«

Als Mimie das hörte, versiegten ihre Tränen sofort. Denn sie wusste, sie war nicht allein.

In diesen ersten Wochen war ich für sie da. Im Handumdrehen hatte Mimie sich erholt und fand zu ihrer ausgeglichenen, souveränen Art zurück. Sie nannte unser Töchterchen Eyram, und das bedeutet »Gott hat mich gesegnet«. Genau so fühlte sich Mimie. Für sie ist die Kleine eine Art Wiedergutmachung des Himmels, für den Kummer, den ihr die Trennung von Kofi beschert hat.

Heute ist Eyram süße drei Jahre alt. Ein kleiner Teufel

und ein richtiger Engel in einem, wie alle Kinder, und ich liebe sie aus ganzem Herzen.

Ich spreche nur Deutsch mit ihr, denn sie soll dreisprachig aufwachsen: Ewe, Englisch und Deutsch. Wenn Mimie die verwöhnende Mutter spielt, dann bin ich der strenge Vater. Vielleicht schlüpfe ich dabei ein wenig in die Rolle, die mein Großvater bei mir übernahm, denn wenn auch von großer Herzensgüte, so war er doch unerbittlich in seinen Prinzipien. Ich weiß noch gut, dass er mich damit oft genervt hat, aber heute bin ich ihm dafür dankbar.

Und dieser Zusammenhalt verbindet uns, Mimie und mich. Ihr Ziel ist es, sich wieder ein eigenes Modestudio aufzubauen, so wie sie es vor ihrer Trennung hatte. Eisern spart sie auf einen eigenen Laden, in dem sie ihre Kleider verkaufen kann. Manchmal träumt sie auch davon, später einmal ein eigenes Restaurant aufzumachen, denn sie kocht so unglaublich gut und leidenschaftlich gern.

Wir sind uns ähnlich und doch auch wieder sehr unterschiedlich. Während mir zum Beispiel das Herz stets auf der Zunge liegt und ich über das, was mich bewegt, sofort reden muss, macht Mimie Probleme lieber allein mit sich aus. Ich spüre in solchen Momenten deutlich, dass sie etwas beschäftigt, und ein halbes Jahr später erzählt sie mir dann: »Damals hatte ich das und das.« Die Menschen sind nun mal verschieden. Aber was zählt, ist die tiefe Verbundenheit, die wir mit bestimmten Menschen teilen. Und die ist es, die das Leben erst wirklich lebenswert macht.

Kapitel 9

Wir gründen einen Verein

Manche Menschen mögen es kaum glauben, aber es ist mir bis heute gelungen, unsere Organisation klein, wendig und so kostenneutral wie möglich zu erhalten. Mein Name steht für mein Engagement und mit ihm meine Person. Große Organisationen waren mir schon immer suspekt, und während meiner Arbeit konnte ich feststellen, dass es den meisten Menschen ebenso ging.

»Bei denen weiß man ja gar nicht, wo das Geld landet«, bekomme ich oft zu hören, »aber bei Ihnen wissen wir, was damit geschieht. Das finden wir gut.«

Immer wieder rieten mir Freunde, ich solle einen Verein gründen. Lange Zeit war ich einfach viel zu beschäftigt, doch im Jahr 2006 nahm ich das endlich in Angriff. Denn das Ganze musste auf einer klaren und nachvollziehbaren Basis stehen, die Spender wollten Quittungen für ihre Zuwendungen haben, und so wurde der Verein »Madamfo Ghana – Ghana-Projekt von Bettina Landgrafe e. V.« ins Leben gerufen und 2007 offiziell beim Landgericht eingetragen. »Madamfo« heißt übrigens »Freund« in der ghanaischen Sprache Twi, also sind wir alle »Freunde Ghanas«.

Als die sieben notwendigen Gründungsmitglieder fungierten meine Großeltern, weitere Verwandte und Freunde. Mehr Vereinsmitglieder gibt es bis heute nicht, und so soll es auch bleiben. Denn um ein Madamfo zu sein, also ein Freund, braucht man keine Mitgliedschaft. Beim Amtsgericht setzte ich durch, dass ich in Deutschland allein eine Bankvollmacht besitze. Es war mir wichtig, dass bei eventuellen Unregelmäßigkeiten eine einzige Person dafür gerade steht, nämlich ich, und nicht »die Organisation«.

Es ist nicht einfach, stets mit einem Bein in Afrika und mit dem anderen in Deutschland zu leben und zu arbeiten. Manchmal wache ich morgens auf und weiß im ersten Augenblick nicht, bin ich in Ghana oder in Hagen? Das passiert häufig mitten in der Nacht, und oft fällt mir etwas ein, das ich unbedingt sofort mit Emmanuel besprechen muss. Dann rufe ich ihn auf der Stelle an, und auch er macht es umgekehrt so, wenn es mal brennt. Meine inneren Leitungen laufen immer auf vollen Touren, ob ich schlafe oder wache. Madamfo Ghana und unsere Projekte stehen bei mir an allererster Stelle.

Ich bin heute noch dankbar und staune, wie reibungslos alles von Anfang an geklappt hat. Nicht, dass es einfach gewesen wäre, aber glücklicherweise fügte sich immer eins ins andere. Meine Erfahrung ist: Hat man eine klare Vision von dem, was man erreichen will, dann muss man einfach nur auf dem Weg voranschreiten, der einen von dem Erreichten trennt.

Da ich bis zuletzt daran festhielt, dass Spendengelder nur für Projekte auszugeben sind, habe ich noch bis zum Sommer 2010 als Krankenschwester gearbeitet. Bis ich einsehen musste, dass dies mit meinem vollen Engagement für meine Arbeit in Ghana nicht mehr zu vereinbaren war. Ich wollte keine halben Sachen machen. Und letztendlich hat mein Tag auch nur vierundzwanzig Stunden.

Ich hatte großen Respekt davor, diesen Schritt zu tun, einen »sicheren« Job aufzugeben und mich ganz den Menschen in Ghana zu widmen. Was, wenn ich einmal krank werde? Wenn es eines Tages aus irgendwelchen Gründen

Madamfo Ghana nicht mehr geben sollte? Aber dieser Schritt entsprach auf der anderen Seite einem so starken inneren Wunsch, denn ich kann auf diese Weise Menschen helfen, die ohne mich und Madamfo Ghana keine Chance hätten.

»Du nützt viel mehr«, sagten mir alle, die meine Arbeit kennen und unterstützen, »wenn du deine Arbeit ganz in den Dienst von Madamfo Ghana stellst. Die Arbeit als Krankenschwester kann jemand anderes machen. Deine Arbeit für Ghana nicht.«

Dazu kam, dass ich mich dazu entschlossen hatte, neben meiner Arbeit und dem Engagement für Ghana ein Studium zu beginnen. Seit 2008 studiere ich also nun Politik und Verwaltungswissenschaften an der Fernuniversität Hagen. Ich habe mich schon immer für Politik interessiert, und mit dem, was ich in Ghana mache, bin ich da mittendrin. Arbeitet man im Bereich Entwicklungszusammenarbeit, wird besonders die Internationale Politik mit ihren Verflechtungen spannend. Wie hängt das alles zusammen? Warum kommt Afrika ökonomisch so schwer auf die Beine? Und so weiter und so fort.

Ich bin ein Mensch, der immer weiter lernen und immer besser werden möchte, und für die Aufgaben, die ich in Ghana zu bewältigen habe, ist besonders das Studium der Verwaltungswissenschaften sehr nützlich. Ich denke auch darüber nach, im Anschluss an den Bachelor und den Master noch eine Doktorarbeit zu schreiben. Für das Thema habe ich bereits eine konkrete, praxisnahe Idee.

Das alles unter einen Hut zu kriegen, das ist meine tägliche Herausforderung. So gab ich im Sommer 2010 schweren Herzens meine Stelle als Kinderkrankenschwester in Hagen auf. Inzwischen weiß ich nicht mehr, wie ich das überhaupt so lange geschafft habe. Meine Zeit in Deutschland ist randvoll ausgefüllt mit Terminen, sei es

für mein Studium, für Werbeveranstaltungen, für Pressetermine, Vorträge, Fernsehauftritte, Sponsorengespräche.
In den letzten drei Jahren hat mein Engagement für Ghana
eine derartige öffentliche Aufmerksamkeit erreicht, dass
ich mich oftmals fast zerreißen muss, um allen Menschen
und vor allem meinem eigenen Anspruch gerecht zu werden.

Doch das tue ich gern. Die öffentliche Unterstützung
zeigt mir, dass wir das Richtige tun. Und die Ergebnisse
unserer Arbeit, die Zufriedenheit und das Glück in den
Augen so vieler Menschen ist Lohn genug.

KAPITEL 10

»GEHEILT« UND VERGESSEN – LEPRAKRANKE IN HO

Meine engsten Mitstreiter Emmanuel und Victor kommen beide aus völlig unterschiedlichen Gegenden. Emmanuel stammt aus Ho in der Voltaregion im Osten des Landes und gehört zum Stamm der Ewe. Victor ist in der Brong-Ahafo-Region zu Hause, und das liegt im äußersten Westen Ghanas. Nachdem wir in der Aschanti-Region am Bosomtwisee diesen ersten und schwierigsten Brunnen in der Geschichte von Madamfo Ghana gebaut hatten, wollte ich gerne wissen, wo meine Freunde und Mitarbeiter herkamen.

Emmanuel lud mich ein, eine Woche mit ihm nach Ho zu fahren, seine Heimat und Verwandtschaft kennenzulernen, und ich sagte mit Freuden zu.

Ich werde nie vergessen, wie wir das erste Mal von Apewu aus dorthin gefahren sind. Es war eine meiner anstrengendsten Reisen. Zu Fuß ging es den Berg hinauf bis nach Morontuo, von dort mit dem Trotro nach Bekwai, von hier nach Kumasi, von Kumasi mit dem Überlandbus nach Accra. Hier mussten wir mit einem Taxi zu dem Busbahnhof wechseln, von dem die Trotros in die Voltaregion abfuhren, und von dort ging es endlich weiter nach Ho. Morgens um drei waren wir aufgebrochen, und nachts gegen Mitternacht kamen wir an.

Es war das erste Mal, dass ich von Accra aus nach Osten, in Richtung der Grenze zu Togo, fuhr. Es ist eine reizvolle Strecke durch diesen fruchtbaren Landstrich. Hat man die Vororte von Accra endlich hinter sich gelassen, durchquert man grüne Landschaften, auf einer Seite gesäumt von einer Bergkette.

Hier, im Hinterland der Hauptstadt, auf den Anhöhen, die vor den Bergen liegen, haben reiche und berühmte Menschen wie die Witwe von Raggae-Legenede Bob Marley ihre Villen, erfuhr ich von Emmanuel. Ich konnte mir gut vorstellen, dass es sich dort oben angenehm leben lässt, das Klima ist etwas gemäßigter, und sicherlich hat man einen wunderbaren Blick über Accra bis hin zum Atlantischen Ozean.

Weiter ging es, nun mehr in Richtung Norden als Osten, der togolesischen Grenze entlang, bis wir den Voltasee erreichten und diesen auf einer spektakulären Brücke überquerten.

Noch eine ganze Weile fuhren wir an diesem Fluss entlang, dann entfernten wir uns von ihm. Die Landschaft wurde hügeliger.

Ich war sehr gespannt, endlich die Stadt kennenzulernen, aus der Emmanuel stammte. Ho ist eine Kleinstadt, in der es viel ruhiger zugeht als in Kumasi oder gar in Accra. Ja, es geht dort eher ländlich beschaulich zu. Das Stadtzentrum umgeben viele kleinere Dörfer, die alle noch zu Ho gehören und sich in dieser Ebene zu allen Seiten erstrecken. In der Ferne ist ein markanter Hausberg zu sehen, dahinter beginnen die Berge.

Bei jenem ersten Besuch wohnten wir im Familienhaus von Emmanuel, in dem er ein Zimmer zur Verfügung hatte. Gentleman, wie er eben ist, überließ er mir den Raum und schlief selbst in meinem Zelt draußen im Garten. Das war sehr lustig, denn Afrikaner schlafen eigentlich nie in Zelten, und wir hatten viel Spaß. Wir kochten auf einem dieser typischen Holzkohleöfen im Hof, so wie es üblich ist, ich tauchte in das traditionelle Leben von Emmanuels Familie ein und lernte eine Menge seiner

Onkels und Tanten, Cousinen und Cousins und Nichten und Neffen kennen. Ich liebte das so!

Von Anfang an, seit ich damals in Accra nach meiner Ankunft am Flughafen in jenes Taxi stieg, war ich mitten im afrikanischen Leben gelandet. Seither war ich immer mit Afrikanern unterwegs, verkehrte bei ihnen zu Hause und hatte relativ wenig mit Weißen zu tun. Auch in Emmanuels Familie wurde ich von Anfang an herzlich aufgenommen. Er bewohnte damals ein kleines Zimmer, das an das Haus seines Onkels angrenzte. Emmas Verwandte behandelten mich gleich wie eine Tochter, und ich durfte mich im Haus frei bewegen, was für Gäste nicht unbedingt selbstverständlich ist. Sie interessierten sich sehr dafür, was ich in Ghana machte, wollten wissen, wie ich Emma kennengelernt hatte. Ich glaube, sie waren sehr stolz, dass er mit mir zusammenarbeitete. Es gab da eine sehr alte Frau in ihrem Haus, sie war so etwas wie Emmas Großmutter, so genau erfuhr ich das nicht. Von Anfang an fühlte ich mich zu ihr hingezogen, vielleicht, weil sie mich an meine Omi erinnerte. Und so gehörte ich einfach von Anfang an mit dazu.

Dabei half mir, dass ich noch nie Berührungsängste kannte. Nach dem ersten kleinen Schock bei meiner Ankunft, als das feuchtheiße Klima mir ins Gesicht schlug wie ein heißer Waschlappen, habe ich mich aus vollem Herzen auf diesem Kontinent eingelassen. Obwohl alles fremd war, erschien es mir doch seltsam vertraut, so als wäre ich irgendwann schon einmal hier gewesen. Und das, woran ich mich gewöhnen musste, das hat mir nur gutgetan. Zum Beispiel eine gewisse Flexibilität, um mit Widrigkeiten umzugehen. Da ich viel im Land unterwegs bin, hatte ich jede Menge Gelegenheiten, das zu lernen. Wir sagen zwar, morgen früh fahren wir los, doch das ist noch lange nicht sicher. Ich rechne ständig damit, dass Ghana eine Überraschung bereithält. Da gibt es vieles, was eine Abreise verhindern kann oder die Pläne durchkreuzt. Es kann zum Beispiel die ganze Nacht hindurch regnen, und dann sind die Straßen auf einmal unpassierbar. Vielleicht gibt es kein Benzin. Oder wir haben auf einmal einen platten Reifen. Jedenfalls habe ich gelernt, mit allem zu rechnen und mich in alles hineinzufinden.

Es hat eine Weile gedauert, bis ich diese afrikanische Gelassenheit gefunden habe. Bis ich meine deutsche Zielstrebigkeit teilweise ablegen konnte, die mir bei den hiesigen Verhältnissen oft im Weg gestanden war. Wie gut, dass ich es nicht länger für selbstverständlich halte, dass alles, was ich mir vornehme, auch sofort machbar ist. Ich habe das Gefühl, je älter ich werde, desto weniger möchte ich planen, sondern lasse die Dinge auf mich zukommen. Es ist eine Gratwanderung zwischen Planen und Zulassen, zwischen dem Gestalten der Zukunft und der freudigen Annahme all dessen, was auf mich zukommt.

Schon damals, 2005, während dieser ersten Woche in Ho, in der mir Emmanuel die Gegend zeigte, in der er aufgewachsen war, erzählte er mir von einem großen Missstand in seiner Heimatstadt, der ihn seit vielen Jahren beschäftigte:

In Ho gibt es eine kleine Poliklinik, eine der wenigen in Ghana, in denen Leprakranke behandelt werden können. Das ist natürlich grundsätzlich eine gute Sache. Das Problem entsteht paradoxerweise, nachdem die Kranken »geheilt« sind. Denn die Leprakranken, die aus allen Teilen des Landes nach Ho strömen, wurden samt ihren Familien aus ihrer Heimat meistens vertrieben, schließlich ist Lepra aufgrund ihrer Ansteckungsgefahr noch immer eine extrem stigmatisierte Krankheit. Darum können die Betroffenen selbst nach ihrer Heilung nicht wieder nach Hause.

Da sie also nicht wissen, wohin sie gehen sollen, bleiben

sie in Ho und siedeln sich in slumähnlichen Siedlungen in der Nähe der Klinik an. Das geht schon seit vielen Jahren so, und inzwischen leben hier Tausende von verstümmelten und wurzellosen Menschen mit ihren Familien und Nachkommen in allergrößter Not.

Außerdem heißt »geheilt« bei Lepra noch lange nicht, dass die Patienten nun wirklich wieder gesund sind. Es bedeutet lediglich, dass die Leprabakterien nicht mehr in ihrem Körper aktiv sind. Dennoch sind bei den meisten sogenannten »Cured Lepers«, also »geheilten Leprakranken«, die Wunden immer noch entzündlich, und da sie nicht anständig nachbehandelt werden, sorgen Sekundärinfektionen dafür, dass der Zersetzungsprozess an den Wunden oftmals noch weiter voranschreitet.

Lepra zerfrisst Gliedmaßen, kann aber auch im wahrsten Sinn des Wortes ins Auge gehen und die Menschen erblinden lassen. Solche Schäden, die die Krankheit den Betroffenen zugefügt hat – sprich: verstümmelte Gliedmaßen, erblindete Augen –, sind natürlich auch nicht wieder rückgängig zu machen. An Arbeit ist bei solchen Behinderungen kaum zu denken, und so vegetieren diese Menschen in ihren notdürftigen Behausungen nur so dahin.

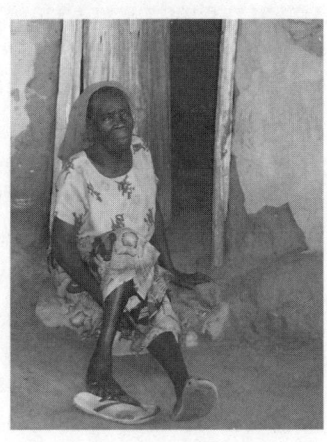

Diese leprakranke Frau lebt in menschenunwürdigem Zustand

Auch wenn wir bei jenem ersten Besuch die Siedlungen der Leprösen noch nicht aufsuchten, so erzählte mir Emmanuel doch von ihnen. Und ich spürte natürlich, dass es sein Wunsch war, dass wir für diese Menschen, die aufgrund ihrer fürchterlichen Erkrankung in seiner Heimatstadt gestrandet waren, etwas unternahmen. Er wusste allerdings so gut wie ich, dass wir nicht alles auf einmal in Angriff nehmen konnten, doch diese Lepradörfer in Ho, das versprach ich ihm damals, um die würden wir uns kümmern, wenn die Zeit dafür reif war.

Eines Tages erhielt Emmanuel eine Anfrage für ein Brunnenprojekt in einem Dorf nicht weit von Ho. Damals hatten wir bereits einige Brunnen in Victors Heimat, in der Brong-Ahafo-Region gebaut, und ich hatte gerade einen deutschen Sponsor, der speziell ein Trinkwasserprojekt fördern wollte, und da, wie so oft, das eine zum anderen passte, sagten wir zu.

Emmanuel fand, dass es sinnvoller sei, einen Brunnenbauer dort in der Gegend zu engagieren, als Kofi den ganzen Weg von Accra machen zu lassen. Auf diese Weise lernten wir Stanley kennen, und wieder fand ich einen wunderbaren Unterstützer unserer Sache und einen wertvollen Freund fürs Leben.

Norbert K. Stanley Ahorlu, wie sein voller Name lautet, gehört zu den Ghanaern, die, ähnlich wie Kofi, bereits im Ausland gearbeitet haben und heute noch Kontakte in alle Welt unterhalten. Er hat Verwandte in den USA, und auch er könnte dorthin auswandern, doch er liebt sein Land und will nirgendwo anders leben. Eines Abends vertraute er mir an, dass er nach seiner Ausbildung zweimal versucht hatte, in England heimisch zu werden. Jedes Mal hielt er es nicht länger als vier bis sechs Wochen aus, dann zog es ihn wieder zurück nach Ghana. »Mein Herz schlägt hier«, gestand er mir, und ich kann ihn nur zu gut verstehen.

Dabei hätte er mit seinen Qualifikationen und seinem Unternehmergeist, der schon fast deutsche Züge trägt, sicherlich genügend Möglichkeiten, um in Europa Fuß zu fassen. Es ist die Mentalität der Menschen – und natürlich das Wetter, das afrikanische Klima, das in Ho übrigens durch die nahen Berge im Grenzland zu Togo und dem Voltasee recht angenehm ist, die Stanley immer wieder nach Hause ziehen. Es sind die Farben und das Licht, die Gerüche und die Weite, die in Afrika einfach unvergleichlich sind.

Es ist aber auch der Begriff von Freundschaft, der in Afrika ein besonderer ist und den Stanley gewissenhaft pflegt. Hat Stanley einen Menschen einmal in seinen Freundeskreis aufgenommen, dann kann dieser ein Leben lang auf ihn zählen. Ich gehöre zu den Glücklichen, und ich weiß, dass ich Stanley jederzeit um Hilfe bitten kann, egal zu welcher Tages- oder Nachtzeit, so wie das Beispiel von Godwins Erkrankung ja am besten zeigt.

Viele Menschen in Deutschland – einschließlich meiner Großeltern – tun sich schwer damit, dass eine junge Frau wie ich mit afrikanischen Männern befreundet sein kann, ohne dass da »etwas dahintersteckt«, wie meine Großmutter sich ausdrücken würde. Nachdem die Jahre vergingen und Ghana an Attraktivität für mich noch immer nichts eingebüßt hatte, fragte sie mich mehrmals: »Bettina, du hast doch dort jemanden. Uns kannst du es doch sagen. Was ist denn mit diesem Emmanuel, von dem du dauernd erzählst? Ist da etwas …?«

Und ich geduldig: »Nein, Omi, da ist nichts. Das einzige Mal, als ich mit Emmanuel gemeinsam in einem Bett schlafen musste, weil es einfach nicht anders ging, da hat er mich im Schlaf fast k. o. geschlagen, weil er nachts immer so um sich schlägt. Das ist alles rein platonisch, glaube mir.«

Doch erst als ich wieder einen deutschen Partner hatte, ließen ihre Fragen nach.

Dass es wirklich eine rein platonische oder brüderlich-schwesterliche Beziehung zwischen einer weißen Frau und einem Afrikaner geben kann, das können die meisten Europäer kaum glauben. Offenbar ist unser Bild von Afrikanern zu sehr von Geschichten wie »Die weiße Massai« geprägt, die die Phantasie der Leute anregen. Und es gibt durchaus viele weiße Frauen, die nach Afrika kommen, um sich einen Urlaub lang einen attraktiven Liebhaber zu nehmen, das kann man an den berühmten Stränden von Accra, die voll sind von diesen schwarz-weißen Urlaubs-Arrangements, ausreichend beobachten. Das ist Sextourismus einmal andersherum, denn diese Europäerinnen bezahlen ihre meist viel jüngeren Begleiter natürlich für ihre Dienste. So tragen auch sie Schuld an vielen negativen Klischees, die wir in Europa von afrikanischen Männern haben. Und prägen in dem doch sehr traditionellen Afrika ganz nebenbei ein Bild von weißen Frauen als die Unmoral in Person.

Deshalb ist es mir wichtig, dass ich von Anfang an durch Haltung, Blicke und Gesten keinen Zweifel daran lasse, dass ich nicht auf eine Liebschaft aus bin. Diese Haltung ist mir in Fleisch und Blut übergegangen, und die meisten Afrikaner sind sehr sensibel für diese nonverbalen Signale. Ist einer doch einmal penetranter, dann kann ich auch sehr deutlich werden, und im Notfall habe ich ja Victor und Emmanuel, die sofort klarstellen, dass ich keinen »Ehemann« brauche.

Dass aber beileibe nicht alle Afrikaner permanent nur Sex mit weißen Frauen im Kopf haben, dafür sind meine Mitarbeiter und Freunde die besten Zeugen. Uns alle verbindet eine ganz besondere Art von Liebe und Respekt, wir sind füreinander da, uns verbindet dasselbe Ziel, nämlich der unbedingte Wunsch, etwas gegen die Missstände im Land zu unternehmen. Auch davon ist in Europa meiner Meinung nach viel zu wenig bekannt: dass es nämlich unzählige bessergestellte Afrikaner gibt, die einen Teil ihres Einkommens dafür einsetzen, um ihren Mitmenschen, denen es schlechter geht, zu helfen. So wie Stanley, der rund zwanzig Prozent seines Einkommens dafür verwendet.

Stanley hat in Ho ein Bauunternehmen und bohrte jenen Brunnen in dem Dorf Anfoige in der Voltaregion. Und da in Ho einfach jeder jeden kennt, erfuhren wir, dass er auch für einen niederländischen Verein arbeitet, der sich für die geheilten Leprapatienten einsetzt. Und wieder einmal kam eins zum anderen.

»Ich glaube«, sagte ich zu Emmanuel, »wir sollten uns das jetzt einmal anschauen.«

Das brauchte ich ihm nicht zweimal zu sagen.

Obwohl er mir ganz genau geschildert hatte, was mich in den Dörfern der Lepraleute erwartete, und ich als Kinderkrankenschwester mit mehr als zehn Jahren Dienst in einer Notaufnahme in meinem Berufsleben schon vieles gesehen hatte, war ich von dem Elend, das ich dort antraf, zutiefst bestürzt.

Auf dem blanken Boden unter notdürftig zusammengenagelten Bretterverschlägen kauerten Menschen mit zerfressenen Gliedmaßen und entsetzlichen, offenen, meist entzündeten und vereiterten Wunden.

Die jahrelange Pein hatte sich tief in ihre Gesichter geschrieben, der Verlust ihrer Heimat und Familie hatte sie verletzlich gemacht. Das Stigma der Unberührbaren, das auch noch nach ihrer Heilung an ihnen haftete, ihre Haltung, als erwarteten sie, dass ich augenblicklich vor ihren schrecklichen Wunden zurückzucken würde, trafen mich tief in meinem Herzen. Und gleichzeitig war ich

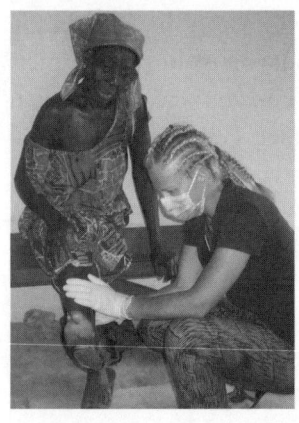

Bettina versorgt die Wunden
einer Leprakranken

berührt von einer ganz besonderen Würde, die sie alle
trotz ihres unsagbaren Leides ausstrahlten.

Ich konnte nicht anders, ich packte meinen Notfallkof-
fer aus und kümmerte mich um die schlimmsten Wunden.
Nie werde ich das Staunen in den Augen dieser Menschen
vergessen, dass ich sie anfasste, als wäre das ganz normal
für mich. Und tatsächlich ist es das, das Leid dieser Menschen wurde augenblicklich zu meinem eigenen Leid, und
es war mir nicht möglich, einfach weiterzugehen, ohne
diesen Menschen zu helfen. Im Nu waren wir umringt von
den meist gesunden Kindern und Enkeln der Kranken,
denn inzwischen sind es ganze Familien mit mehreren Generationen, die hier in diesem Elend leben.

Zum Glück waren wir nicht die ersten, die kamen, um
hier zu helfen. Damals lernte ich auch Joycelyn Ochlich
Dotse kennen, die ebenfalls aus Ho stammt und nach
ihrem Studium eine echte Aufgabe suchte. Mit einem
Deutschen verheiratet, benötigte sie nicht unbedingt ein
hohes Einkommen, sondern suchte eine lohnende und
sinnvolle Arbeit, um denen zu helfen, die vom Schicksal
nicht so gut behandelt worden waren. Sie erzählte mir
damals von ihrer Suche nach einer geeigneten Stelle und

von den vielen Bewerbungen, die sie geschrieben hatte. Aber immer erhielt sie Absagen mit der Begründung, sie sei überqualifiziert. Ist das nicht Wahnsinn, dachte ich, da brennt es an allen Ecken und Enden, und jemand, der wirklich helfen will, erhält keine Stelle, weil sein Universitätsabschluss als zu qualifiziert eingestuft wird.

»Eines Sonntags«, erzählte sie mir weiter, »ging ich zur Kirche, und der Pfarrer sprach in seiner Predigt davon, dass wir unsere Aufgabe nicht in der Ferne suchen sollten, sondern direkt vor unserer Türschwelle. Dieser Satz traf mich ins Herz. Und als ich nach Hause kam, ging mir das immer noch durch den Kopf. Was bedeutet das, vor meiner Schwelle? Und während ich noch darüber nachdachte, schaltete ich das Radio ein, und just in dem Moment kam eine Sendung über die ›Cured Lepers‹ in Ho und die unmöglichen Zustände, unter denen sie leben. Da fiel es mir wie Schuppen von den Augen. Natürlich. Seit langem war mir, wie allen in Ho, dieses Problem bekannt. Da war es ja, direkt vor meinen Augen. Ich hatte mein Projekt gefunden. Dachte ich jedenfalls.«

Joycelyn lachte.

»Die Sache war aber die: Die Leprakranken wollten meine Hilfe gar nicht! Sie hatten schon so oft die Erfahrung gemacht, dass Leute auftauchten, ihnen alles Mögliche versprachen und dann nie wiederkamen. So wie die Rundfunkleute. Hatten mit ihnen tagelang Interviews geführt, und dann war der ganze Zauber auch wieder vorbei. ›Wir brauchen keine reichen Leute, die uns ausfragen‹, sagten sie zu mir. ›Wir brauchen echte Hilfe. Von allem anderen haben wir die Nase voll.‹«

»Und was hast du dann gemacht?«, wollte ich wissen.

»Ich bin einfach immer wiedergekommen«, sagte Joycelyn und grinste. »Immer wieder. Und hab ihnen gesagt, ich will euch wirklich helfen. Aber zuerst muss ich wissen, was ihr am dringendsten braucht. Und eines Tages begriffen sie, dass es mir ernst war.«

Der Rest ist Geschichte. Gemeinsam mit den Bewohnern der Lepradörfer fand Joycelyn heraus, dass das erste, was diese Menschen brauchten, ein ordentliches Dach über dem Kopf war. Wie soll man gesund werden, wenn man den ganzen Tag auf der Erde liegt und sich kaum vor Regen schützen kann?

Joycelyn machte einen Projektplan und versuchte, Sponsoren zu finden. Was nicht einfach war. Denn die Leprakranken galten ja als geheilt, und das klingt immer so, als hätte man bereits alles für sie getan, was man tun kann. Das ist oft das Problem bei Hilfsprojekten, dass nämlich in einem bestimmten, kritischen Punkt geholfen wird, die Menschen aber danach sich selbst überlassen werden. Anstatt sich zu fragen: »Was machen denn nun die geheilten Leprösen, wie finden sie wieder ins Leben zurück?«, wird ihre Akte einfach geschlossen. Und da braucht es dann wieder einmal die Initiative von unabhängigen Organisationen, die bereit sind, dort anzusetzen, wo das ghanaische Gesundheitswesen aufhört, sich um die Betroffenen zu kümmern.

»Ich weiß nicht mehr, wie viele Briefe mit einem Projektentwurf ich verschickt habe«, berichtete Joycelyn weiter. »Ich schickte sie an alle Ministerien, an alle NGOs, die ich kannte, an jeden, der mir irgendwie einfiel. Alle antworteten unverbindlich, jaja, das sei ein großes Problem, aber tun könnten sie leider nichts. Schließlich drückte ich mein Dossier auch Urlaubern in die Hand, allen Europäern, die ich durch meinen deutschen Mann kennenlernte, und irgendwie geriet eines meiner Papiere an zwei Niederländer, die sich bei mir meldeten. Sie kamen nach Ho, und ich nahm sie mit in die Dörfer. Sie beschlossen auf der Stelle zu helfen.«

Diesen beiden Männern erging es offenbar ganz ähnlich wie mir damals, als ich zum ersten Mal nach Apewu kam. Sie waren bestürzt von den Zuständen in den Lepradörfern und begannen, zunächst auf privater Basis, Spenden zu sammeln. Zwei Jahre, ehe ich zu ihnen stieß, gründeten sie die »Cured Lepers Foundation Ho Ghana«.

Mit Hilfe von Sponsoren in ihrem Heimatland bauten sie nach und nach kleine, hübsche Steinhäuser mit mehreren Wohneinheiten für die Leprapatienten, damit sie ein menschenwürdiges Leben beginnen konnten. Mittlerweile entstand durch das Engagement der beiden ein ganzes Dorf für die heimatlosen Leprakranken. Dennoch fehlte es an so vielem, und sie waren hoch erfreut, als sie hörten, dass auch wir von Madamfo Ghana uns gerne für die Leprapatienten engagieren wollten.

Als Joycelyn mir die neuen Häuser zeigte, die Stanley im Auftrag der Foundation baute, war ich beeindruckt. Mir gefiel das Projekt, und auch diese stattliche, attraktive Frau, die stets wie aus dem Ei gepellt daherkam, in dem typischen afrikanischen zweiteiligen Kleid mit dem langen, bis zu den Knien enganliegenden Rock, der nach unten weit wird, und dem kurzärmeligen, figurbetonenden Oberteil, ein sogenannter *Kaba*.

Von afrikanischen Frauen kann man lernen, was weibliche Würde ist. Sie machen sich stets nach ihren Möglichkeiten schön und verstecken ihre Weiblichkeit keineswegs. Mir gefiel Joycelyns direkte, kompetente Art und die Selbstverständlichkeit, mit der sie Menschen, egal welcher Herkunft, mit Respekt behandelte.

Wir sprachen lange darüber, an welcher Stelle wir unsere Hilfe einbringen konnten. Die Wohnsituation war der erste Schritt, und um die kümmerte sich bereits die »Cured Lepers Foundation«. Doch noch war die medizinische Versorgung verheerend. Zwar konnten sich die als geheilt entlassenen Menschen wieder an die Poliklinik wenden, doch nur, wenn ihr gesundheitlicher Zustand extrem schlecht war. Um die miserabel verheilenden Wunden allerdings kümmerte sich niemand. Durch die überstandene Lepraerkrankung ist das Immunsystem jedoch dermaßen geschwächt, dass sich der Körper gegen alle Arten von Sekundärinfektionen kaum wehren kann. Mir war sofort klar, dass die Dörfer dringend eine grundlegende medizinische Versorgung, am besten in Form einer eigenen Krankenstation brauchten.

»Ich werde sehen, was ich machen kann«, sagte ich zu Emmanuel, als wir am Abend im Hof seiner Familien saßen. »Diesen Menschen müssen wir unbedingt helfen.«

Eine Weile sagte Emmanuel nichts. In der Dunkelheit konnte ich nur das Leuchten seiner Augen erkennen. Ich wusste, er war glücklich.

»Als ich ein kleiner Junge war«, sagte er schließlich, »da hieß es immer: Spielt ja nicht dort, wo die Krüppel leben. Wir alle mieden die Lepraleute. Seit ich alt genug war, um zu begreifen, wer sie sind und wie das alles zusammenhängt, hab ich mir gewünscht, diesen Menschen helfen zu können.«

Wir schwiegen. Manchmal braucht es keine Worte. Ich überlegte bereits, wie ich die Krankenstation finanzieren könnte, und ein Gespräch mit der deutschen Stiftung, die uns schon so häufig unterstützt hatte, kam mir in den Sinn. Erst vor kurzem hatte mir der Leiter gesagt, die Stiftung würde sehr gerne auch einmal ein größeres Projekt finanzieren. Ich hatte vorgeschlagen, in Brodi in der Brong-Ahafo-Region, dort, wo Victor herkommt, eine Klinik zu bauen.

»Mal sehen«, sagte ich zu Emmanuel, »ob ich der Stiftung auch noch eine Krankenstation für die Leprapatienten hier vorschlagen kann.«

Der Stellvertretende Stiftungsvorsitzende selbst hatte sich gemeinsam mit seiner Frau für einen Besuch angesagt. »Vielleicht gelingt es mir, die beiden auch nach Ho zu bringen«, dachte ich. »Haben sie die Zustände hier erst einmal mit eigenen Augen gesehen, dann sind sie bestimmt auf unserer Seite.«

Kapitel 11

Eine Klinik für Victors Heimat –
und Hoffnung in Ho

In diesem Stadium war es mir nicht mehr möglich, ein Projekt nach dem anderen abzuwickeln, sondern die Dinge begannen, sich zu überschneiden.

Inzwischen hatte ich auch längst einmal Victors Heimat in der nordwestlich gelegenen Brong-Ahafo-Region besucht, unvergesslich für immer mein erster Aufenthalt in Brodi, als ich so schwer an Typhus erkrankte.

Im Gegensatz zu der Voltaregion fehlte es hier an vielen Orten an Wasser. Das Klima ist weit trockener, und infolge des Klimawandels schreitet die Versteppung langsam, aber unaufhaltsam voran. Kaum ist die Regenzeit im Dezember vorbei, die die Straßen in unpassierbare Schlammpisten verwandelt, ist es so trocken, dass die Haut zu reißen droht, die Lippen aufplatzen und die Nasenschleimhäute dehydrieren.

Was lag also näher, als in dieser Region einige Brunnen zu finanzieren? Dies sind Projekte, für die ich in Deutschland relativ leicht Sponsoren finde. Wasser für Afrika, das leuchtet den Menschen ein, ohne dass viel erklärt werden muss. Die Kosten für einen Brunnen sind zwar hoch, jedoch überschau- und kalkulierbar, und am Ende liegt der Nutzen auf der Hand.

Im Jahr 2008 baute oder reparierte also Victor im Auftrag von Madamfo Ghana insgesamt sieben Brunnen im Dorf Brodi, in der Brong-Ahafo-Region.

Damit stellten wir die Versorgung von rund 18 000

Dieser Brunnen in Brodi
musste dringend
repariert werden

Menschen mit sauberem Trinkwasser sicher. Der Ruf von
Madamfo Ghana hatte sich auf diese Weise in der Region
schneller verbreitet als das sprichwörtliche Lauffeuer. Die
Menschen kannten mich, auch wenn sie mich noch nie zu
Gesicht bekommen hatten, zumindest dem Namen nach,
und alle wussten von meiner Geschichte und dass ich
Nana Enimkorkor war, die Königin der Entwicklung. Es
sprach sich herum, dass das, was ich sagte, auch eintraf.

Bereits bei jenem denkwürdigen Besuch in Brodi, als
ich so schwer erkrankte, hatte ich den Plan gefasst, hier
eine Buschklinik zu bauen, denn mir war bewusst geworden, wie schlecht diese Region medizinisch versorgt war.
Victor war überglücklich darüber, doch bislang war dies
ein Projekt gewesen, das bei weitem alle Summen über-
stieg, die ich jemals investiert hatte.

Nun aber hatte ich einen Sponsor gefunden, der nicht
kleckern , sondern etwas richtig Sinnvolles machen wollte.
Die Stiftung wünschte sich ein Projekt, das sich sehen lassen konnte. Ich schilderte dem Stellvertretenden Stiftungsvorsitzenden die Situation in Brodi, und bald erhielt ich
die Zusage, dass sie einverstanden waren, in den Bau einer
Klinik zu investieren.

Es scheint eine Gesetzmäßigkeit bei meiner Arbeit für
Ghana zu sein, dass mir die Mittel für ein neues Projekt,
das an mich herangetragen wird, genau dann fließen, wenn

ich sie brauche. Das war von Anfang an so, seit ich nicht mehr nur mein eigenes Sparkonto plünderte, sondern anderen Leuten von meinem Engagement erzählte. Und genauso war es auch, als wir darangingen, für Brodi eine Klinik mit mehreren Fachabteilungen, also ein Gesundheitszentrum, ein Health Center, zu planen.

Es war der Paramount-Chief von Brodi selbst, der sich für seine Leute eine solche Klinik wünschte und bei uns ganz offiziell einen Projektantrag stellte.

Natürlich kannte er Victor, dessen Familie heute noch dort lebt, und über ihn kam der Kontakt zustande. Es lag auf der Hand: Ein Gesundheitszentrum hier in Brodi würde in Zukunft unzählige Menschenleben retten können.

Nana Shie Bofor II, Paramount Chief Brodi Traditional Area Brong-Ahafo-Region

Doch erst mussten wir hören, was die Dorfgemeinschaft von Brodi selbst wirklich wünschte. Wir baten den Chief, ein Stammestreffen einzuberufen, um all die verschiedenen Stimmen berücksichtigen zu können. Das war eine große Angelegenheit, von überall her strömten die Menschen zusammen. Mein Titel brachte mir wieder einmal den nötigen Respekt ein, um als Ausländerin bei einem solchen Stammestreffen zu sprechen.

Wie ich diese Treffen genoss – sie sind so anders als eine

Vereinsversammlung oder eine Diskussion in einem deutschen Parlament. Es finden sich ganze Dörfer ein, und jeder ist in Festtagsstimmung. Die Menschen kamen zu Hunderten, ja Tausenden. Manche Frauen erschienen direkt von ihrer Hausarbeit, andere für diesen besonderen Anlass wunderschön farbenfroh hergerichtet, wie es in Ghana üblich ist, und die meisten hatten auf dem Rücken ein Baby im Tragetuch. Die Männer kamen im traditionellen Gewand, ein großes Tuch ähnlich wie eine römische Toga um den Körper gewickelt. All diese Menschen machten einen unglaublichen Lärm, jeder begrüßte seine Bekannten und Verwandten, und viele waren freudig erregt, andere skeptisch oder ernst und waren gespannt, was denn nun besprochen werden sollte. All diese Menschen versammelten sich um den Dorfplatz, in dessen Mitte ein großer Baum Schatten spendete. So ist es in den meisten Dörfern Tradition: Den Dorfmittelpunkt bildet der größte Baum, hier versammelt man sich, und oft hat der Chief seine Hütte ganz in der Nähe.

Wir saßen am »Kopf« des Platzes, der Chief mit seiner Delegation uns gegenüber. Als wir endlich alle Platz genommen hatten, wurde es still. Wie immer galt die erste Frage unserer Mission, die von Victor, der hier in seiner Heimat als mein Linguist fungierte, beantwortet wurde. Nun hatte der Chief Gelegenheit, darauf zu antworten, um schließlich die Erlaubnis an alle auszusprechen, sich in die Diskussion einzubringen. Meist ist es dann so, dass nur die sogenannten Opinionleaders, sowohl Frauen als auch Männer, ihre Fragen stellten. Immer wird diese Diskussion lebhaft und temperamentvoll geführt – und doch erkennt man, dass die Menschen großen Respekt vor ihren gewählten Dorf- und Distriktchiefs haben. Sie wissen genau, wann ein Projekt für sie wichtig ist. Auch im Falle des Klinik-Projektes für Brodi engagierten sich viele Frauen und auch die Ältesten der umliegenden Dörfer .

Ortsbesichtigung und
Besprechung mit dem
Dorfkomitee in Brodi

Nachdem Einigkeit darüber herrschte, dass die Menschen von Brodi eine Klinik für ihr Dorf wollten, wurde darüber diskutiert, wo die Klinik entstehen sollte. Der Chief machte den Vorschlag, dafür ein besonderes Stück Land zur Verfügung zu stellen. Und zwar gehört in Brodi ein Teil des Landes dem *Stool* der *Brodi Traditional Area*. Das heißt, es ist an den Status des Chiefs gebunden und gehört quasi der Allgemeinheit und nicht einer Person. Wenn der Chief das Land an jemanden übertragen will, also in diesem Fall an Madamfo Ghana, dann unterzeichnen er und die weiteren Stammeshäuptlinge. Wenn die nicht schreiben können, dann besiegeln sie das Dokument mit einem Daumenabdruck. Nachdem Einigkeit darüber herrschte, dass dies eine gute Idee sei, machten wir uns alle auf den Weg, um das Gelände zu besichtigen und herauszufinden, ob es auch tatsächlich geeignet war. Alle befanden es für gut.

Es ist immer hilfreich, wenn etwas Konkretes, Greifbares bei einem solchen Treffen beschlossen wird. Und so verkündete ich vor Ort, dort, wo die Klinik entstehen sollte, unsere Bedingungen: die Mitarbeit der Bevölkerung beim Bau, das eigene Engagement, die Akzeptanz von Victor als Betreuer des Projekts.

Ein ganzes Krankenhaus, das hatten wir zuvor noch nie gebaut. Es machte mir einen Riesenspaß, das Ganze mit meinen Mitarbeitern nach den Wünschen der Bevölkerung zu konzipieren, mit unseren Plänen zu den Behörden zu gehen, mich auch dort, in jener entfernten Region, durchzufragen und die maßgeblichen Leute kennenzulernen. Denn es genügte ja nicht, einfach ein Bauwerk hinzustellen und dann zu sagen: Hier ist jetzt das Krankenhaus. Das Wichtige, die Seele einer Klinik, ist ja ihre Belegschaft, die Ärzte und Schwestern, die dort die Menschen behandeln. Hier setzt wieder das Prinzip der Public Privat Partnerships an: Wir als NGO erklärten uns bereit, den Bau der Klinik und ihre Ausstattung zu übernehmen, wenn die Ghanaische Regierung sich verpflichtete, das Personal zu stellen und zu bezahlen.

Und dazu waren die entsprechenden Regierungsstellen auch gerne bereit. Ja, sie waren überglücklich, dass Madamfo Ghana eine solche Klinik bauen wollte, die sonst hier nie entstanden wäre. Es gibt durchaus ausgebildetes Personal in Ghana, und außerdem greift hier auch unser Schulausbildungsprogramm, bei dem wir brillanten, aber finanziell schlecht gestellten Jugendlichen die Ausbildung, zum Beispiel in medizinischen Berufen ermöglichen. Wir haben bis heute sieben Studentinnen bei der Ausbildung zur Krankenschwester oder Hebamme unterstützt, und die werden vom Gesundheitsministerium der Region in unserer Klinik eingesetzt. Wir versuchen immer Menschen aus der Region zu finden, die sich dort heimisch fühlen oder bestenfalls aus Brodi kommen. Denn so ist gewährleistet, dass diese Krankenschwestern, Hebammen und Ärzte auch für längere Zeit in dieser Provinzklinik bleiben.

So nahm damals der Plan, für Brodi eine Klinik zu bauen, nach und nach Gestalt an. Unsere großzügigen Sponsoren reisten selbst an und sahen sich Brodi und den vorgesehenen Bauplatz an. Ich stellte sie den Chiefs vor, und gemeinsam mit Victor klopften wir die Sache endgültig fest. Und dann ging es los.

Dieses Projekt war eine echte Herausforderung für Victor als Bauleiter. Ganz Brodi half mit, und es war eine logistische Meisterleistung, die vielen Menschen in effektive Gruppen einzuteilen und die Arbeiten zu überwachen. So bildete Victor sechs Gruppen von je rund fünfzig Einwohnern des Dorfes Brodi. Besonders zu kämpfen hatte Victor, weil gerade während der Bauzeit offenbar jede Menge Todesfälle im engeren und weiteren Familienkreis der Beteiligten eintraten. Und eine Beerdigung, und ist der Grad der Verwandtschaft auch noch so entfernt, bedeutete eine Abwesenheit der Trauergäste von mindestens vier Tagen. Ein anständiges Begräbnis – und eine Trauerfeier ist in Ghana ein wichtigeres Familienfest als etwa eine Hochzeit – dauert in der Regel von Donnerstag bis Sonntag, An- und Abreise nicht mit eingerechnet. Victor verzweifelte manchmal schier daran, am Abend nicht genau zu wissen, wie viele Arbeiter er am nächsten Tag zur Verfügung haben würde. Dies verschleppte die Bauarbeiten an der Klinik dermaßen, dass ich mittlerweile das Thema »Beerdigungen« in meine Rede mit aufgenommen habe, die ich vor dem Beginn eines Projektes in jedem Dorf halte und in der ich unsere Spielregeln erkläre: Eine wichtige Neuregelung war von da an, dass während der Bauphase keine Beerdigungen zu feiern sind. Damit bringe ich die Dorfgemeinschaft, die einen Projektantrag bei mir gestellt hat, regelmäßig zum Lachen, doch sie wissen ganz genau, was ich meine. »Ist es nicht gerade eure eigene Beerdigung«, füge ich hinzu, »wird keine Entschuldigung akzeptiert. Der Bau einer Klinik ist ein noch nie da gewesenes Ereignis in eurem Gebiet, und wahrscheinlich wird zu euren Lebzeiten keine zweite erbaut. Darum erwarte ich von euch, dass ihr besondere Ausnahmen macht und gewisse Opfer bringt. Ihr wisst, wir können das Projekt jederzeit stoppen. Wenn ihr Victor oder Emmanuel

Schwierigkeiten bereitet, dann verstehe ich es so: Das Projekt ist euch nicht wichtig. Und es gibt genügend andere Dörfer, die nur darauf warten, dass wir ihnen helfen.«

Meistens wirkt das. Doch natürlich hat jeder Bau seine eigenen Besonderheiten. Und es wäre ja auch wirklich langweilig, wenn alles immer genau nach Plan ablaufen würde.

Ein so großes Bauprojekt braucht natürlich seine Zeit. Wir begannen im Januar 2009, und im September feierten wir das Einweihungsfest. Acht Monate dauerte die Bauzeit, und fast alle Arbeiten wurden von den Bewohnern von Brodi selbst durchgeführt. Nur einige Facharbeiter brauchten wir für ganz spezielle Arbeiten, zum Beispiel für das Dach, manches muss eben ein Fachmann machen, das ist in Deutschland nicht anders als in Afrika.

Natürlich tun sich während des Baus eines so umfangreichen Projekts immer wieder neue Fragen auf. In diesem Jahr war die Trockenzeit so extrem, dass auch die Wasserversorgung ein großes Problem für Brodi darstellte. Bei der Klinik hatten wir den Bau eines Brunnens mit eingeplant, schließlich braucht ein Gesundheitszentrum sein eigenes, verlässliches und unbedenkliches Wasser.

Ich selbst fuhr dreimal während des Baus nach Brodi: Das erste Mal im Januar zur Grundsteinlegung, das zweite Mal im Mai zum Richtfest und im September zur Einweihung. Bei dieser Gelegenheit feierte Brodi eines der größten Feste, die das Dorf je gesehen hatte. Ich brachte unsere Sponsoren wieder mit, die es sich natürlich nicht nehmen lassen wollten, dabei zu sein, wenn ihr Projekt der Gemeinde übergeben wurde. Außerdem kamen die Chiefs zahlreicher Dörfer aus der Gegend, und alle brachten ihr Gefolge mit. Auf Lastwagen reisten die Menschen aus allen Richtungen an, eine riesige Wiese hinter dem Schulgebäude quoll nur so über vor Menschen. Ich schätzte die Zahl der Gäste auf rund dreizehntausend. Dann erschienen noch die Teams von den zwei wichtigsten ghanaischen Fernsehsendern »Ghana TV« und »Metro«, von nationalen und regionalen Radiosendern und Zeitungen ganz zu schweigen. Die Eröffnung dieser modern ausgestatteten Buschklinik in Brodi war das Ereignis schlechthin. Es gab ein großartiges Festprogramm, jede Menge traditionelle Tänze und Gesänge, die Stimmung war ausgezeichnet, und am Abend waren wir alle völlig am Ende, aber glücklich wie noch nie.

Wir hatten es geschafft. Madamfo Ghana hatte die erste Klinik in der Vereinsgeschichte gebaut. Unser Plan hatte funktioniert.

Und da unsere Sponsoren nun schon im Lande und bester Stimmung waren, fuhr ich sie noch ein bisschen durch die Gegend. Ich brachte sie nach Apewu, zeigte ihnen, was wir dort bereits geschafft hatten, stellte sie »meinen Leuten« vor, die sie mit der ihnen eigenen Liebenswürdigkeit empfingen.

»Ich würde euch noch gerne mit nach Ho nehmen, ich möchte euch dort etwas zeigen.«

»Nur zu«, meinten meine Gäste gut gelaunt. Denn sie lieben es zu reisen, je abenteuerlicher, desto besser.

Unsere Arbeiter mit
Dankesworten bemalt

In Ho nahm ich sie mit in die Lepradörfer. Es war eine Sache, in Brodi eine Klinik zu bauen und mit gesunden Menschen zu feiern, die dank ihrer von nun an eine bessere medizinische Versorgung genießen konnten. Den Menschen in den Lepradörfern in die Augen zu sehen und nicht zurückzuschrecken vor ihren entzündeten, offenen Wunden oder ihren leeren, vernarbten Augenhöhlen, war dagegen etwas völlig anderes. Es bedurfte keiner großen Worte, das Offensichtliche sprach für sich. Meine Gäste sahen Menschen, die nun schon seit Jahren in Verschlägen lebten, die wir in Deutschland unseren Hunden nicht zumuten würden. Sie sahen neu Angekommene, eben erst aus der Poliklinik als geheilt entlassene Patienten, die sich mit den Unterkünften zufriedengeben mussten, die andere verlassen hatten, um in eine etwas bessere Hütte umzuziehen. Wir besuchten die Glücklichen, die bereits in einem der soliden Häuser wohnen konnten, die Stanley im Auftrag der »Cured Lepers Foundation« gebaut hatte. Doch noch viel zu viele standen auf Wartelisten, und es war klar, dass sie noch viele Jahre lang ausharren mussten, bis sie selbst in eines der begehrten Häuser einziehen konnten. Wir sahen viele Menschen, die an Sekundärinfektionen litten und an all den Krankheiten, die man sich mit einem schlechten Immunsystem in Afrika eben nur zu schnell einfangen kann: Malaria, verschiedene Arten von Fieber und nicht zuletzt Entzündungen und Vereiterungen der schlecht abgeheilten Leprawunden.

»Was diese Menschen am dringendsten brauchen«, sagte Joycelyn, die ich ebenfalls dazugebeten hatte, »ist eine vernünftige medizinische Versorgung.«

Wir schwiegen. Unsere Gäste, das konnte man ihnen deutlich ansehen, waren tief betroffen. Schließlich fasste sich der Stellvertretende Stiftungsvorsitzende.

»Na ja«, sagte er zu seiner Frau, »was meinst du? Im

Klinikbauen haben wir ja jetzt Erfahrung. Vielleicht können wir für nächstes Jahr hier eine weitere in Angriff nehmen?«

Ich atmete auf. Joycelyn strahlte. Mit Emmanuel berieten wir an den folgenden Abenden, wie die Krankenstation für die Leprapatienten aussehen könnte.

»Werden die Folgekosten nicht immens sein?«, fragte unser Sponsor, der wusste, wovon er sprach. »Wer bezahlt die Behandlung, wer die Ärzte? Nichts ist teurer als laufende Personalkosten.«

Nun war dies die Gelegenheit, meinen Sponsoren etwas zu erklären, was ich persönlich wunderbar finde am Ghanaischen Staat. Denn ich werte es als ein wichtiges Zeichen der Regierung in Accra, dass es ihr ernst ist mit demokratischen Strukturen, als sie 2007 etwas einführte, was selbst in den USA damals noch nicht selbstverständlich war: eine staatliche Krankenversicherung. Das Gute ist, sie funktioniert tatsächlich. Seither investiert Madamfo Ghana mit großem Erfolg in die Versicherung von so vielen Bevölkerungsgruppen wie möglich.

»Für fünfzehn Euro im Jahr versichere ich hier unsere als geheilt geltenden Leprapatienten«, erklärte ich, »und der Staat bezahlt die Behandlungskosten.«

Für einen Angestellten wie Emmanuel oder Victor kostet die Versicherung 50 Euro im Jahr. Ich finde das großartig. Auf diese Weise arbeiten wir mit dem Staat zusammen, ganz im Sinne des Modells von Public Private Partnership. Madamfo Ghana versichert die Menschen und stellt die Gesundheitseinrichtungen, der Staat sorgt für die Personalkosten und bezahlt die Behandlung. Auf diese Weise tragen sich die von uns initiierten Projekte, sobald sie laufen, von selbst. Genau so stelle ich mir Entwicklungshilfe vor.

Dies überzeugte meine Sponsoren. Noch bevor sie

ihren Heimflug antraten, nach Rücksprache mit dem Stiftungsvorsitzenden von Bonita in Deutschland, sagte der Stellvertretende Vorsitzende auf seiner Reise zu, dass die Bonita-Stiftung ein Gesundheitszentrum für die Leprapatienten in Ho unterstützen würde.

Als wir an diesem Abend in Accra zu Bett gehen, ist es schon spät. Es ist einfach angenehm, in der Dunkelheit draußen auf der Veranda zu sitzen, dem sanft raschelnden Geräusch des Winds in den Palmen zu lauschen und endlich alle viere von sich zu strecken.
In der Nacht träume ich von den Kindern am See. Ich träume von Joshua, der seine erste Nacht im Kinderheim verbringt und nicht einschlafen mag, weil er noch nicht wirklich glauben kann, was mit ihm geschah. Er hat im Heim andere Kinder getroffen, die er von früher kennt, die einst wie er für die Fischer arbeiten mussten und die ihn unter ihre Fittiche genommen haben. Und dann träume ich von den anderen Kindern, die noch bei Dunkelheit aus dem Schlaf gerissen werden und mit hinaus müssen, auch wenn sie erst vier Jahre alt sind, fünf oder sechs. Und mitten in diesem Traum weckt mich die zarte Hand von Eyram, Mimies Tochter, und sie sagt: »Es ist Morgen, Auntie, warum bist du noch nicht auf?«
»Mimie«, murre ich, »wieso passt du auf deinen Teufelsbraten nicht besser auf?«, aber schon ist Eyram zu mir ins Bett gekrochen, und wir spielen, dass ich mich schlafend stelle und sie mich wach kitzeln darf. Bis ich den Spieß herumdrehe und ich sie durchkitzle, bis sie kreischend aus meinem Bett und dem Zimmer flieht.
»Mach die Tür wieder zu«, rufe ich ihr nach, doch die Kleine ist schon längst auf und davon. Und jetzt ist es so weit, ich bin wach und kann auch gleich aufstehen.

Während ich mir einen Kaffee mache, betrachte ich Mimie, die ihrer Tochter neue Antennenzöpfe dreht, wie ich es nenne. Mit bunten Gummibändern bindet sie Eyram Haarsträhne um Haarsträhne ab, bis ihr Kopf aussieht wie das eines Marsmännchens mit lauter Antennen. Und an denen zupfe ich sie und sie quietscht, zupft mich an meinen vielen Zöpfchen, die ich mir in Afrika immer gleich zu Anfang flechten lasse. Denn bei der Hitze ist es einfach bequemer so.

Oft, wenn ich Eyram betrachte, dann muss ich daran denken, dass in der Voltaregion kleine Mädchen in ihrem Alter – sie ist gerade drei geworden – bald als kleine Sklavin anfangen müssen, in einem Haushalt zu arbeiten. Kleine Jungen müssen mit anderen zusammen ein schweres Fischerboot hinaus auf den See rudern. Es ist noch gar nicht lange her, dass ich davon überhaupt erfuhr.

Eyram und
Bettina

KAPITEL 12

KINDERHANDEL AM VOLTASEE

Eines Abends lud uns Joycelyn zu sich nach Hause zum Essen ein. Dabei erzählte sie mir eine Geschichte, die mir die Haare zu Berge stehen ließen.

Joycelyn ist ein Mensch, der ständig seine Antennen offen hält für Missstände in ihrer Region. Eines Tages hörte sie von Fischern am Voltasee, die kleine Kinder als Arbeitssklaven hielten. Sie konnte das kaum glauben, fuhr hin und begann zu recherchieren. Sie sprach mit Menschen, die dort wohnen, und stieß auf große Ablehnung. Doch Joycelyn wäre nicht die, die sie ist, hätte sie sich abschrecken lassen. Sie kam wieder, beobachtete, fotografierte. Und schließlich brachte sie eine Videokamera mit.

Sie wusste, dass es nicht ungefährlich war, was sie tat. Vor allem in zwei Dörfern auf einer Insel im Voltasee geriet sie beinahe in eine brenzlige Situation.

»Ich hatte inzwischen einem Chief, mit dem ich befreundet war, von der Sache erzählt. Er beschloss, mit mir diese Inseln zu besuchen. Insgesamt waren wir fünf Frauen und Männer, die mit einem Boot zu diesen sehr abgeschiedenen Inseln hinausfuhren. Wir kamen in das erste Dorf, doch nirgendwo waren Kinder zu sehen. Das war ein Dorf von meinem eigenen Volk, und ich konnte Ewe mit ihnen sprechen. Wir lachten miteinander, machten Scherze: ›Oh, das ist ein Wunderdorf‹, sagten wir, ›hier kommt man als Erwachsener zur Welt.‹ Nach und nach fassten die Dorfeinwohner Vertrauen zu uns, und die Kinder kamen von den Bäumen herunter, wo sie sich versteckt gehalten hatten.

Wir versuchten zu erklären, dass wir ihnen nichts Böses tun, sondern ihnen helfen wollten.

Ich sagte: ›Diese Kinder gehören in Schulen statt auf Fischerboote.‹

Da lachten sie und antworteten, ja, auch sie wären gerne zur Schule gegangen, aber es gebe hier nun mal keine Schule. Es gebe auch kein Krankenhaus. Dennoch war das Gespräch offen und freundschaftlich.

Danach besuchten wir ein anderes Dorf, das ein Stück weit entfernt lag. Hier lebten Menschen eines anderen Stammes, die nicht Ewe sprachen. Zum Glück konnte der Chief, der mit uns gekommen war, diese Sprache, und er übersetzte für uns. Auch hier sahen wir nirgendwo Kinder, und als wir nach ihnen fragten, schlug uns offene Feindseligkeit entgegen. Als wir uns zum Gehen wandten, da sagte auf einmal der Chief des Fischerdorfes etwas, was ich nicht verstand. Aber der Chief, der mit mir gekommen war, entgegnete seinem Kollegen: ›Nein. So können wir nicht auseinandergehen. Wir setzen uns jetzt wieder hin und bleiben so lange, bis du das, was du eben gesagt hast, wieder zurücknimmst.‹

Offenbar hatte der ansässige *Chief* etwas Schlimmes ausgesprochen, eine Verwünschung oder Ähnliches, was genau es war, habe ich nie erfahren. Aber hätten wir so die Heimreise angetreten, dann wären wir nicht heil nach Hause gekommen. Denn diese Fischer sind gute Taucher, die hätten das Boot sabotiert, möglicherweise umgeworfen, und wir wären alle ertrunken.«

»Warum?«, fragte ich atemlos vor Aufregung.

»Diese Leute wollen nicht, dass man erfährt, was sie tun. Sie wollen nichts mit den Behörden zu tun haben. Sie leben so weitab von allen anderen, und so soll es ihrer Meinung nach auch bleiben. Keiner kommt dort jemals hin und wenn, dann kehrt er manchmal nicht zurück.«

»Was genau machen die Menschen mit den Kindern?«, wollte ich wissen.

»Sie müssen den Fischern bei der Arbeit helfen. Dabei machen sie dasselbe wie die Erwachsenen: Sie rudern die Boote hinaus auf den See. Sie reparieren die Netze. Wenn die sich unter Wasser verfangen haben, müssen die Kinder hinuntertauchen und die Gewebe wieder befreien. Oft können sie aber gar nicht schwimmen. Die kleineren Kinder bekommen es von den größeren gezeigt. Wenn die Netze voll sind, müssen die Kinder sie einholen. Und manchmal, wenn ein guter Fang ausbleibt, dann stechen die Fischer die Kinder mit den Messern, und lassen das Blut ins Wasser laufen. Denn das lockt die Fische an, und ob es stimmt oder nicht, die Fischer glauben daran.«

»Und das machen sie auf diesen Inseln?«

Joycelyn lachte traurig auf.

»Das machen die Fischer alle hier am Voltasee. Je weiter entfernt das Dorf von einer großen Stadt liegt, desto ungestörter. Denn selbstverständlich ist Kinderarbeit in Ghana verboten. Die Leute wissen das. Sie wissen genau, dass es unrecht ist, was sie tun. Sonst würden sie mir nicht so feindselig begegnen.«

Danach zeigte uns Joycelyn ihre Filmaufnahmen. Auch wenn die Qualität nicht die beste war, weil sie aus großer Entfernung filmen musste, so war doch deutlich zu erkennen, worauf es ihr ankam. Ich sah zwei Jungen von vielleicht vier oder fünf Jahren, die, jeder die kleinen Hände fest um ein Paddel geklammert, mit aller Kraft gemeinsam ein Fischerboot mitsamt Fischer und Netzen auf den See hinausruderten. Ich sah ein fünfjähriges Mädchen, das sich mit schweren Netzen abschleppte. Ich sah weit entfernt auf dem See Kinder, die ins Wasser sprangen und untertauchten, und man konnte sehen, dass sie es nicht zum Spaß taten. Und ich sah einen vielleicht sieben jährigen Jungen, der von einem Fischer brutal geschlagen wurde.

»Wie hast du diese Filme denn gemacht?«, wollte ich wissen. »Ich kann mir nicht vorstellen, dass die begeistert davon waren.«

»Waren sie auch nicht«, entgegnete Joyce ruhig. »Ich hab mich im Gebüsch versteckt. Bin manchmal stundenlang am Seeufer geblieben und hab mich nicht gerührt. Ich habe sogar einmal aufgenommen, wie ein Fischer einen Jungen mit dem Messer sticht, aber seltsamerweise ist dieses Band später verschwunden.«

»Verschwunden?«

Ich sah Joycelyn mit neuen Augen. Eine Joycelyn, die sich mit ihrer Videokamera im Ufergestrüpp versteckt, passte so gar nicht zu dieser eleganten Afrikanerin, die ich immer nur in wunderschöne Gewänder gehüllt, elegant frisiert und mit passendem Make-up kennengelernt hatte.

»Ja«, sagte sie. »Ich habe das Videoband bei einer Behörde eingereicht, von der ich mir Unterstützung erhoffte. Und auf einmal war es spurlos verschwunden.«

Wir sahen uns vielsagend an.

»Und das tun die Leute ihren eigenen Kindern an?«, fragte ich, immer noch fassungslos.

»Ihren eigenen, ja, auch«, erklärte Joycelyn, »aber sobald sie es sich leisten können, kaufen sie sich fremde Kinder.«

»Sie kaufen Kinder?«

»Ja«, sagt Joycelyn traurig, »das tun sie. Hier geht es um Menschenhandel *und* Kinderarbeit.«

»Wer verkauft sein Kind an solche Menschen?!«

»Nun, es gibt leider genügend arme Familien mit zu vielen Kindern, die auf diese Weise einen Esser weniger haben und dafür noch etwas Geld bekommen.«

Ich war sprachlos vor Entsetzen. Ich wandte mich an Emmanuel.

»Hast du davon gewusst?«, wollte ich wissen.

Emmanuel nickte.

»Weißt du, Bettina«, fuhr Joycelyn fort, »das machen die schon seit Generationen so. Darum ist es ja auch so schwierig, etwas dagegen zu unternehmen. Ich habe mir die Finger wund geschrieben an diesem Projekt. Und bislang niemanden gefunden, der mich unterstützen möchte. Alle sagen: Jaja, das ist ein großes Problem. Aber leider kann man gar nichts machen.«

»Das gibt's doch gar nicht!«, rief ich, außer mir vor Zorn. »Das können die doch nicht vor aller Augen tun.«

»Da will sich keiner einmischen«, sagte Emmanuel, »das ist allen zu gefährlich.«

»Wieso gefährlich? Diese Menschen misshandeln wehrlose kleine Kinder. Aber Erwachsene müssen doch dagegen einschreiten.«

»Das würde ich gerne«, sagte Joycelyn. »Aber allein kann ich nichts ausrichten. Ich brauche jemanden, der das mit mir gemeinsam anpacken will.«

In dieser Nacht konnte ich nicht schlafen. Immer wieder sah ich die Bilder vor mir. Vielleicht war es die Erinnerung an meine eigene, nicht ganz so behütete Kindheit. Vielleicht war es aber auch das, was meine Grundschullehrerin meinen »ausgeprägten Sinn für Gerechtigkeit« nannte. Als es Morgen wurde, wusste ich, dass ich nicht wie all die anderen tatenlos zusehen konnte, wie man diese Kinder zugrunde richtete. Mir war klar, dass dies ein gänzlich anderes Projekt werden würde als alles, was ich bisher getan hatte. Einen Brunnen zu bauen in einer Gemeinde, die ihn sich wünscht, eine Schule und ein Krankenhaus – das waren klare abgeschlossene Projekte, deren Nutzen offensichtlich war und gegen die sich keiner wehrte. Die Kosten waren überschaubar, der Benefit lag auf der Hand. Hier am Voltasee würde ich es mit Kriminellen zu tun haben, die kein Interesse daran hatten, dass ich mich in ihr Leben einmischte. Und doch. Mein Glaube an die Menschheit war nach wie vor ungebrochen. Jemand, der kleine Kinder für seine Arbeit versklavt, der tut dies nicht aus Freude an der Grausamkeit. Er fühlt eine wirtschaftliche Notwendigkeit, dies zu tun, er weiß sich keinen anderen Rat. Dasselbe mit den Eltern. Welche Mutter verkauft schon freiwillig ihr Kind? Würde sie es nicht lieber bei sich behalten, sähe sie auch nur den kleinsten Schimmer eines anderen Auswegs?

»Genau hier müssen wir ansetzen«, sagte ich beim Frühstück zu Emmanuel.

Er sah mich an. In seinen Augen war ein Strahlen.

»Also haben wir ein neues Projekt?«, sagte er.

»Das haben wir.«

Ich rief Joycelyn an.

»Machst du gerade etwas Wichtiges?«, überfiel ich sie.

Und noch ehe sie Luft holen konnte, fügte ich hinzu: »Wenn nicht, wäre es toll, wenn wir uns jetzt gleich treffen könnten.«

Ich tat, was ich immer tue, wenn ich ein neues Projekt beginne. Ich trug so viele Fakten zusammen, wie ich nur bekommen konnte. Dabei war Joycelyn mein erster Ansprechpartner. Sie hatte bereits einiges an Material, Daten und Fakten für ihre Organisation *CDC Community Development Concern,* einer kleinen regierungsunabhängigen Organisation zur Förderung von Gemeinden, zusammengetragen. Dabei fand sie heraus, dass in Afrika und speziell in Ghana Kinderarbeit auch außerhalb der Fischerdörfer eine lange Tradition hat. Im Grunde gibt es nach europäischer Definition Kinderarbeit an jeder Ecke, denn auch in Accra verkaufen Minderjährige am Straßenrand Trinkwasser, Obst, Süßigkeiten und was sonst noch alles. Auch im Kakaogeschäft gibt es Kinderarbeit, aber im Unterschied zu den Fischerkindern am Voltasee findet diese nur zu bestimmten Saisons, nämlich zu den Ernten, statt. Auch dies ist nach unserer Vorstellung nicht richtig. Dennoch sehe ich einen eklatanten Unterschied zwischen dieser »Teilzeit«-Arbeit und jener sklavenähnlichen Haltung von Kindern, deren Ausbeutung das ganze Jahr über währt, und zwar von morgens bis in den späten Abend. Diese Kinder sind an Leib und Seele gefährdet, und viele überleben ihre ersten zehn Jahre nicht. Denen, die überleben, wird die Möglichkeit genommen, eine Schule zu besuchen, was zur Folge hat, dass die gesamte Zukunft dieser kleinen Menschen bereits in den allerfrühesten Jahren ruiniert wird. Von den psychischen Schäden ganz zu schweigen.

Gemeinsam mit Joycelyn und Emmanuel fuhr ich also an den See und sah mir verschiedene Dörfer an. Ich stellte mich den Chiefs als Nana Enimkorkor vor, doch schon bald merkte ich, dass hier ein anderer Wind weht als in der Aschantiregion oder in Brong Ahafo. Erst konnte ich es mir nicht richtig erklären, aber dann verstand ich den Grund dafür. Die Dörfer am Voltasee sind keine gewachsenen Strukturen wie die, die ich bislang kennengelernt hatte. In ihnen lebten Angehörige von bis zu sechs verschiedenen Stämmen, die meist nicht einmal dieselbe Sprache sprechen. Auch gibt es große kulturelle Unterschiede zwischen den einzelnen Stämmen. So gelten die Aschanti als äußerst stolz, sie sind fleißig und treiben gerne Handel. Die Ewe sind ausgesprochen umgängliche Menschen, die sich verschiedenen Umständen recht schnell anpassen können. Die Ga dagegen gelten als jähzornig und aufbrausend. Kein Wunder, also finden Dörfer, die aus solchen unterschiedlichen und im Temperament verschiedenen

Stammesanteilen gemischt sind, die jeweils auch noch eine andere Sprache sprechen, schwieriger zu einem Konsens als einheitliche Gemeinden. Offenbar waren diese Dörfer Zufluchtsstätten von Menschen aus verschiedenen Gegenden, die ihre Heimat aus irgendeinem Grund verlassen mussten. Diese Leute hatten bislang keine guten Erfahrungen mit den Behörden gemacht, sei es durch ihr eigenes Verschulden oder auch nicht.

Bei meinen Besuchen in den Dörfern sah ich ganz genau hin. Mein Fokus war, anders als Joycelyns, nicht nur auf die Kinder gerichtet, sondern mein inzwischen geübter Blick erfasste gleich, wie es hier mit der Hygiene, der medizinischen Versorgung und mit dem Schulwesen stand. In allen Punkten sah es miserabel aus. Meist holten die Menschen ihr Wasser aus dem See, und da das gesamte Abwasser, vor allem die Fäkalien, in ihn hineinströmten, war seine Wasserqualität eher zweifelhaft. Ich konnte auch entsprechende Anzeichen von Erkrankungen bei den Einwohnern ausmachen: Wurmbefall in den Augen, aufgeblähte Bäuche und fahle Gesichter.

Ich sprach mit den Ältesten. Sie sagten, sie kämen zurecht. Sie bräuchten keine Fremden. Von denen sei noch nie etwas Gutes gekommen.

Nun war wieder einmal Emmanuel gefragt. Schließlich kam er aus der Gegend, konnte sich mit ihnen unterhalten. Er fuhr immer wieder hin, bis es ihm gelang, langsam, aber sicher das Vertrauen von ein paar wenigen zu erlangen.

Inzwischen machte ich meine üblichen »Behördengänge« in Accra und in der Provinzhauptstadt. Dabei erging es mir genauso wie Joycelyn. Alle kannten das Problem, alle zuckten die Schultern.

»Das ist so ein Filz in diesen abgelegenen Dörfern«, bekam ich zu hören, »da kann man wirklich nichts tun.«

Ich erklärte wiederholt, dass ich etwas tun würde, dass

ich nicht tatenlos zuzusehen gedachte, wie vor unserer aller Augen Verbrechen an diesen Kindern begangen würden.

»Ja, aber«, wollte man bei einer wichtigen Behörde wissen, »was haben Sie denn vor?«

»Ich will versuchen, mit diesen Fischern ins Gespräch zu kommen. Ihnen etwas anzubieten, damit sie in der Lage sind, die Kinder freizulassen.«

»Ist Ihnen eigentlich klar, dass Sie sich damit selbst strafbar machen?«

Da musste ich erst einmal schlucken. Und tief durchatmen.

»Okay«, sagte ich dann ganz ruhig. »Ich verstehe Ihren Gedankengang. Aber Sie sind hier in Afrika. Wollen Sie sich das anschauen und irgendwann wieder heimfahren und gar nichts getan haben? Können Sie damit leben?«

Langsam, aber sicher wurde ich wütend. Es fällt mir immer schwerer zu ertragen, wie die Menschen in der Hauptstadt in Sicherheit und Wohlstand leben, die Hände in den Schoß legen und mit den Schultern zucken. Und jetzt wollte man mir auch noch klarmachen, ich würde mich strafbar machen, wenn ich helfen wollte? Das war ja wohl die Höhe.

»Diese Menschen brechen das Gesetz. Wenn Sie mit denen in Verhandlung treten, tun Sie das auch.«

»Und was ist die Alternative? Wollen Sie hingehen und alle verhaften?«

»Das ist nicht meine Aufgabe.«

»Dann ziehen Sie es also vor zuzusehen, wie kleine Kinder versklavt werden?«

Es war klar, mit diesen Leuten kam ich nicht weiter.

Joycelyn hatte es selbst bereits erlebt. Ich kann gar nicht sagen, wie weh mir das tut, wenn ich sehe, dass sich eine hochqualifizierte Einheimische wie sie bereits an die richtigen Stellen gewendet hat und von allen abgelehnt wurde. Eine große, internationale Hilfsorganisation speziell für Kinder – ich mag ihren Namen nicht nennen – hatte sie wieder nach Hause geschickt, da könnten sie leider nichts tun. Wer Brunnen bohrt, Schulen renoviert und Krankenhäuser baut, der erntet Lob und Beifall – vor allem, wenn die Projekte gelingen, und zwar so kostengünstig, wie es bei uns die Regel ist. Sich aber mit Menschenhändlern anzulegen, davon rieten mir alle ab.

»Diese Menschen sind gefährlich«, warnte mich ein wohlmeinender Beamter, mit dem ich immer gut ausgekommen war. »Ich möchte nicht, dass Ihnen etwas zustößt.«

»Das möchte ich auch nicht«, gab ich zur Antwort. »Aber diesen Kindern dort stößt täglich jede Menge zu. Ich bin erwachsen und für mich selbst verantwortlich. Jemand muss diesen Kindern helfen. Und wenn es sonst niemand tut, dann eben ich.«

Diese Menschen wussten noch nicht, dass der Satz »Das ist unmöglich« für mich nicht existiert. Das Schicksal dieser Kinder ließ mich nicht mehr los, ich musste einfach etwas unternehmen. Schließlich war ich nicht allein: Emmanuel stand wie immer hinter mir. Und Joycelyn war eine Verbündete im Kampf gegen die Sklavenhalter.

Ich hatte es ihr schon ganz am Anfang gesagt, damals, an dem Morgen, als ich sie bat, so schnell wie möglich zu uns zu stoßen. Ich sagte: »Joycelyn, du hast es selbst gesagt, es kann durchaus gefährlich werden. Du musst eines wissen: Wenn ich etwas tue, dann richtig. Ich gebe mich nicht mit halben Sachen zufrieden. Und nach allem, was du erzählt hast, wird das kein Spaziergang.«

Und Joycelyn sagte: »Keine weiß das besser als ich. Ich bin dabei.«

Dieses Projekt ging ich so professionell an, wie es nur möglich war. Ich wusste, dass es weit schwieriger sein würde, die ganze Sache Sponsoren zu vermitteln, als jedes andere Projekt. Wollte ich die Kinder aus ihrer Situation befreien, musste ich zunächst andere Parameter bedenken. Und so filterten wir nach und nach verschiedene Zielgruppen heraus, denen wir helfen mussten, um am Ende unser Ziel, die Befreiung der Kinder, zu erreichen.

Zunächst einmal mussten wir das Dorf an sich für uns gewinnen, das Vertrauen der Menschen erringen. Dies war möglich, wenn wir halfen, die Situation der Dorfgemeinschaft insgesamt zu verbessern. Sahen die Menschen erst einmal mit eigenen Augen, dass wir ihnen etwas Gutes brachten, dann hoffte ich, mit ihnen auch über andere Themen reden zu können.

Wie immer gibt es in allen Dörfern ein paar Aufgeschlossene, auf die die anderen hören, und an die wandten wir uns. Wir fragten sie, was ihr Dorf am dringendsten brauchen könnte.

Die einen wünschten sich Elektrizität, die anderen wollten, dass wir ihnen eine Straße bauten, wieder andere verlangten einen Lastwagen, damit sie ihre Fische zum Markt nach Ho bringen konnten. Manche hofften, dass wir ihnen ein Krankenhaus bauten. Ich wartete gespannt, doch eine Schule war nicht unter den Wünschen.

»Wie wäre es zunächst einmal mit sauberem Trinkwasser?«, schlugen wir vor. »Oder mit einer Toilettenanlage?« Emmanuel erklärte geduldig den Zusammenhang von Hygiene und Krankheit, von sauberem Trinkwasser und der Gesundheit der Einwohner. Wochenlange Gespräche folgten. Ein ganz normaler Vorgang, wie ich ihn oft erlebt hatte. Neu war, dass man hier in einer Sitzung das eine beschloss und in der nächsten etwas vollkommen anderes verhandelt wurde. Wir lernten, dass diese Menschen am

Voltasee ein weit geringeres Vorstellungsvermögen besaßen, dass es ihnen Mühe machte, länger als zwei Wochen im Voraus in die Zukunft zu planen, und dass die Dorfstrukturen schwerer nachzuvollziehen waren als in den gewachsenen Dörfern in der Aschantiregion oder in Brong Ahafo. Außerdem gab es in den Dörfern unterschiedliche Gruppierungen mit verschiedenartigen Interessen, und dies erleichterte die Meinungsfindung nicht gerade. Mit anderen Worten: Emmanuel diskutierte und diskutierte, und manchmal hatten wir das Gefühl, dass es keinen Schritt voranging. Was natürlich falsch war. Vielleicht ging es drei Schritte voran und zweieinhalb zurück, doch immerhin bewegte sich die ganze Sache, wenn auch langsam.

Und dennoch hatten wir nach einer Weile einige Verbündete in den Dörfern gefunden, die eingesehen hatten, dass das System der Kindersklaven schlecht war, und diese hielten nach einer Möglichkeit Ausschau, straffrei aus diesem Zustand der Illegalität auszusteigen. Nachdem wir über Wochen immer wieder zu ihnen gekommen waren und nicht ein einziges Mal in Begleitung der Polizei gewesen waren, erkannten die Menschen, dass wir es ernst meinten und ihnen wirklich eine echte Chance boten. Doch noch immer war die große Frage: Wie können die Fischer ihre Arbeit ohne die Kindersklaven bewältigen? Wie würde es ihnen möglich sein, genügend Fisch zu fangen, um ihre Familien zu ernähren? Und wir begriffen: Die Fischer, also auf den ersten Blick unsere Gegner, waren nach den Dorfgemeinschaften als Ganzes unsere zweite und vielleicht wichtigste Zielgruppe. Nur wenn es uns gelang, ihnen eine Möglichkeit aufzuzeigen, wie sie ohne die Kinder ihren Lebensstandard halten oder sogar noch verbessern konnten, würden wir langfristig Erfolg haben. Denn natürlich könnten wir mit der Polizei dort einfallen und alle Kinder herausholen. Nur wäre damit nicht viel gewonnen. Das aufgebaute Vertrauen wäre dahin, und bei der nächsten Gelegenheit würden die Fischer sich neue Kinder kaufen.

Die dritte Zielgruppe, um die wir uns kümmern mussten, waren die Eltern der Kinder, die sich aus wirtschaftlicher Not heraus dazu gezwungen fühlten, ihre Kinder an die Fischer als Arbeitssklaven zu verkaufen. Doch diese Zielgruppe barg ihre eigenen Schwierigkeiten. Denn es war alles andere als einfach, die Eltern der Kinder überhaupt ausfindig zu machen. Die Fischer, die die Kinder kauften, schwiegen selbstverständlich über die Herkunft ihrer kleinen Sklaven. Und selbst wenn sie wollten, konnten sie kaum Auskunft geben. Wir hatten es versucht, hatten Nachbarn befragt.

»Wie heißt die Mutter von diesem Kind?«

»Mary.«

»O.k., Mary. Und wie weiter?«

»Keine Ahnung.«

»Und wo wohnt sie?«

»Weiß ich nicht. Einmal im Jahr taucht sie auf und kassiert das Geld für den Jungen. Keiner weiß, woher sie kommt.«

Dennoch müssen wir langfristig diese Mütter und Väter erreichen, herausfinden, wie wir ihnen helfen können, damit sie nicht mehr das Wertvollste, das sie haben, verkaufen müssen, nämlich ihre Kinder. Und schließlich geht es auch darum, diese Menschen über Familienplanung aufzuklären, ihnen klarzumachen, dass sie eine andere Möglichkeit haben, als jedes Jahr aufs Neue wieder schwanger zu werden und Kinder in die Welt zu setzen, die sie nicht ernähren können. Nichts liegt mir ferner, als sie zu bevormunden, doch wer noch nie etwas von moderner Empfängnisverhütung gehört hat, der hat auch keine andere

Wahl. Sie sollen sich frei entscheiden können, und dafür brauchen sie echte Alternativen. Für diesen Zweck haben wir vor kurzem Holzpenisse schnitzen lassen, an denen die Social Worker vor Ort den Frauen erklären können, wie man ein Kondom handhabt. Denn eines muss auch klar und deutlich ausgesprochen werden: Auch die Eltern machen sich strafbar, wenn sie ihre Kinder verkaufen.

Ich weiß, dies ist ein langer Weg. Es braucht Geduld und Zeit, doch über Jahrhunderte gewachsene Strukturen können nicht über Nacht aufgelöst werden. Das Beziehungsgeflecht in Zusammenhang mit Menschenhandel ist, das habe ich mir inzwischen sagen lassen, immer eines der kompliziertesten Systeme überhaupt. Solange man nur einen Parameter verändert, wird man langfristig keinen Erfolg haben.

Eigentlich ist es ganz ähnlich wie bei allen anderen Problemen auch. In Apewu waren zuerst die Durchfallerkrankten, die von mir behandelt wurden, bis ich nachfragte und die Ursache für die gehäuften Krankheitsfälle herausfand: verschmutztes Wasser. Und auch in Apewu gibt es heute noch Familien, die ihr Wasser lieber aus dem schmutzigen Bach holen. Das ist ihre Sache, aber immerhin haben sie eine echte Wahl. Und es ist kein Verstoß gegen das Gesetz, kontaminiertes Wasser zu trinken, auch wenn ich das manchmal bedaure.

Hier bei den Fischersklaven ist das Ganze zwar komplizierter, aber ich bin sicher, dass wir es ebenso lösen können, wenn wir nur mit der richtigen Mischung aus Geduld und Offenheit, gepaart mit einer tüchtigen Prise Sturheit herangehen.

»Mich werdet ihr nicht mehr los«, das habe ich diese Leute schon früh wissen lassen.

Es ist tatsächlich das erste Mal, dass ich mich bei meiner Arbeit mit Madamfo Ghana in Dorfgebräuche einmische

und dezidiert will, dass sich etwas ändert. Dass ich hingehe und sage: »Das, was ihr macht, ist falsch. Es ist gegen
Moral und Gesetz. Und ihr wisst es auch.«

Keiner widerspricht mir da, sie wissen alle, dass ich
recht habe. Wir haben ihnen aber auch erklärt und inzwischen gezeigt, dass wir ihre Meinung schätzen. Immer
wieder haben wir ihnen Fragen gestellt und uns erklären
lassen, was ihrer Meinung nach ihre Situation ist, wo die
Probleme liegen und was nötig wäre, damit sie auf die
Kindersklaven verzichten könnten. Danach arbeiteten wir
ihre Gedanken in unsere Projektpapiere ein, kehrten zu
ihnen zurück, trugen ihnen unsere Ergebnisse vor und
fragten sie, ob wir sie richtig verstanden hatten und ob sie
sich darin wiederfinden könnten. Und so haben wir
inzwischen, durch reines Zuhören und Nachfragen, Wei-
terdenken und Diskutieren, einen Programmansatz entwickelt, der gute Chancen auf Erfolg hat. Warum, frage
ich mich, hat das nicht schon jemand anderes vor uns in
Angriff genommen? Madamfo Ghana gehört schließlich
nicht zu den ganz großen Entwicklungshilfe-Organisatio-
nen, die viel mehr Möglichkeiten haben als wir. Aber
offenbar braucht es einen Dickkopf wie mich, um so eine
Sache anzupacken.

Joycelyn und Bettina bei einer Dorfbesprechung in der Voltaregion

KAPITEL 13

AUFRUHR AM SEE

Gemeinsam mit den Leuten vor Ort arbeiteten wir also einen Strategieplan aus. Mit dabei waren Experten verschiedener Menschenrechtsorganisationen, das Ministerium für Kinder und Frauen und das Fischereiministerium, das wir als Kooperationspartner für das Projekt gewinnen konnten. Für die vier Zielgruppen Dorfgemeinschaft, Fischer, Eltern und Kinder fanden wir einen viergleisigen Aktionsplan.

Zunächst mussten wir herausfinden, welche Alternative die Fischer zu den Kindersklaven hatten. Die zündende Idee kam schließlich von ihnen selbst.

»Das Schwierige an unserer Arbeit ist«, sagte einer ihrer Sprecher, »dass wir nie wissen, was wir morgen in unseren Netzen haben. Wir müssen so hart arbeiten, unsere Boote instand halten, die Netze pflegen, wir haben Ausgaben. Und am Ende vom Tage oft nicht einmal eine Handvoll Fische, um unsere Familien damit zu ernähren. Wenn wir all die Arbeit alleine tun, kommen wir nie über die Runden.«

»Wenn wir unsere Fische nicht mehr wild fangen müssten«, warf ein anderer ein, »sondern sie züchten könnten, so wie ich es von meinem Cousin gehört habe, in großen Käfigen im See, dann ginge es uns allen besser.«

»Du meinst also Fishfarming?«, fragte Emmanuel nach.

»Ja, genau«, war die Antwort.

»Und wenn ihr also Fische züchten könntet«, fragte ich nach, »könntet ihr dann auf die Kinder verzichten?«

»Vielleicht bräuchten wir noch Außenbordmotoren, dann könnten wir die Kinder gehen lassen.«

Eine große Diskussion begann. Die einen hatten von Fishfarming noch nie etwas gehört, mussten es erst erklärt bekommen. Die anderen waren bereits hellauf begeistert. Die dritte Gruppe saß immer noch mit verschränkten Armen und finsteren Mienen dabei. Sie waren noch längst nicht davon überzeugt, dass Gespräche mit unserem Team ihnen irgendetwas nützen würden. Doch der Prozess war endlich in Gang gekommen.

Im Folgenden informierten wir uns darüber, welche Erfahrungen im Bereich Aquakultur in Ghana bereits vorhanden waren. Das Fischereiministerium hatte schon einige solcher Projekte durchgeführt, die gut funktionieren. Es verfügte über Fachleute, die neue Projekte begleiten und betroffene Fischer in diese neue Form der Fischzucht einarbeiten konnten. Ihr Wissen und ihre Erfahrungen waren unschätzbar für uns, und wir fragten an, ob das Ministerium unser Projekt am Voltasee unterstützen würde.

Ich war sehr glücklich, als diese Zusage kam. Denn von uns verstand keiner etwas von der Fischerei, jedenfalls bislang nicht.

Und so lief alles parallel: die Meinungsfindung der Fischer, unsere Recherche, mein Rundgang bei allen möglichen Ämtern und Behörden. Die Vorteile der Aquakultur lagen auf der Hand. Die Fische werden in großen Käfigen draußen im See gezüchtet. Die Fischer müssten in ihren Booten nicht mehr so weit auf den See hinausfahren, stets mit der Unsicherheit, ob sie etwas fangen würden oder nicht. Sie müssen lediglich die Käfige besuchen, um die Fische zu füttern und sich um sie zu kümmern. Beim Fishfarming weiß man ziemlich genau, wie hoch der Ertrag sein wird. Es war auch die Idee der Fischer, Gruppen zu bilden und gemeinsam die Käfige zu bewirtschaften. Tilapia ist ein sehr begehrter Fisch in Ghana, der mit Sicherheit leicht Abnehmer finden wird.

Ein Problem bei der ganzen Sache ist, dass ein solches Projekt auf Langfristigkeit angelegt ist. Man fährt nicht länger morgens auf den See hinaus und bringt am Abend seinen Fang nach Hause. Vom Einsetzen der Babyfische bis zum Einholen des Fangs von ausgewachsenen Tilapien vergehen sechs Monate. Es macht diese Leute nervös, monatelang auf etwas hinzuarbeiten, wovon sie später erst den Nutzen haben werden. Auch ist es nach wie vor nicht einfach, mit Dörfern zusammenzuarbeiten, in denen so viele verschiedene Stammesangehörige leben. Sie akzeptieren oftmals nicht die gemeinsame Hierarchie, und ein Chief hat nicht denselben Stand wie in einem gewachsenen Dorf. Doch wenn ich auch manchmal im Stillen verzweifeln wollte, so wusste ich, ich hatte keine Alternative, als mit diesen schwierigen Menschen zusammenzuarbeiten. Denn es ging um die Kinder, und das vergaß ich nicht. Bei allen Gesprächen über Fishfarming, Aquakultur, bei allen Verhandlungen mit dem Ministerium hatte ich stets eines vor Augen: die Kinder, die am Ende dieses langen Prozesses endlich freikommen würden.

Wir befanden uns mitten in diesem Prozess des sich Kennenlernens, des Gesprächeführens, des sich langsam aneinander Herantastens, als sich für meine Arbeit für Madamfo Ghana eine riesige Chance auftat. Die Redaktion eines deutschen Fernsehsenders trat auf mich zu und bot mir an, ein Fernsehteam mit nach Ghana zu schicken und meine Arbeit in der Sendung eines der bekanntesten deutschen Moderatoren vorzustellen.

Natürlich wäre es schön gewesen, zu zeigen, wie erfolgreich meine bereits laufenden Projekte waren. Dennoch war für mich von Anfang an klar: Dieses Fernsehteam bringe ich an den Voltasee. Denn mir war bewusst, welch riesige Chance das für dieses komplizierte Projekt bedeutete. Je mehr Menschen davon erfuhren, desto besser, und diese Sendungen haben hervorragende Einschaltquoten. Auf diese Weise würde eine große Öffentlichkeit auf das Problem mit den Kindersklaven aufmerksam. Könnten die Menschen erst einmal mit eigenen Augen sehen, was dort mit den Kindern geschieht, wäre die Bereitschaft, für sie zu spenden, sicherlich größer. Denn ich hatte natürlich längst begriffen, dass es weitaus schwerer ist, dieses Projekt jemandem in Deutschland verständlich zu machen. Im Gegensatz zu meinen übrigen Projekten war dies eben erklärungsbedürftiger, denn auf dem Weg, die Kinder tatsächlich befreien zu können, waren noch so viele begleitende Maßnahmen nötig. Wie sich herausstellen sollte, war es genau das Richtige, mit dem Fernsehteam an den Voltasee zu fahren.

Selbstverständlich hatte ich bereits versucht, die Presse in Deutschland zu mobilisieren. So gab es schon vorher kleinere Medienberichte in verschiedenen Zeitungen und Sendern über unser Thema Kinderhandel am Voltasee.

Mit einem Fernsehteam durch Afrika zu reisen, ist immer wieder eine neue Herausforderung. Mir allerdings macht es riesigen Spaß, und vor allem mit diesem Team verstand ich mich ganz besonders gut. Mir imponierte die Professionalität, mit der der Redakteur, Ton- und Kameramann auch unter den schwierigsten klimatischen Bedingungen arbeiteten. Ich sprach mit ihnen meine Pläne durch, und sie waren Feuer und Flamme.

»Kindersklaven? Das gibt es wirklich heute noch?«, wollte der Redakteur der Truppe konsterniert wissen.

»Du wirst es sehen«, sagte ich. »Und dann weißt du, wovon ich spreche.«

So kam es, dass das dreiköpfige Team nach einigen Vorgesprächen in Deutschland im September 2009 nach Ghana reiste.

Wir fuhren nach Ho und machten Filmaufnahmen mit den Leprakranken. Die Dreharbeiten waren eine sehr traurige Angelegenheit, und die Schicksale dieser Menschen bewegten selbst solche Profis wie das uns begleitende Fernsehteam. Ich zeigte ihnen eines der Dörfer, in dem die Leprakranken verstoßen vor sich hin vegetierten, und dabei fand ich eine alte Frau, die von Schmerzen am ganzen Körper geschüttelt wurde. Sie lag auf dem Boden eines Verschlages, der als Lagerraum genutzt wurde, ohne Matratze, ohne Decke, ohne Nahrung. Ich spendete ihr Trost und versuchte ihr die Schmerzen zu nehmen. Dann sprach ich mit Stanley und Joycelyn. Ich schlug vor, dass diese Frau eine der ersten sein sollte, die in ein fertiges Häuschen der Cured Lepers Foundation ziehen durfte. Die beiden stimmten sofort zu. Doch so schlecht es ihnen auch geht, die Lepraleute haben bereitwillig kleine Szenen für die Kamera wiederholt. Sie waren unendlich stolz, mit uns ins deutsche Fernsehen zu kommen. Ich habe ihnen erklärt, dass ich ihre Situation den Menschen in Deutschland anhand von Bildern am besten darstellen kann.

Und dann fuhren wir an den See. Ich hatte dem Fernsehteam vorher erklärt, dass wir dort vielleicht nicht so willkommen sein würden wie in Apewu oder in Ho. Noch immer bewegten sich die Fischer in der Illegalität, und ich rechnete damit, dass eine Fernsehkamera nicht gerade willkommen sein würde.

»Umso wichtiger ist es für unser Projekt, möglichst viel von den Problemen zu zeigen«, meinte ich, »damit sich die Fernsehzuschauer in Deutschland ein Bild von der Situation machen können.«

Das musste ich diesen Profis nicht lange erklären. Und

dann bekamen wir etwas vor die Kameralinse, etwas, womit wir überhaupt nicht gerechnet hatten.

Es gab und gibt unter den Fischern einige, die mit uns kooperieren. Manche von ihnen haben ihre Kindersklaven bereits freigelassen. Ihnen liegt viel daran, das gesamte Dorf aus der Illegalität zu holen. Sie haben verstanden, dass sie mit der Aquakultur ein weit besseres Leben führen werden, auf die fremden Kinder verzichten und ihren eigenen eine Perspektive für die Zukunft bieten können. Diese Männer waren in einer schwierigen Situation. Zum einen galten sie als Meinungsführer, und viele aus dem Dorf nahmen ihre Ansichten ernst. Daneben gab es aber auch die ganz hartnäckigen Burschen, die nicht an Veränderung glaubten. Jene Männer sind meistens nicht teamfähig, nicht in der Lage, sich in einer Gruppe zu organisieren, und das einzelkämpferische Leben als Fischer gab das früher auch gar nicht vor.

Für die Dreharbeiten hatte ich alle meine wichtigen Verbündeten zusammengetrommelt. Mit von der Partie waren außer unserem harten Team auch Joycelyn, Stanley und Roland Kumfo, der zuständige Welfare Officer, was in Deutschland dem Zuständigen vom Jugendamt entspricht. Wir wussten, dass wir langfristig, wenn wir die gekauften Kinder befreien wollten, vom Staat eine sogenannte *Care Order* beantragen und genehmigt bekommen mussten. Dafür ist Roland zuständig. Aus diesem Grund involvierten wir ihn von Anfang an, damit er sich selbst ein Bild von den Zuständen in den Fischerdörfern machen und uns fachlich beraten konnte, was möglich war und was nicht.

Mit dieser Truppe kamen wir also an dem besagten Morgen in eines der Fischerdörfer. Emmanuel hatte die Menschen auf das Filmteam vorbereitet und zuvor mit einigen Menschen gesprochen, die bereit waren, sich filmen zu lassen. Unter den Protagonisten war auch ein Fischerjunge namens King, und gerade in den Minuten, als unser Kamerateam King in seine Hütte folgte, um sich zeigen zu lassen, wo er nachts schlief, da passierte es.

Während Victor und Joycelyn bei den Autos warteten, die wir am Seeufer geparkt hatten, waren Emmanuel und ich mit ins Dorf gegangen. Dennoch hielt ich mich immer ein wenig zurück, blieb gerade nahe genug, damit wir helfen konnten, wenn das Team uns brauchte, und doch ein Stück abseits, um nicht im Weg herumzustehen. Wir plauderten gerade mit den Leuten vom Dorf, die mit uns zusammenarbeiteten, wir scherzten sogar und lachten über etwas, und nach und nach bildete sich wie immer um mich eine Menschentraube. Da kam auf einmal Bewegung in diese Leute, und ehe ich mich versah, stand ein kleiner Junge vor mir. Einer dieser Fischer, die mit uns kooperierten, hatte ihn vor mich hin geschoben – einen schmächtigen, völlig verschreckten Jungen. Er war acht Jahre alt, und ich sah große Angst in seinen Augen.

»Was ist denn mit dir passiert«, fragte ich.

»Sein Master hat ihn gerade wieder geschlagen«, sagte der Mann. »Ein typischer Fall. Gerade dieser Junge bekommt oft Prügel.«

Und wirklich, es war nicht zu übersehen, über den ganzen Brustkorb und Rücken hinweg waren deutliche Male zu erkennen. Ich ging vor dem Kind in die Hocke.

»Wie heißt du?«, fragte ich den Jungen.

Emmanuel übersetzte.

»Daniel«, sagte er leise und keuchend.

»Hast du Schmerzen hier?«

Ich berührte vorsichtig das Mal an seinem Brustkorb. Daniel nickte.

»Tut es weh beim Atmen?«, fragte ich weiter.

Der kleine Junge atmete heftig und nickte wieder.

»Er wurde mit dem Paddel geschlagen«, erklärte der Fischer, der ihn mir gebracht hatte.

Und auf einmal wurde ich so entsetzlich wütend, dass ich am liebsten diesen Kerl, der ein kleines Kind mit einem Paddel prügelt, selbst gepackt und geschlagen hätte. Tränen des Zorns stiegen in mir auf, und ich musste mich entsetzlich beherrschen, nicht einfach loszuheulen. Stattdessen besann ich mich auf meine Professionalität als Krankenschwester und untersuchte Daniel genau. Auf einmal hörte ich die Stimme unseres Regisseurs hinter mir: »Frau Landgrafe, was ist denn hier passiert?«

Als ich das hörte, war mir sofort klar, dass die Kamera lief. Denn so hatten wir es vereinbart: Immer wenn gedreht wurde, dann siezten sie mich, während wir sonst per Du waren. Ich hatte gar nicht wahrgenommen, dass das Team aus Kings Hütte wieder herausgekommen war. Als wahre Profis hatten sie sofort erkannt, dass hier etwas Wichtiges im Gange war. Ich erhob mich und überlegte für eine Millisekunde, ob ich jetzt einfach vor laufender Kamera ausflippen sollte oder besser nicht. Nein, Bettina, sagte ich mir, jetzt reißt du dich zusammen, denn das ist es ja genau, was wir für unseren Filmbeitrag brauchen, damit wir das Problem den Menschen in Deutschland richtig darstellen können.

Jeder, der diesen Fernsehbeitrag gesehen hat, der weiß, wie es jetzt weiterging. Ich riss mich zusammen, auch wenn man mir anmerkte, wie aufgewühlt ich war und dass ich fast in Tränen ausgebrochen wäre. So aber erklärte ich, was eben passiert war, und untersuchte den Jungen vor laufender Kamera, ob die Schläge mit dem Holzpaddel schlimmere Schäden angerichtet hatten.

Es war in diesem Fall bei starken Prellungen geblieben, zum Glück hatte sich Daniel keine Rippe gebrochen, auch war er, soweit ich das, ohne ihn röntgen zu können, beurteilen konnte, nicht innerlich verletzt. Als dies geklärt war, stellte der Redakteur eine Frage, die Emmanuel übersetzte:

»Warum bist du denn geschlagen worden?«

»Weil ich spielen wollte.«

Als ich das aus dem Mund dieses kleinen Jungen hörte, war es um meine Selbstbeherrschung geschehen, ich musste weinen, ob ich wollte oder nicht. Das war der Moment, als der Kameramann sein Gerät ausschaltete.

Außer mir vor Zorn sagte ich: »O.k., es gibt jetzt zwei Möglichkeiten. Entweder wir brennen jetzt auf der Stelle das ganze Dorf nieder, oder ich nehme den Jungen mit.«

Emmanuel aber wandte ein: »Bettina, das ist jetzt keine gute Idee.«

»Das ist mir scheißegal«, schrie ich den Ärmsten an, so außer mir war ich, »der Kleine bleibt auf keinen Fall hier. Ich kann es einfach nicht glauben! Was sind denn das für Menschen hier? Kleine Kinder mit einem Holzpaddel zu prügeln?« Und damit die vom Dorf mich nicht verstanden und nicht noch schlimmeres Unheil geschah, tobte ich mich erst einmal auf Deutsch so richtig aus.

Dann nahm ich Daniel fest bei der Hand und ging mit ihm in einer richtigen Prozession, das Kamerateam mit uns, die ganze Dorfstraße hinunter, bis wir in der Nähe unserer Autos, die wir am See geparkt hatten, angelangt waren. Währenddessen sagte ich zu Emmanuel, der versuchte, mich zur Vernunft zu bringen, dass ich auf der Stelle mit Joycelyn sprechen wollte, und an meinem Ton erkannte Emmanuel, dass im Augenblick nicht mit mir zu spaßen war. Victor, der uns kommen sah, stieg aus, und da es leicht zu regnen begann, kam er, fürsorglich, wie er ist, mit einem Schirm auf uns zu, den er über mich und die Kamera halten wollte. Als der kleine Daniel jedoch diesen Schirm sah, da flippte er völlig aus und fing hysterisch an zu schreien. Offenbar dachte er, jetzt würde er erst recht verprügelt. Wie verängstigt dieses Kind war, das hat mir schlussendlich diese Szene erst richtig gezeigt. Ich war außer mir vor Wut und Trauer.

Wir berieten uns.

Emmanuel war dafür, jetzt nichts zu überstürzen. »Wir sind auf einem guten Weg mit den Leuten«, sagte er, »wenn wir jetzt den Jungen einfach mitnehmen, machen wir genau das Gegenteil von dem, was wir versprochen haben. Und alles war umsonst.«

Er hatte ja recht, aber ich war so wütend und kaum fähig, einen klaren Gedanken zu fassen. Schließlich bat ich Joycelyn, mit den Leuten zu reden.

»Ich will diese Kinder hier rausholen«, sagte ich, »und zwar nicht nur Daniel, sondern auch King. Bitte sieh zu, was du machen kannst.«

Joycelyn ging zu den Fischern, und Stanley und Roland, der Welfare Officer, begleiteten sie. Sie sprach mit der nötigen Ruhe, die mir im Augenblick so sehr fehlte, mit dem Chief, während ich bei den Autos blieb. Mir war klar, so aufgewühlt, wie ich war, hielt ich mich am besten zurück. Außerdem war es ohnehin besser, die Einheimischen machten das unter sich aus, und ich mitsamt dem Kamerateam – also alle Weißen – klinkten uns da jetzt aus.

Unter den Fischern waren viele, die unsere Meinung teilten und Joycelyn versicherten, dass sie ihre Arbeitskinder gut behandelten. Sie sagten, dass sie es nicht guthießen, wie einige ihrer Kollegen mit den Kindern umgingen. Besonders der Master von Daniel sei ein extrem gewalttätiger Mann.

Nach einer Stunde ungefähr erfuhr ich, dass man auf Joycelyns und Emmanuels Anregung hin beschlossen hatte, ein Stammestreffen einzuberufen, um die ganze Sache zu besprechen.

Dazu kamen wir alle auf dem Dorfplatz zusammen, und hier hielt Emmanuel eine wichtige Rede. Meine Güte, ich habe meinen engsten Mitarbeiter in meinem Leben noch nie so wütend erlebt. In seiner eigenen Sprache, in Ewe, las er ihnen die Leviten.

»Ich stamme aus eurer Gegend. Ich gehöre zu euch«, sagte er, »wie könnt ihr so etwas tun? Wie könnt ihr es zulassen, dass einer unter euch ein hilfloses Kind mit einem Paddel schlägt? Seid ihr denn Tiere? Wisst ihr nicht, wie man ein Kind zu behandeln hat? Ich schäme mich für euch. Und ich erkläre euch heute: Wenn so etwas noch einmal geschieht, wird Nana Enimkorkor nie wieder hierherkommen. Sie wird ihren Sponsoren in Deutschland sagen, dass sie ihr Geld anderweitig ausgeben wird.«

Emmanuel schimpfte und schimpfte. Als ich ihn so wütend hörte, dachte ich, hoffentlich bringen sie uns jetzt nicht alle um. Denn diese Leute sind Menschenhändler und haben keine großen Skrupel.

Emmanuel erklärte weiter, dass wir ihnen helfen wollten und dass uns bewusst wäre, wie sehr im Dorf alles im Argen liegt, aber auch die Fischer müssten sich an bestimmte Regeln halten. Das, was mit Daniel an diesem Tag passiert war, das könnten wir nicht hinnehmen.

Ich meinerseits machte ihnen klar, dass sie sich in mir nicht täuschen durften. Auch wenn ich ihnen mit meiner weißen Haut und dem langen blonden Haar wie eine Erscheinung vorkomme, so könne ich auch äußerst ungemütlich werden.

»Wir wollen mit euch kooperieren, wir wollen euch helfen. Aber zu einer Zusammenarbeit gehören zwei Seiten, nicht nur eine. Ich kann euch Sponsoren aus Deutschland bringen, die gemeinsam mit euch wenigstens einen Teil eurer Probleme lösen können. Aber wenn ich die hierherbringe und sie sehen, wie ihr hier die Kinder misshandelt, dann gehen sie weg und nehmen ihr Geld wieder mit. Es liegt an euch, ob sich an eurer Situation etwas ändert oder nicht. Ihr müsst bereit sein, gewisse Bedingungen zu erfüllen. Wer ein kleines Kind schlägt, der hat es nicht verdient, dass wir ihm helfen. Und wenn ich so etwas noch einmal erlebe, dann komme ich mit dem Militär und mache das gesamte Dorf platt. Und ihr, ihr kommt alle ins Gefängnis.«

Im Nachhinein denke ich, dass es genau richtig war, wie alles kam. Auf diese Weise haben sie begriffen, dass ich nicht nur eine bin, die ihnen Wohltaten aufdrängen will, sondern genau weiß, was ich tue und was ich will. Dass ein misshandeltes Kind eine solche Wirkung auf mich hatte, das zeigte ihnen, wie hoch der Wert dieser Kinder für mich ist. Dass sie für mich mehr sind als billige Arbeitskräfte, die man sich für 25 Cedi im Jahr kaufen kann und dann mit ihnen tun und lassen, was man will. Sie konnten mit eigenen Augen sehen, wie wütend ich werden kann und wie hoch ich die Würde und die Unversehrtheit eines mir bis dahin völlig unbekannten Kindes schätze.

Zu Roland sagte ich: »Du bist das Gesetz. Wenn es nach mir ginge, dann würde ich Daniel und auch King sofort mitnehmen. Was ist deine Meinung?«

Roland schlug vor, nach den Gesetzen vorzugehen und die Care Order, also die Vormundschaft, bei Gericht zu beantragen.

»Das ist Strafe genug. Wenn wir jetzt mehr Druck ausüben, dann riskieren wir, dass die anderen Fischer auch nicht mehr mit uns reden. Sie könnten dann mit Recht sagen: Seht ihr, ihr haltet euch ja auch nicht an euer Wort. Wer weiß, wann ihr das nächste Mal kommt und uns einfach die Kinder wegnehmt. Und dann können wir allen anderen Kindern hier nicht mehr helfen.«

Natürlich hatte er recht. Wir suchten ja nach einem

gemeinsamen Weg mit den Fischern, damit sie die Kinder freiwillig gehen lassen würden, auch wenn wir sie mit Hilfe des Gerichts, so wie wir es jetzt mit Daniel und King vorhatten, aus dem Dorf holen konnten. Außerdem war es sicher keine gute Idee, wenn gerade wir uns selbst nicht an die Gesetze hielten.

Das sah ich ein. Roland beantragte also die Care Order für Daniel und King, und das ganze Prozedere dauerte noch fast sechs Wochen. Für mich war es fürchterlich, die beiden Kinder noch so lange in diesem Dorf zu lassen.

Seit diesem Vorfall verhielten sich die Fischer aber tatsächlich viel besser. Die Klügeren hatten begriffen, dass das, was wir bringen wollten, ein echtes Geschenk für das Dorf sein würde, und darum kontrollierten sie die anderen und passten auf, dass alle die Kinder anständig behandelten. Schon allein die Tatsache, dass einer von ihnen Daniel, kurz nachdem er geprügelt worden war, zu mir gebracht hatten, zeigte ja, dass sie damit nicht einverstanden waren.

Es war sein großes Glück, dass mir Daniels Master damals nicht unter die Augen kam. Ich glaube, ich hätte ihn mit dem Regenschirm verprügelt. Denn dies war wirklich ein Moment, an dem ich am Ende meiner Nerven angekommen war. Das Schicksal dieser Kinder geht mir derart zu Herzen, dass ich nur schwer meine Emotionen kontrollieren konnte. Natürlich ist es mir gelungen, genau das gehört auch zu der Art von Zielstrebigkeit, die mir eigen ist. Ich war unendlich aufgewühlt und wütend, und dennoch wusste ein anderer Teil in mir, dass ich jetzt Ruhe bewahren musste, wollte ich nicht das gesamte Projekt um Monate zurückwerfen oder gar ganz gefährden.

Also warteten wir ab, bis die Care Order ausgestellt war. Als es so weit war, holten Roland und Joycelyn die beiden Jungen aus dem Dorf ab, ich selbst musste zu diesem Zeitpunkt leider schon wieder in Deutschland sein. Sie brachten die beiden in ein Kinderheim, das wir vorher für sie ausgesucht hatten. Ein liebevoll geführtes Haus für Kinder, die entweder keine Eltern mehr haben oder, wie Daniel und King, ihr Elternhaus auf andere Weise verloren hatten.

Dort besuchte ich die beiden, als ich einige Monate später wieder nach Ghana kam. Joycelyn hatte sie die ganze Zeit über betreut und mir nur Gutes berichtet. Offenbar blühten die beiden richtig auf in ihrer neuen Umgebung. Zwar hatten sie noch nie eine Schule von innen gesehen, aber King und Daniel lebten sich gut ein und begannen bald, das Versäumte aufzuholen.

Ich war gespannt wie ein Flitzebogen, als wir zu dem Heim fuhren. Wir kamen etwas zu früh an, Daniel und King waren noch in der Schule. Einstweilen begrüßten uns die kleineren Kinder, die noch nicht in der Schule waren, in wunderbarstem Englisch.

Ich bin es eigentlich gewöhnt, dass Kinder, die zuvor noch nie Weiße gesehen haben, mich zunächst aus sicherer Entfernung anstaunen, mitunter auch ängstlich reagieren. Hier war das jedoch überhaupt nicht der Fall. Die Kinder waren an weiße Erzieherinnen und Praktikanten gewöhnt und empfingen mich aufs Herzlichste. Eines der Mädchen brachte mir ein Glas mit Wasser, die anderen turnten bereits auf mir herum. »Aunty, Aunty«, riefen sie, »I want to see your watch.«

Schließlich kamen die Schulkinder nach Hause. Joycelyn sagte: »Da drüben, das sind die zwei.«

Und ich: »Ja, aber die sehen so anders aus …«

Ich hätte sie fast nicht erkannt. Daniel ging aufrecht und mit gesundem Selbstvertrauen, und King lachte fröhlich. Waren dies dieselben kleinen, verschreckten Jungs, die wir aus dem Fischerdorf geholt hatten? Ich konnte es kaum glauben.

Daniel ist sicher im
Kinderheim untergebracht

»Daniel«, rief ich auf Bettina-Art, ungestüm und laut, und lief auf ihn zu.

Er schaute mich an. Und fühlte sich in diesem Moment wahrscheinlich völlig überfordert.

Dann sagte er ganz ruhig und voller Würde auf Englisch: »Ich habe im Moment keine Zeit. Ich muss nämlich erst meine Schuhe trocknen.«

Und holte seine Turnschuhe aus einer Plastiktüte und stellte sie schön ordentlich in die Sonne.

Ich konnte es nicht fassen. Dieser Junge hatte vorher noch nie Schuhe besessen, und aus irgendeinem Grund waren sie nass geworden. Und darum war dies für ihn im Moment das Wichtigste auf der Welt, wichtiger noch, als die Frau zu begrüßen, die ihn vor seinem gewalttätigen Master gerettet hatte.

Danach zog er erst noch seine Schuluniform aus und normale Spielklamotten an, ehe er endlich zu mir kam und ich ihn drücken durfte.

»Wie geht es dir denn«, fragte ich ihn.

»Mir geht es richtig gut«, sagte er strahlend und legte beide Arme um mich, »ich gehe jetzt zur Schule!«

Danach zeigten uns die Kinder voller Stolz den Schlafraum und ihre Betten. Von King kannten wir ja nun den Haufen Lumpen, auf dem er im Fischerdorf geschlafen hatte, und verstanden seine Freude umso mehr, denn zum ersten Mal in ihrem Leben hatte er ein richtiges, eigenes Bett.

Dann bat ich Joycelyn, nochmals auf Ewe nachzufragen, ob ich das alles auch richtig verstand.

»Bitte frag ihn, ob es ihm gut geht.«

Und ihr berichtete er dann noch ausführlicher, dass es ihm wunderbar gehe und es ihm so gut in dem Kinderheim gefalle. Er sei so glücklich, er könne zur Schule gehen und Fußball spielen, seine große Leidenschaft, habe seine eigenen Schulbücher, bekomme genug zu essen und schlafe sogar in einem richtigen Bett.

Dann bat ich Joycelyn: »Bitte frag ihn doch mal, ob er sich an uns erinnert.«

Seine Antwort war, ja, an mich könne er sich erinnern. Er wisse zwar nicht, wo wir hergekommen waren. Aber er wisse, wir hätten ihn gerettet.

Ich kann gar nicht ausdrücken, was das bedeutet, wenn ein kleines Kind so etwas zu dir sagt.

Joycelyn, die an diesem Tag ganz still wurde, sagte zu mir:

»Bettina, ich weiß nicht, ob wir das Richtige tun. Ob wir nicht vielleicht doch alle Kinder auf der Stelle aus diesen Dörfern holen sollten. Wenn man sich diese beiden Jungs anschaut, dann kommt es mir vor, als sei jeder weitere Tag, den die Kinder bei den Fischern verbringen müssen, ein Tag zu viel.«

Uns allen kamen die Tränen. Tränen der Freude, aber auch Tränen der Anspannung, in der wir uns ja immer noch befanden.

»Doch, Joycelyn«, sagte ich schließlich. »Wir machen es schon richtig. Wir holen die anderen auch noch raus. Alles schön eins nach dem anderen.«

Und das sagte ausgerechnet ich, die am liebsten mit einem Bus an den See fahren würde und alle Kinder einladen, die für die Fischer arbeiten müssen.

Während der Heimfahrt waren wir alle ziemlich still und hingen unseren Gedanken nach. Alle dachten wir an die Kinder, die noch am See waren. Auf einmal rief Emmanuel:

»Oh, du liebe Güte, wir müssen ja noch die Penisse abholen.«

Und ich: »*Was* müssen wir abholen?«

»Na, die Holzpenisse für die Schwangerschaftsberatung.«

Da brachen wir alle in Gelächter aus, und der Bann war gebrochen.

Wir fuhren noch rasch bei unseren Holzschnitzern vorbei, die für Madamfo Ghana wunderschönes Kunsthandwerk für den Bazarverkauf in Deutschland herstellen. Die hatten jetzt den Sonderauftrag erhalten, für uns zehn hölzerne Penisse für unser Familienplanungs-Programm zu schnitzen. Da gab es natürlich ein großes Hallo, und wir waren alle froh, wieder lachen zu können.

Noch am selben Abend rief ich den Redakteur, mit dem wir den Bericht gedreht hatten, an und erzählte ihm, dass wir heute Daniel und King im Kinderheim besucht hatten. Er wollte alles haarklein wissen und bedauerte, nicht dabei gewesen zu sein.

Und so ging dieser Tag zu Ende, der für mich seit jenem abenteuerlichen Brunnenbau in Apewu, als das Ganze zunächst zu scheitern drohte und dann doch noch gelang, zu den schönsten zählte, die ich jemals erlebt habe.

Zu sehen, wie sehr sich die beiden Jungen in der behüteten Umgebung des Kinderheims entwickelt hatten, wie liebevoll sie waren und wie verantwortungsvoll sie mit dem umgingen, das sie ihr Eigen nennen durften, hat mir gezeigt, dass wir genau das Richtige tun. Und wenn ich mich manchmal wieder über die Fischer ärgere, wenn mir in schwachen Stunden der verständnisvolle und kooperative Weg, den wir mit ihnen eingeschlagen haben, zu mühselig erscheint und ich am liebsten mit einem Aufmarsch an Militär da reinginge, um die Kinder herauszuholen, so richte ich mich an dieser Erinnerung wieder auf: Daniel und King, wie sie aus der Schule kommen, lachend, die nassen Schuhe versorgend, voller Stolz uns ihre Betten zeigend, im Gespräch vertrauensvoll die Hand auf meinen Arm gelegt und beim Abschied einhellig winkend. Dann stelle ich mir vor, wie es ihnen in zwanzig, fünfundzwanzig Jahren ergehen wird, wenn sie nach der Schule eine gute Ausbildung erhalten haben und hoffentlich die traumatischen Erlebnisse ihrer Kindheit verarbeiten konnten und ein normales, erfülltes Leben führen werden.

Es lohnt sich, sage ich mir dann. Daniel und King waren die ersten beiden. Inzwischen haben wir mehr als hundert Kinder dort herausgeholt, und täglich geht es weiter. Ich werde nicht ruhen, bis auch das letzte Dorf an diesem riesigen See mit dem unübersehbaren, verzweigten Ufer seine Kindersklaven freigeben wird. Und wenn mich diese Aufgabe mein restliches Leben lang beschäftigen wird.

Wenn ich zurückdenke, wie schwierig es uns die Fischer machten, wie mühsam es war, ihr Vertrauen zu gewinnen! Denn auch nach der Rettung von Daniel und King waren die Fischer noch lange nicht überzeugt. Ich erinnere mich zum Beispiel an eine Begebenheit, als wir mit unseren Verhandlungen an einen toten Punkt gekommen waren. Und zwar machte ausgerechnet Daniels früherer Master Theater, der auf einmal behauptete, er sei der Vater des Jungen. Die anderen allerdings erklärten uns, dass er Daniels

Stiefvater war, der neue Partner von Daniels Mutter. Er wollte den Jungen um jeden Preis zurückhaben. Wie auch immer die verwandtschaftlichen Verhältnisse genau waren, mich interessierte mehr, dass sich nach Daniels Überführung ins Kinderheim herausgestellt hatte, dass er jahrelang mit Elektrokabeln verprügelt worden war. Davon zeugen feine Striemen auf seiner Haut, die sich über seinen ganzen Körper ziehen. Und jetzt glaubte dieser brutale Kerl, der einen Achtjährigen mit dem Paddel schlug und zuvor regelmäßig mit einem Elektrokabel quälte, dass ich das Kind, das sich so wunderbar in der geschützten Umgebung des Kinderheims entfaltete, wieder herausgeben würde?

Rechtlich besaß der Mann gar keine Handhabe, denn das Gericht hatte Madamfo Ghana die Care Order, also das Sorgerecht, übertragen. Aber er sorgte im Dorf für Unruhe, und das erschwerte unsere Arbeit. Dazu kam noch ein dummer Streit über die Nutzung eines Bootes, das wir für die Fischer gekauft hatten. Kurz: Meine Geduld war mal wieder am Ende, und ich plante in jedem der beiden Dörfer ein Stammestreffen, um die Menschen dort zur Raison zu bringen.

Diesmal nahm ich mir vor, stärkere Geschütze aufzufahren als sonst. Ich sprach bei der Regionalbehörde in Kpando vor, der nächstgrößeren Stadt, und konnte mehrere höhere Beamte wie einen Repräsentanten des DCE (District Chief Executive), des Ministeriums für Frauen und Kinder sowie von der CHRADJ (Commission on Human Rights and Administrative Justice) davon überzeugen, einmal ihre Bürosessel im Stich zu lassen und mit uns zu diesen Stammestreffen zu fahren. So waren wir eine stattliche Anzahl von Leuten, die an jenem Tag in den Dörfern eintrafen.

Wenn ich solche offiziellen und möglicherweise auch kritischen Treffen vor mir habe, dann kleide ich mich ganz bewusst als afrikanische Nana ein. Das ist ungefähr so, als würde ich in Deutschland als Vorstandsvorsitzende eines Konzerns mein teuerstes graues Kostüm anziehen und mehrere Verdienstkreuze, vom Bundespräsidenten persönlich verliehen, am Kostümkragen tragen.

Die Leute sehen dann meine weiße Haut und mein blondes Haar, aber alles andere ist hundertprozentig afrikanisch, nicht nur meine Kleidung, auch mein Auftreten, mein Reden, meine Gesten. Ich kenne die Rituale und Gebräuche und bin vom Scheitel bis zur Sohle Nana Enimkorkor. Mit den Vertretern der lokalen Regierung in meinem Rücken war ich an jenem Tag eine Größe, die sie nicht so leicht ignorieren konnten. Als selbst der Deputy aussprach, was alle wissen, die Fischer aber nur zu gern vergessen, nämlich dass sie alle gegen das Gesetz verstoßen, war es den Versammelten anzusehen, dass sie verstanden hatten, welche Zeit für sie nun angebrochen war. Dennoch geht es natürlich nicht ohne Diskussion ab. Jeder muss seine Meinung kundtun, und so auch Daniels Vater. Dass er allerdings so überhaupt nicht punkten konnte in dieser Versammlung, das hatte er offenbar nicht erwartet. Am Ende, als der offizielle Teil bereits vorüber war und ich mit den Regierungsvertretern eine kurze Bootsfahrt hinaus zu den Käfigen mit den ersten Aquakulturen machte, schnappte sich Daniels angeblicher Vater Roland Kumfo, unseren Care Officer. Er erzählte ihm, dass er vier Jahre im Gefängnis gesessen habe. Und ob Roland auch wissen wolle, warum? Weil er einen Mann, der schlafend auf einer Bank vor seiner Hütte lag, mit Benzin übergossen und dann angezündet hätte. Dazu grinste er und wollte Roland, der ihm ja, wie er es sah, den Jungen weggenommen hatte, ganz offenbar einschüchtern.

Und solche Männer halten kleine Kinder als Arbeitssklaven!

Am Voltasee arbeiten, und das ist nur eine ungefähre Schätzung, die auf keinerlei Datenmaterial zurückgreifen kann, mehrere tausend Kinder.

Der Bericht in der Fernsehsendung brachte uns eine Resonanz ein, die mich geradezu überwältigte. Allein an einem Tag erhielt ich zweitausend E-Mails, und ich wusste nicht, wie ich die alle beantworten sollte. Die Menschen waren so berührt von den Szenen in dem Fischerdorf, dass sie bereit waren, unsere Sache für die Kindersklaven, jeder nach seinen Möglichkeiten, zu unterstützen.

Ich bin all diesen Menschen so unendlich dankbar, dass ich es gar nicht ausdrücken kann. Es ist wunderbar, über diese Geschichte, die mir selbst derart zu Herzen geht, mit vielen mir unbekannten Menschen in Kontakt zu kommen.

Inzwischen sind in den beiden Dörfern, mit denen wir in Verhandlungen getreten sind, die Ergebnisse sichtbar. In einem Zeitraum von Dezember 2010 bis März 2011 konnten die Fischer, die sich an unserem Projekt beteiligt haben, den ersten Fang einholen.

Dieses Erlebnis hat auch die dicksten Starrköpfe davon überzeugt, dass das Fishfarming mit Madamfo Ghana eine gute Sache für sie ist.

Besonders freut mich, dass gerade Daniels früherer Master und sogenannter Stiefvater, der zu unseren erbittertsten Gegnern gehört hatte, auf einmal verstand, was für eine gute Sache das doch ist. Hier zeigte sich, dass Em-

Fishfarm-Projekt

manuels große Geduld Früchte trug, mit der er mit den Fischern und besonders mit diesem schwierigen Mann sprach, ihnen immer wieder aufs Neue erklärte, wie das mit dem Fang der Fische vonstatten gehen wird, bis es auch der letzte nach monatelanger Überzeugungsarbeit endlich begriffen hatte.

Denn zunächst dachten diese misstrauischen Menschen, dass Madamfo Ghana am Ende den gesamten Profit einstreichen würde, während sie selbst leer ausgingen. Ich weiß gar nicht mehr, auf wie vielen Stammestreffen Emmanuel den Fischern erklärte, dass es ihr Projekt ist und sie die Nutznießer des Ertrags sein werden, aber sie konnten oder wollten das nicht verstehen.

»Wir arbeiten doch nicht für diese Leute!«, schimpfte Daniels ehemaliger Master. »Die wollen doch nur, dass wir für sie die Fische großziehen, und am Ende machen sie sich mit dem Profit davon!«

Was will man von Menschen anderes erwarten, die es nicht besser kennen, als dass jeder gegen jeden ist und Menschenrechte seit Generationen mit Füßen getreten werden? Menschen, die es gewohnt sind, vom anderen übervorteilt zu werden? Die außerdem auch einen begrenzten Horizont haben und es nicht gewöhnt sind, so komplexe Projekte durchzuführen? Hier kann nur unendlich große Geduld etwas bewirken, und die bringt Emmanuel Gott sei Dank mit. Über Monate hinweg fuhr er zwei bis drei Mal in der Woche an den See und sprach mit den Männern. Erklärte alles noch mal von vorn. Und irgendwann zeigte dieses Vorgehen Früchte.

Das entscheidende Datum war der 1. Dezember 2010. An diesem Tag holten die Fischer, die bei unserem Projekt mitmachten, die ersten ausgewachsenen Fische aus den Käfigen. Die größten wurden aussortiert und in die Boote verladen. Die Tilapien waren prächtig gediehen, und das

Dorf war voller Fischeinkäufer aus dem gesamten Land, die uns den Tilapia nur so aus den Händen rissen. Noch nie waren so viele fremde Menschen in diese Dörfer gekommen, und die Fischer waren überwältigt von dem Erfolg. Doch das war erst der Anfang. Käfig um Käfig wurde geleert, und immer gab es mehr Käuferwünsche als Fische.

Emmanuel hatte vom Fischereiministerium eine Reihe von Telefonnummern von Händlern und Händlerinnen erhalten und sie der Reihe nach angerufen. Diese hatten wiederum ihren Freunden und Kollegen davon weitererzählt, die berühmte afrikanische »Buschtrommel« – heutzutage allerdings via Mobiltelefon – hatte wunderbar funktioniert. So kam es, dass wir uns vor Käufern kaum retten konnten. Tilapia ist in Ghana ein »hot cake«, es herrscht eine unglaubliche Nachfrage auch von guten Restaurants und Hotels im ganzen Land danach, und diese Erfahrung war vollkommen überwältigend für die Männer am See, die bislang nur ein paar Fische pro Tag in ihren Netzen gehabt hatten.

Und nicht nur der Erlös der Tilapien brachte für das Dorf eine Wendung zum Besseren. Die Fischer selbst erhielten vom Fischereiministerium ein Training, um ihre Fangtechniken zu optimieren. Zum Beispiel lernten sie, welche Art von Netzen sie für welche Fische verwenden sollten, um ihre Fangquoten zu optimieren und gleichzeitig die Bestände zu schonen. Allein schon der Hinweis half, sie sollten doch ihre Netze um die Käfige herum plazieren, denn das Futter der Käfigfische lockt die frei lebenden Kollegen an.

So kam es, dass sogar Daniels früherer Master die größte Kehrtwendung seines Lebens vollzog: Vom erbitterten Madamfo-Ghana-Gegner wurde er zu einem der feurigsten Unterstützer unserer Sache. Manche müssen es eben erst mit eigenen Augen sehen, bis sie an das Gute, das man ihnen anbietet, glauben können. Wir sind alle sehr erleichtert, dass das Dorf nun nach so langen Diskussionen endlich erlebt hat, dass wir ihnen keine Lügen erzählen.

Erst im März 2011 war die erste Fischernte in diesen Dörfern vollkommen abgeschlossen. Den gesamten Ertrag für den verkauften Fisch nahm übrigens Emmanuel ein, und er kam auf ein besonderes Konto. Von dieser Summe werden nun für die beiden Dörfer neue Babyfische gekauft, die in die Käfige für die zweite Runde eingesetzt werden, sowie das Futter, das sie während der sechsmonatigen Wachstumsphase brauchen. Danach behält Madamfo Ghana eine weitere Summe ein. Einen Teil des Erlöses behalten wir bei jeder neuen Runde ein, um dasselbe Projekt dann in Zukunft in zwei neuen Dörfern zu starten. Was dann übrig bleibt, wird unter den Fischern gerecht verteilt oder in ein Projekt ihrer Wahl investiert, zum Beispiel in einen Brunnen. Wer nur zugeschaut hat, der geht für dieses Mal leer aus und ist das nächste Mal sicherlich ganz vorne mit dabei.

Emmanuels Mühe und Plage, unsere Geduld und Langmut haben sich also gelohnt. Schließlich müssen diese Männer in kurzer Zeit einen Entwicklungsprozess durchlaufen, der an anderen Orten viele Jahrzehnte lang währte.

Es geht dabei um vieles, was geübt werden muss: Aus Einzelkämpfern müssen Teams entstehen, deren Mitglieder sich untereinander vertrauen. Statt von heute auf morgen zu leben, müssen diese Menschen lernen, eine langfristige Strategie zu verfolgen, und begreifen, was Zukunftsdenken heißt. Sie müssen ein Unrechtsempfinden entwickeln gegenüber einer Haltung, die seit Generationen üblich war – nämlich Kinderarbeit. Sie müssen lernen, dass man auch uns Fremden vertrauen kann, und das können sie wahrscheinlich nur, wenn sie unsere Motivation begreifen. Sie können sich vermutlich nicht vorstellen, dass eine Weiße und ihr Team einheimischer Mitarbeiter ohne jeden Profitgedanken, nur zum Wohl der Kinder, solche Mühen auf sich nehmen. All das ist nicht von heute auf morgen zu vermitteln. Im Gegensatz zu meinen anderen Projekten bin ich hierhergekommen und habe ihnen gesagt, dass das, was sie machen, nicht in Ordnung ist. Keiner hat mich gerufen, keiner mich gebeten, etwas für sie oder die Kinder zu tun. Im Grunde stören wir sie in ihrer Ruhe – obwohl die Klügeren unter ihnen mir bereits offen anvertrauten, dass es ihnen trotz der Kindersklaven wirtschaftlich alles andere als gut ging, bevor wir auftauchten. Gerade die Tatsache, dass sie der Meinung sind, ohne die Arbeit der Kinder nicht überleben zu können, zeigt ja, auf welch tönernen Füßen diese Gesellschaft gebaut war. Sobald sie uns nicht mehr als Eindringlinge sehen, sondern als Chance begreifen, wird alles viel leichter sein.

Kapitel 14

Von der Krankenschwester zur Managerin

Seit wir nicht mehr ein Projekt nach dem anderen planen und durchführen, sondern alles mehr oder weniger parallel laufen muss, bin ich nicht mehr nur Krankenschwester und Projektleiterin, sondern auch noch eine Art Managerin geworden, ohne dass ich merkte, wie das kam. Auch dies ist ein Grund, warum mein Studium so wichtig ist. Allein in den vergangenen fünf Jahren ist Madamfo Ghana derart erfolgreich gewachsen, dass ich manchmal nur den Kopf schüttle und staune, wenn ich einmal Zeit habe, darüber nachzudenken. Ich selbst muss natürlich mit dem Verein »wachsen«, und tue nichts lieber als das, denn es macht ungeheuren Spaß. Die Balance zwischen dem, was ich plane und als Managerin koordiniere, und dem, was ich von außen auf mich zukommen lasse, ergibt sich häufig ganz intuitiv. So handhabe ich das auch bei den Projekten. Natürlich haben wir eine Liste mit Vorhaben, die nacheinander an der Reihe sein werden. Dennoch ist es möglich, dass von heute auf morgen eine andere Sache an die erste Stelle rückt, wenn eine Abordnung von Chiefs mit einem Antrag an mich herantritt, der Hand und Fuß hat und mich wirklich überzeugt. Ähnlich wie unsere Reisen hängt auch die Durchführung und Reihenfolge unserer Projekte oft von äußeren Umständen ab: von der Jahreszeit, denn manchmal kann man aufgrund des großen Regens eine bestimmte Sache nicht gleich erledigen, oder von den Mitarbeiterteams, die Victor und Emmanuel zur Verfügung stehen. Meine Jahre in Afrika haben es mich gelehrt, gleichzeitig zu agieren und auch zu reagieren, nur so schaffen wir es, ein derart großes Quantum an Projekten jährlich durchzuführen. Wir müssen nicht erst neue Mitarbeiter einstellen, um ein weiteres Vorhaben durchzuführen, denn unsere »Mitarbeiter« sind ja schon da: die Dorfbewohner. Deswegen können wir auch ohne Qualitätsverlust oder großen Stress viele Projekte gleichzeitig durchführen. Grenzen werden uns wenn, dann durch die nicht vorhandene Infrastruktur gesetzt, wenn es zum Beispiel mal wieder keine Straße gibt oder eine Brücke durch den Regen weggeschwemmt wurde. Dies ist uns erst im letzten Jahr in der Brong-Ahafo-Region passiert und bedeutete für uns jedes Mal einen Umweg von zusätzlich vier Stunden.

Fest steht, hätte ich Emmanuel nicht kennengelernt, dann wäre all das gar nicht möglich. Wahrscheinlich säße ich noch heute in Apewu und würde von meinem privaten Geld im Kleinen helfen. Denn einen solchen vertrauensvollen einheimischen Mittelsmann braucht es einfach für diese Art von Arbeit. So eine Zusammenarbeit kann man sich nicht suchen, die muss auf einen zukommen, die findet dich oder du findest sie nie.

Bin ich in Ghana, dann bin ich die meiste Zeit auf Achse. Es macht mir unendlich viel Freude, zu sehen, wie schnell man hier in Afrika etwas bewegen kann. Dass man mit relativ wenig Geld so viel bewirkt. Die Begeisterung der betroffenen Menschen, die entschädigt mich für alles. Da ist zum Beispiel jene ältere Leprakranke in Ho, die endlich in ihr neues Häuschen einziehen konnte und einen Freudentanz aufführte, mich umarmte und herzte. Oder das junge Mädchen in Apewu, dessen Arm gebrochen war und der steif geblieben wäre, hätten wir nicht interveniert. Jedes Mal, wenn ich nach Apewu komme, besucht sie mich und zeigt mir stolz, wie gut sie ihren Arm bewegen kann.

Ja, auch heute noch fahre ich, wann immer es geht, in

»mein« Dorf Apewu, auch wenn es nach Meinung meiner Freunde dort viel zu selten vorkommt. Und auch hier geht es immer weiter, es gibt immer neue Ansätze, die Situation zu verbessern, und wir arbeiten inzwischen in vielen weiteren Dörfern am See.

Neulich erzählte mir der Schulleiter Anthony von den Schwierigkeiten, gutes Lehrpersonal nach Apewu zu bekommen.

»Das Problem ist«, erklärte er mir, »dass wir den Lehrern keine anständigen Unterkünfte anbieten können. Darum will hier keiner herkommen.«

Das war so einfach wie logisch. Also ist es eines unserer nächsten Ziele, Lehrerwohnungen zu bauen.

Im Nachbarort Banso war der alte Chief vor kurzem gestorben, und sein eben erst eingesetzter Nachfolger trat an mich heran mit dem Wunsch, eigenes Wasser für sein Dorf zu bekommen. Die Bewohner von Banso holen an demselben schmutzigen Bach Wasser wie zuvor die Leute von Apewu, wenn sie nicht den zwanzigminütigen Fußweg ins Nachbardorf auf sich nehmen wollen, um dann einen Eimer mit sauberem Trinkwasser auf dem Kopf den ganzen Weg bis nach Hause zu tragen. Denn der ist beschwerlich, der Bach hat eine kleine Schlucht zwischen den beiden Dörfern gegraben, und zu seinem Bett, kurz bevor er in den See mündet, fällt das Gelände zu beiden Seiten recht steil ab. Ich sah durchaus ein, dass auch Banso einen Brunnen nötig hat. Banso ist das letzte Dorf am See, das nur von Apewu her zugänglich ist, und darum ist es undenkbar, ein Bohrfahrzeug hierherzubringen. Davon abgesehen, dass die damals für den Brunnen von Apewu gebaute Straße inzwischen längst Regengüssen und Überflutungen zum Opfer fiel.

Also machte ich einen Besuch in Banso und diskutierte mit den Leuten dort verschiedene Möglichkeiten.

Eine Wasserleitung von Apewu nach Banso schien uns wegen der Schlucht ebenfalls nicht praktikabel. Wir überlegten hin und her, bis mir der zündende Einfall kam. Weit oben am Kraterrand liegt nämlich ein anderes Dorf, das über eine sehr gute Wasserversorgung verfügt.

»Wäre es möglich«, fragte ich Emmanuel, »von dort eine Leitung nach Banso herunter zu legen?«

Die Entfernung ist ziemlich weit, der Aufwand, Leitungen von dort herunter zu verlegen, immens. Dennoch

Emmanuel und ich treffen den zuständigen Chief
von Banso zur Vorbesprechung eines Wasserprojektes

meinte Emmanuel, dass dies ein gangbarer Weg wäre, um Banso mit gutem Wasser zu versorgen.

»Ihr seid es«, sagte ich zum Chief, »du und deine Leute, die die Grabungsarbeiten leisten müsst. Wir bezahlen die Leitungsrohre, aber verlegen müsst ihr sie unter Emmanuels Anleitung selbst. Seid ihr dazu bereit?«

Begeistert sagten die Männer von Banso zu. Wieder folgte meine kleine Ansprache bezüglich eventueller Beerdigungsfeiern, die während der Bauarbeiten auf den engsten Familienkreis beschränkt bleiben müssten. Ich werde nie vergessen, wie die Augen des Chiefs und die seiner Männer leuchteten, als wir das Projekt beschlossen.

Für mich ist es immer wieder eine Wohltat, zwischen

das großangelegte Kindersklavenprojekt so etwas Lohnendes und Befriedigendes einzuschieben wie dieses Wasserleitungsprojekt für Banso. Die Arbeit ist überschau- und finanzierbar, der Wunsch kommt vom Dorf selbst, die Menschen sind hochmotiviert, sich zu engagieren. Nach kurzer Zeit sieht man bereits den Nutzen des Projektes: Sobald das saubere Wasser fließt, sinken die Fälle von Durchfallerkrankungen ebenso wie der Wurmbefall und rätselhafte Ausschläge.

Auch die Dörfer rund um den Bosomtwisee und jene oben am Kraterrand konnte ich nach und nach mit unseren bewährten Toilettenanlagen versorgen. In Sachen Hygiene ist dies immer die Nummer eins, gleich gefolgt von gutem Trinkwasser. Ist ein Dorf damit versorgt, dann stimmt wenigstens die Basis, und man kann dann mit den Maßnahmen für die Ausbildung der Kinder weitermachen.

Ebenso sehr freue ich mich an den Fortschritten, die wir dank unserer großzügigen Sponsoren in Ho machen. Bereits ein Jahr nach dem Besuch des Stellvertretenden Vorsitzenden der Stiftung, die uns seit Jahren so großzügig unterstützt, konnten wir mit dem Bau einer Krankenstation für die Leprakranken beginnen. Im Herbst 2010 weihten wir das Zentrum ein und nahmen es in Betrieb. Zu der Anlage gehört auch eine kleine Küche samt Speisesaal.

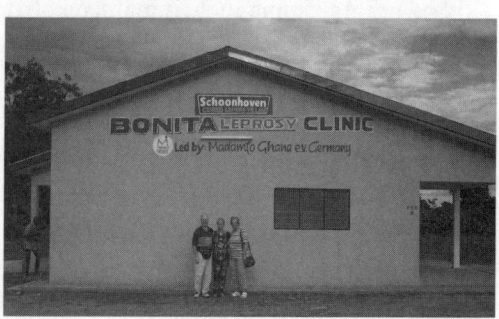

Die Lepraklinik in Ho am Tag der Einweihung

Hier erhalten die Patienten täglich eine warme Mahlzeit, was für die ausgezehrten und geschwächten Menschen ein wahres Labsal ist. Außerdem ist auf diese Weise sichergestellt, dass ihre Wunden fachgerecht und unter hygienischen Bedingungen behandelt und verbunden werden.

Inzwischen haben wir eine Krankenschwester, die speziell für die Behandlung von Leprakranken ausgebildet wurde. Sie macht regelmäßig Hausbesuche und schaut nach den Wunden und dem gesamten Gesundheitszustand der Betroffenen. Dies ist insofern wichtig, als Krankheiten frühzeitig erkannt und Ansteckungen vermieden werden können. Die »Cured Lepers Foundation« baut weiterhin Wohnungen und hat für die Kinder eine Schule finanziert. Es ist wunderschön für mich, diese Menschen in den neuen wie in den alten Dörfern zu besuchen, ihr Humor, ihre Begeisterungsfähigkeit nach all dem Leid, das hinter ihnen liegt und das sie immer noch erdulden, sind jedes Mal wie Balsam auf meine Seele, der mich neu motiviert weiterzumachen. Natürlich kann man nie genug für diese Menschen tun. Ständig werden Leprakranke als geheilt entlassen, und viel zu langsam geht der Häuserbau vonstatten. Auch Madamfo Ghana hat bereits einige dieser Wohnungen finanziert, damit die schlimmsten der hühnerstallähnlichen Behausungen in den alten Lepradörfern hoffentlich bald nicht mehr gebraucht werden.

Hier prägte Emmanuel einmal jenen Satz, der zu unserem Motto wurde: »*So little done, so much to do.*«

Ein Satz, der deprimieren könnte, hätte man eine andere Lebenseinstellung, als wir sie haben. Denn solange es etwas zu tun gibt, werde ich, Bettina Landgrafe, Nana Enimkorkor, nicht ruhen.

Ein echter Segen für unsere Arbeit war eine Spende: unseren Geländewagen, den wir, anlässlich der Wahlen 2008 in den USA und dem begeisterten Schlachtruf, den man damals in Ghana an jeder Ecke hörte, »Obama! Obama!« nannten. Mit Obama kam das Auto, und so war es klar, wer sein Namenspate werden würde: Ich checkte die Frachtpapiere des Wagens und stellte fest, dass er aus Chicago, Illinois kam – genau wie Barrack Obama. Über den Marktplatz hinweg rief ich Emmanuel zu: »Emma! Der Wagen kommt aus Chicago, genau wie Obama!«, und er rief zurück: »Obama! Obama!« So bekam der Wagen seinen Namen.

Mit »Obama! Obama!« hat sich meine Arbeit in Ghana nahezu revolutioniert. Nicht länger hänge ich an Busbahnhöfen fest, stecke in überfüllten Trotros, bin auf die Busrouten angewiesen, brauche für vierhundert Kilometer an schlechten Tagen 24 Stunden. Schon drei Tage nach dem Ankauf rettete Obama gleich drei Leben. Emmanuel war mit Obama unterwegs im Busch der Brong-Ahafo-Region, um Medikamente und Verbandsmaterial für unsere Klinik in Brodi zu kaufen. Da lag auf einmal mitten auf der Straße eine hochschwangere Frau.

Emma hielt sofort an und fragte, warum sie hier mitten im Busch auf der Straße liegen würde. Sie erzählte, dass sie zu einem Krankenhaus unterwegs sei, weil sie Wehen habe, aber nun sei es zu spät, die Wehen seien in vollem Gang. Sie war drauf und dran, auf der Straße zu entbinden.

Emma lud sie ein und raste mit ihr ins Distriktkrankenhaus. Sie kamen gerade noch rechtzeitig dort an, und die Frau brachte Zwillinge zur Welt. Was wohl geschehen wäre, wenn Emmanuel mit Obama nicht dort vorbeigekommen wäre?

So ist »Obama! Obama!« zugleich Notfallwagen, Medikamenten-Kurier, Buschtaxi und mein mobiles Büro: Mit meinem Internetstick kann ich, während Emmanuel uns fährt, auf dem Beifahrersitz E-Mails checken und be-

antworten, die Madamfo-Ghana-Internet- und Facebookseite aktualisieren, ja, quer durch Afrika meine Büroarbeit
erledigen.

Wir sind einfach unschlagbar schnell geworden. So ist es
mir möglich, innerhalb von vier Wochen alle Gebiete aufzusuchen, in denen Madamfo Ghana sich mit Projekten
engagiert. Und die liegen ganz schön weit im Land verstreut. Außerdem hat »Obama« auch schon viele Menschenleben gerettet, wenn Emmanuel jemanden auf diese
Weise rasch in eine Klinik befördern oder lebensnotwen-
dige Medikamente viel schneller vor Ort bringen konnte.
Dieses Fahrzeug ist wirklich ein Segen, und tatsächlich
brauchen wir dringend ein zweites, damit ich Victor ebenfalls den Führerschein machen lassen kann. Wir bekamen
im Mai 2011 Besuch von einem Vertreter der Sozialversicherung Ghanas, der unsere Unterlagen im Büro in Accra
prüfte und der nicht davon zu überzeugen war, dass wir
alles das, was wir leisten, mit nur einem Auto vollbringen.
Da unsere Einsatzorte zunehmend weit im Land verstreut
sind, müssen wir in Zukunft noch mobiler werden.

Und ständig stoßen wir auf neue Probleme, die gelöst werden wollen und mich vor neue Herausforderungen stellen.
So wie der Bau des Kinderheimes in Ho. Je mehr Kinder
wir befreien, desto schneller bemerkten wir, dass die Hei-
me der Region bei Weitem nicht so viele Kapazitäten haben, wie wir langfristig benötigen. Inzwischen kooperieren wir mit verschiedenen Einrichtungen. Werden die
Kinder gebracht, dann kaufen wir ihnen Betten und alles,
was sie brauchen. Wir schließen Krankenversicherungen
für die Kinder ab und bezahlen selbstverständlich deren
Verpflegung. Auch dafür suchen wir ständig Sponsoren
und freuen uns über jede einzelne Spende.

Eines Tages brachte Joycelyn die Sache auf den Punkt.

»Wo sollen wir all die Kinder unterbringen, wenn wir weiterhin so einen Erfolg haben?«, meinte sie.

Das war eine gute Frage.

»Dann bauen wir eben ein eigenes Kinderheim«, meinte ich fröhlich.

Joycelyn schaute mich mit großen Augen an.

»Dir würde ich das tatsächlich zutrauen!«, lachte sie.

Etwas von der Größenordnung eines Kinderheims hatte ich natürlich noch nie in Angriff genommen. Aber schließlich ist mein Motto: Der Mensch wächst mit seinen Herausforderungen. Ich sprach mit Emmanuel darüber. »Was meinst du«, fragte ich ihn, »wo sollten wir ein Kinderheim bauen?«

»In Ho natürlich«, sagte er. »Das liegt zentral, und außerdem kennen wir hier eine Menge Leute. Es liegt weit genug vom Voltasee entfernt, falls die ehemaligen Master der Kinder Theater machen wollen. Und es liegt nahe genug, falls die Kinder zu ihren Eltern zurückgeführt werden können.«

Denn selbstverständlich ist das unser Ziel: langfristig die Eltern der Kinder ausfindig zu machen und gemeinsam mit ihnen eine Perspektive zu entwickeln, die es ihnen erlaubt, ihre Kinder bei sich zu haben, um dann, falls es den Kindern zuträglich sein sollte, sie zu den Familien zurückzuschicken. Dies wird in jedem einzelnen Fall individuell und sehr sorgfältig untersucht und beurteilt werden. Denn Eltern, die ihre Kinder schon einmal verkauft und sie vielleicht jahrelang nicht gesehen haben, müssen nicht unbedingt das beste Verhältnis zu ihren Kindern entwickelt haben. An erster Stelle steht bei uns das Wohl der Kinder, und ihre Wünsche werden ebenfalls berücksichtigt werden. Ich behalte außerdem die Zukunft dieser jungen Menschen im Auge, und eine gute Schulausbildung ist nun mal das A und O für ein besseres Leben in Afrika. Ich gehe allerdings auch davon aus, dass die Eltern ihre Kinder aus purer Not für Geld an die Fischer abgegeben haben und sehr glücklich sein werden, eine Alternative zu diesen althergebrachten Gebräuchen aufgezeigt zu bekommen.

Doch zuvor müssen die Kinder, haben wir sie erst einmal aus der Sklaverei befreit, an einen sicheren Ort gebracht werden. An einen Ort, wo sie sich von den Strapazen der schweren Arbeit und den Folgen der ständigen Angst, in der sie lebten, erholen und einfach Kind sein können. Wir müssen sicherstellen, dass eventuelle Krankheiten auskuriert und die Folgen ihrer traumatischen Erfahrungen behandelt werden. Einen Ort, an dem sie sich

Team gegen den Kinderhandel v. l. n. r.: Stanley, Bettina, Joycelyn, Emmanuel

wohl fühlen und das nachholen können, was für Kinder in Deutschland selbstverständlich ist: unbeschwert zu spielen, genug zu essen zu haben und die Möglichkeit zu lernen. Und je länger ich darüber nachdachte, desto mehr nahm das noch nicht existierende Madamfo-Ghana-Kinderheim in meiner Fantasie Gestalt an.

Es soll genügend Kindern Raum bieten und hell und freundlich sein. Neben den Schlafräumen wird es auch ausreichend Platz zum Spielen geben. Wir werden Blumen und Bäume auf dem Gelände pflanzen, und alles sollte einladend und angenehm sein. Für all das brauchten wir einen ziemlich großen Bauplatz.

»Wer könnte uns ein so großes Grundstück verkaufen?«, fragte ich Emmanuel.

Der wandte sich an seine Freunde und Verwandten, und es stellte sich heraus, dass sein eigener Onkel viel Grund besaß, der gerade erschlossen wurde. So bald wie möglich bat ich Emmanuel, mir das Grundstück zu zeigen. Es lag am Rande der Stadt, aber es war klar, dass die aufstrebende Provinzhauptstadt bald über ihre Ränder hinauswachsen würde. Mir gefiel das Land, und da es im Moment noch etwas entfernt vom Stadtkern lag, war der Preis auch erschwinglich. Emmanuel stellte mich seinem Onkel vor, und das förmliche Verhandlungsprozedere, wie es in Ghana üblich ist, begann. Wir trafen uns im Haus der Familie, tranken Tee miteinander, sprachen über dies und das, bevor Emmanuel zum schicklichen Zeitpunkt das Gespräch auf den Kauf des Grundstücks brachte. Ein Preis wurde genannt, der sich auf einen sogenannten *plot* bezog, das sind die üblichen Einheiten für ein Wohnhaus, 90 auf 100 m groß. Für das Kinderheim brauchten wir mehrere solcher Plots. Ich nahm den Preis zur Kenntnis, ohne ihn zu kommentieren, das Gespräch drehte sich wieder um andere Dinge, nach einer Weile verabschiedeten wir uns höflich und gingen. Verhandlungen in Ghana in dieser Größenordnung müssen mit viel Fingerspitzengefühl geführt werden. In diesem Fall war Emmanuels Familie involviert, und das bedeutete für mich, dass höchste Sensibilität gefragt war. Als ich ein paar Wochen später wieder in Ho war, besuchten wir den Onkel erneut. Ich erklärte, dass ich das Grundstück für ein Kinderheim kaufen wollte, für arme, zur Arbeit gezwungene Kinder. Es ist wichtig in Ghana, diese Dinge zu erklären, auch wenn sie nicht unbedingt dazu führen, dass meine Verhandlungspartner auf der Stelle einen fantastischen Preis machen werden. Viele denken, wenn sie mich sehen, dass ich die Deutsche Bundesbank hinter mir habe, und diese Vorstellung muss ich ihnen möglichst plausibel nehmen. Natürlich will ich auch keine Almosen von meinen afrikanischen Verhandlungspartnern, ich möchte nur einen fairen Preis, den auch ein Ghanaer bezahlen würde. Also wiederholten sich unsere Besuche bei Emmanuels Onkel, immer wurde freundschaftlich und höflich geplaudert, bis wir das Thema auf den Preis des Grundstücks brachten, und jedes Mal kam er unseren Vorstellungen um ein weniges entgegen. Eines Tages besichtigte ich das Grundstück erneut, und der Onkel schickte uns einen jungen Verwandten, der einen Lageplan der einzelnen Plots bei sich hatte. Darauf war eingetragen, wie das Gelände in die Grundstücke aufgeteilt wurde, welche Parzellen bereits verkauft waren und unter welchen wir noch wählen konnten. Da ich für unser Kinderheim mehrere nebeneinander gelegene Einzelparzellen erwerben wollte, schritten wir gemeinsam das Gelände ab und suchten uns die passenden Plots aus. Ich werde nie vergessen, wie sich die Sonne dem Horizont näherte und sich eine friedvolle Abendstimmung über das Land senkte. Ich sah schon alles vor mir: die Wohnhäuser der Kinder, die Bibliothek, den kleinen Sportplatz, den Küchentrakt mit Garten und den Speiseraum, die Wohnungen des Personals, die Krankenstation. Es würde ein wunderbares Zuhause für die Kinder werden, die bis dahin eine so schreckliche Kindheit erlebt hatten. Hier würden sie sich ausruhen können, aufatmen, Hoffnung schöpfen. Ich konnte es kaum erwarten, bis es endlich so weit sein würde.

Emmanuel drängte mich zum Gehen. Er hatte recht, in wenigen Minuten brach die Dunkelheit herein. An diesem Abend besuchten wir Emmanuels Onkel erneut. Ich war entschlossen, die Verhandlungen zu einem guten Ende zu bringen. Offenbar hatte der Onkel dasselbe im Sinn. Wir einigten uns auf einen vernünftigen, beide Seiten zufrieden stellenden Preis, gaben uns die Hand darauf und verabredeten uns zum offiziellen Übergabetermin. Dazu, erklärte mir Emmanuel, würden wir eine Flasche Schnaps mitbringen, von dem würde ein Teil auf das Grundstück geschüttet, ein Teil in Gläser gegossen, die wir gemeinsam leeren würden.

Ich war sehr zufrieden mit dem Verlauf der Verhandlungen. Der Anfang war gemacht. Das Grundstück ist wunderschön, in einem Teil stehen sogar einige Bäume. Beim Abendessen besprach ich mit Emmanuel, wie es weitergehen sollte: Das Grundstück musste so bald wie möglich eingezäunt werden. Entlang des Zaunes wollen wir in Abständen Palmen pflanzen, damit sie Zeit zum Wachsen und Gedeihen haben und bereits prächtig entwickelt sind, wenn das Kinderheim fertig sein wird.

Es wird noch eine Weile dauern, bis es so weit ist. Zunächst müssen wir Bauanträge und Genehmigungen einholen. Ein Architekt hat das Heim in Absprache mit dem Ministerium für Kinder entworfen. Die Mühlen in Ghana mahlen langsam, doch auch in Deutschland ist das ja nicht anders. Für den Bau eines Kinderheimes muss man bei uns

Für die geretteten Kinder bauen wir ein Kinderheim

von der Planung bis zur Fertigstellung schließlich auch ein paar Monate rechnen.

Aber ich habe einen langen Atem. In meiner Vorstellung existiert das Kinderheim bereits, und nachts, vor dem Einschlafen, sehe ich alles ganz genau vor mir: das Kinderheim in Ho, angefüllt mit dem Leben und dem Lachen der Kinder, die endlich sie selbst sein dürfen. Das Fundament ist gelegt. Bald können die Mauern hochgezogen werden. Die geheilten Leprapatienten, die in angenehmen Häuschen wohnen, ihre Wunden sauber verbunden und gepflegt. Die Fischer, glücklich und zufrieden in Dörfern, denen man ansieht, dass sie dank der Aquakultur die schlimme Armut hinter sich gelassen haben, in denen die Kinder der Fischer spielen und zur Schule gehen, statt ihren Vätern bei der Arbeit zu helfen. Ich stelle mir vor, dass in Apewu und Umgebung die Kinder und Jugendlichen, die wir heute auf weiterführende Schulen schicken, einst dafür sorgen werden, dass die Gegend den Anschluss ans 21. Jahrhundert erhält.

All dies, das weiß ich, wird eintreffen. Es ist vielleicht noch ein ganzes Stück zu gehen bis dahin. Doch Madamfo Ghana ist das beste Beispiel dafür, was aus dem Engagement eines Einzelnen werden kann. Man muss nur fest daran glauben und nicht müde werden, alles dafür zu tun um dieses Ziel zu erreichen.

KAPITEL 15

MADAMFO GHANA AUF SENDUNG –
MIT EINEM FERNSEHTEAM QUER DURCH GHANA

Immer häufiger berichtete nun die Presse über Madamfo Ghana und unsere Arbeit in Afrika, und eines Tages erhielt ich sogar eine Einladung fürs Fernsehen. Ich sollte die Gelegenheit bekommen, den Zuschauern zu erklären, was genau wir in Ghana tun und wofür wir um Unterstützung und Spenden bitten. Ich war sehr aufgeregt und freute mich wahnsinnig darüber. Ich freute mich, weil wir so für Madamfo Ghana eine große Öffentlichkeit bekommen würden. Persönlich hätte es mir gereicht, wenn in der Sendung nur unsere Projekte vorgestellt worden wären, ich selbst hätte meiner Meinung nach gar nicht unbedingt auftreten müssen. Allerdings, so erfuhr ich, fällt es den Leuten offenbar leichter, für eine Sache zu spenden, wenn sie den Menschen vor sich sehen, der das alles organisiert. Über die Jahre ist mein Name und mein Gesicht so etwas wie ein Markenzeichen für Madamfo Ghana geworden, die Menschen vertrauen mir, und darum ist es für mich gar keine Frage, dass ich für Fernsehauftritte zur Verfügung stehe. Das ist wichtig für Madamfo Ghana, wichtig für die Projekte. Und offenbar habe ich die Gabe, die Projekte anschaulich darzustellen.

Außerdem macht es natürlich Spaß. Ich bin von Natur aus neugierig, und beim Fernsehen lernt man immer neue, nette Menschen kennen, und so manch einer hat später unsere Sache unterstützt. So ist das nun mal: Wenn ein bekannter Moderator sagt, die Projekte, die Bettina Landgrafe macht, sind gut, dann hat das eine größere Breitenwirkung, als wenn das jemand äußert, den man nicht kennt. Und darum ist es für unsere Sache gut.

Viele Leute schrieben mir nach diesen Fernsehauftritten, dass sie mich so natürlich fänden. Das kommt vermutlich daher, dass mir dieser Presserummel persönlich eigentlich egal ist. Weil ich in der Sendung rede wie sonst auch. Darum bin ich auch nicht so sehr aufgeregt, wenn es so weit ist und sie mich aus meiner Kabine abholen, sondern eher freudig erregt. Weil ich eine Chance bekomme, für meine Leute in Ghana zu sprechen.

So bin ich nun mal aufgewachsen. Meine Großeltern haben mir beigebracht, dass ich immer Bettina bin, ganz egal, ob ich irgendwo im hintersten afrikanischen Busch mit einem Chief zusammensitze oder auf dem Sofa eines Talkmasters.

Ein Filmteam war extra vor meinem Auftritt nach Ghana gereist, um unsere Arbeit vor Ort zu filmen. Sie hatten uns am Voltasee begleitet, als der kleine Daniel, der gerade eben mit dem Paddel verprügelt worden war, bei uns auftauchte. Der Film war sehr berührend, und der Funke sprang auch auf die Zuschauer über, denn das Spendenaufkommen war nach der Ausstrahlung der Sendung überwältigend.

Nach meinem Auftritt im Fernsehen erhielt ich zahlreiche Zuschauerbriefe, die ich kaum alle beantworten konnte. Die meisten waren sehr positiv und freundlich, einige aber auch skurril. Zum Beispiel schrieb mir doch tatsächlich eine Frau, dass sie es skandalös finde, dass ich so viel Geld für die Pflege meiner Haare ausgebe, wo ich doch um Spenden für arme Menschen in Afrika bäte. Ich antwortete der Dame, dass ich leider nichts dafür kann, wie meine Haare aussehen, denn genau so, wie sie sind, wurden sie mir von der Natur geschenkt. Meine Omi sagt immer, als der liebe Gott die Haare verteilt hat, da habe ich zweimal »HIER!« geschrien.

In Afrika gibt es immer genügend Hände, die sich darum streiten, meine Haare zu verschiedenen kunstvollen afrikanischen Frisuren zu flechten. Dafür bin ich dankbar, denn bei der Hitze und dem Staub gibt es nichts Besseres als Zöpfchen.

Dank der TV-Auftritte wurde die Öffentlichkeitsarbeit für Madamfo Ghana immer besser. Natürlich ist es ungemein hilfreich, wenn ein Filmteam mit nach Afrika kommt und die Menschen in Deutschland mit eigenen Augen sehen können, was wir dort unten tun.

Auf diese Art und Weise kam ich eines Tages ganz überraschend auch mit Atze Schröder in Kontakt. Ein guter Freund von ihm rief mich an und richtete mir aus, dass Atze mich im Fernsehen gesehen habe und mich nun gerne kennenlernen wolle. Meine Freude war riesengroß, als ich bei dieser Gelegenheit erfuhr, dass ein Projekt von Madamfo Ghana in den alljährlichen Spendenmarathon zum Jahresende aufgenommen werden könne. Jede Hilfsorganisation, die bei diesem Spendenmarathon antritt, erhält einen prominenten Paten. Und Atze Schröder konnte sich gut vorstellen, Pate für Madamfo Ghana zu werden.

Atze und ich trafen uns kurz darauf zum ersten Mal in Unna auf neutralem Boden. Ich hatte natürlich so meine Vorstellungen, wie er wohl privat sein und aussehen würde. Ich fürchtete, dass er aufgrund seiner Popularität möglicherweise abgehoben oder arrogant sein könnte. Doch während der ersten fünf Minuten unseres Gespräches wurde ich eines Besseren belehrt. Ich kann wirklich ohne zu übertreiben sagen, dass ich noch nie einen so bodenständigen, herzlichen und interessanten Menschen getroffen habe. Wir haben uns auf Anhieb sehr gut verstanden, und er interessierte sich wirklich bis ins letzte Detail für meine Projekte und Madamfo Ghana.

Es war geplant, dass Atze Schröder, begleitet von einem Kamerateam, nach Ghana reisen sollte, um einen Film vor Ort zu drehen. Atze fragte mich, ob er vielleicht schon ein paar Tage vorher kommen könne, um Land und Leute auf seine Weise und ohne Fernsehteam kennenzulernen. Spätestens da hatte er mein Herz erobert.

Ich bin ein Mensch, der gerne lacht, und wenn ich mit Emmanuel und Victor in Afrika unterwegs bin, da bleibt bei uns an vielen Tagen kein Auge trocken. Ich glaube, Afrika kann man ohnehin am allerbesten ertragen, wenn man eine gehörige Portion Humor mitbringt. Aber die Tage mit Atze Schröder werden in die Geschichte von Madamfo Ghana eingehen als diejenigen, an denen wir tagelang Muskelkater im Zwerchfell hatten. Wir hatten so viel Spaß! Selbst als ein heftiger Durchfall das gesamte Filmteam heimsuchte, hörten Atze und seine Begleiter nicht auf, Scherze zu machen. Die Fähigkeit, auch dann noch zu lachen, wenn einem das Wasser bis zum Hals steht, mag ich unglaublich an einem Menschen.

Wenn man einige Tage gemeinsam in Afrika unterwegs

Mit Atze Schröder in Ghana

ist, dann lernt man sich ziemlich gut kennen. Atze Schröder ist zu unserem Botschafter geworden und lässt keine Gelegenheit aus, die Menschen auf Madamfo Ghana aufmerksam zu machen und um Spenden zu bitten. Auf ihn kann ich mich hundertprozentig verlassen, und das ist, denke ich, in der Showbranche ziemlich selten.

Wir flogen alle zusammen von Accra in die Brong-Ahafo-Region, in Victors Heimat, und schon allein die Organisation dieses Inlandfluges kostete mich viele Nerven und strapazierte einige meiner Kontakte.

Zum Glück arbeitet ein Onkel von Stanley am Flughafen von Accra, und er war so freundlich, uns beim Chartern eines kleinen Flugzeuges behilflich zu sein. Ich hatte dem Filmteam geraten, einen Tag in Accra einzuplanen, damit sich ihr Organismus an den Klimawechsel gewöhnen könnte. Doch dafür war aufgrund des straffen Zeitplans keine Zeit.

Es war kein Wunder, dass die ganze Mannschaft, einmal in der Brong-Ahafo-Region mit seinem extrem trocken-heißen Klima angekommen, mehr oder weniger schlimm krank wurde. Der eine hatte einen Hitzschlag, die anderen den obligatorischen afrikanischen Durchfall. Ich werde niemals einen Abend nach einem anstrengenden Tag vergessen, an dem wir alle in den Seilen hingen. Zu all den Krankheitsfällen, die das Team heimsuchten, erwischte es an diesem Abend auch noch mich: Bei einem unglücklichen Sturz schlug ich mir das Knie auf, und die Wunde war voller kleiner Steinchen. Ich versuchte, das sorgsam zu vertuschen, denn es gibt in Ghana den Brauch, dass an der Stelle, wo eine Queen Mother zu Boden stürzt, eine Ziege geopfert werden muss. Das wollte ich aber unter keinen Umständen. Und so mussten wir absolut verhindern, dass das Dorf oder gar der Chief mitbekam, was passiert war.

Ich stand gerade unter der Dusche und versuchte, die

vielen kleinen Sandkörner aus meiner Wunde zu waschen, während meine Gäste, alle mehr oder weniger lädiert, um den Tisch unserer Unterkunft herumsaßen. Allein Atze und der Kameramann waren noch obenauf. Da klopfte es, und der Chief stattete uns einen Besuch ab. Der Kameramann, höflich, wie er nun mal ist, bat ihn herein und bot ihm etwas zu trinken an, wie man das eben in Deutschland auch machen würde. Ich hörte das unter meiner Dusche und krümmte mich innerlich. Denn gemäß der Sitte unter den Stämmen in Aschanti und Brong Ahafo war es nahezu eine Beleidigung, einem Chief etwas zu essen oder zu trinken anzubieten. Diese Verhaltensregel rührt sicher noch von alten Zeiten her, als sich die Chiefs gerne gegenseitig vergifteten, doch sie gilt auch heute noch. Das konnten meine deutschen Gäste natürlich nicht wissen, und ich hoffte inständig, dass der Chief so viel Größe haben und es den unwissenden Weißen nachsehen würde.

Nun musste ich noch das Kunststück vollbringen, aus der Dusche zu kommen, ohne dass der Chief meine blutende Wunde sah. Es gelang mir leider nicht, und als Nana Shie Bofor II. fragte, warum mein Knie blutete, sagte ich leichthin: »Ich hatte Probleme mit dem Laufen.« Er sah mich sehr verwundert an, aber er kennt meine Tierliebe und fragte zum Glück nicht weiter nach. Man konnte den Betonklotz ganz deutlich von meinem Herzen plumpsen hören.

Einige Tage später hatte ich bei einer unserer Fahrten ein Erlebnis, das mir diese Begleiter, mit denen ich ja eigentlich nur »geschäftlich« unterwegs war, noch näherbrachte. Wir standen mit dem Wagen gerade in der Provinzstadt Sampa und warteten, dass Emmanuel Trinkwasser für uns alle kaufte. Während wir also im klimatisierten Auto saßen, beobachteten wir einen alten Mann, der gemeinsam mit einem Kind einen Rollwagen, voll beladen mit irgend-welchen Lasten, eine ansteigende Straße hinaufschieben wollte. Sosehr sie sich auch anstrengten, sie kriegten die verdammte Karre nicht diesen steilen Weg hinauf.

Einer der Crewmitglieder und ich blickten uns an, und ohne dass wir uns abgesprochen hätten, war klar, dass wir beide da nicht länger tatenlos zusehen konnten. Wir sprangen aus dem Wagen, und ehe der alte Mann wusste, wie ihm geschah, hatten wir auch schon das Ding den Berg hochgeschoben. Ich werde nie den Blick des Mannes vergessen, für den wir so etwas wie eine Erscheinung gewesen sein mussten. In Sampa kommen nicht oft Weiße durch, und auf einmal hatten zwei Weiße ihm die schwere Arbeit abgenommen.

In Brodi war Atze Schröder von den Menschen und besonders von den Kindern sehr angetan. Sein Spenden-aufruf erging für den Bau einer Kinderstation, die wir als Erweiterung an die Klinik anbauen werden, damit die Kleinen nicht mehr länger an heilbaren Krankheiten sterben müssen. Und Atze Schröder wäre nicht Atze Schröder, wenn er nicht auch hier den Kindern sein »Ja ne, is klar!« beigebracht hätte. Nach zwei Tagen liefen die Kinder, beglückt durch so viel Entertainment durch die Weißen, durch das Dorf, und an jeder Stelle, wo wir auf-tauchten, hörte ich: »Ja ne, is klar!«

Als ich drei Wochen später erneut nach Brodi kam und alle Kinder auf mich zuliefen und »Ja ne, is klar!« skan-dierten, da war klar, Atze hatte seine Spuren hinterlassen.

Als die Zeit für ihn in Ghana zu Ende ging, fragte er mich etwas, was mich sehr rührte und freute. Er wollte wissen, ob er ein paar Hemden und eine Hose in unserem Haus in Accra zurücklassen könne. Denn er wollte wie-derkommen, auch ohne Fernsehteam. Das erinnerte mich daran, wie auch ich bei meinem ersten Besuch bei Mimie und Kofi einige Sachen zurückgelassen hatte. Für mich hat das eine symbolische Bedeutung: Solange ich noch irgendwo ein paar Sachen von mir deponiert habe, kann ich noch dorthin zurückkehren. Ein Stück von mir bleibt dort. Was daraus wurde, das wissen wir ja heute.

Und jetzt blieb ein Stück von Atze bei uns. Wir waren während der wenigen Tage, die wir in Ghana gemeinsam unterwegs gewesen waren, Freunde geworden.

Kapitel 16

Mein Leben für Afrika

Manchmal bin ich selbst darüber erstaunt, wie alles kam. Ich hatte mir ja damals, als ich zum ersten Mal nach Ghana flog, nicht vorgenommen, eine Hilfsorganisation zu gründen. Ich konnte einfach nicht wegsehen. Und so kam das eine zum anderen.

Bald merkte ich, dass ich Fähigkeiten besitze, die andere offenbar nicht haben, und dass ich mit ihnen durchaus etwas bewegen kann, und zwar über meinen Beruf als Krankenschwester hinaus. Für mich ist es eine Gabe, die ich zum Wohle anderer nutzen möchte. Ich habe gemerkt, dass ich zuhören kann und die richtigen Fragen stelle und eine große Fähigkeit habe, Menschen und Abläufe optimal miteinander zu vernetzen. Dass ich die Gabe besitze, mich sehr gut in andere Menschen hineinversetzen zu können. Dies ist aufgrund der Sprachbarriere doch gar nicht so einfach. Ich habe so viel gelernt, auch für mich war es ein langer Prozess, ganz langsam und allmählich wuchs ich in diese Aufgaben hinein. Ich habe herausgefunden, dass es wichtig ist, zum Beispiel einem Dorf eine Stimme zu geben, ihm zu seinen Interessen zu verhelfen. Diese Menschen muss man ernst nehmen und ihnen zuhören, denn sie haben konkrete Vorstellungen, wie sie ihr Leben gestalten möchten, nur die Umsetzung bereitet ihnen häufig Probleme. Heute sehe ich mich als Transmitter zwischen diesen beiden Welten. Denn ich kenne sie beide und bin in ihnen zu Hause.

Das alles macht mich sehr glücklich. In Afrika bin ich

einfach ausgeglichener. Warum das so ist, ich weiß es nicht. Ich bin dort eben so gerne. Und die Arbeit, die ich dort machen, auch wenn es mehr als 20 Stunden am Tag sind, die mich diese Probleme auf Trab halten – ich empfinde es nicht als Arbeit. Es ist einfach das, was ich machen möchte. Und dann denke ich: Bettina, du bist richtig gut dran. Denn ist es nicht unser aller Wunsch, das zu finden, was unsere Bestimmung ist? Ich habe meine Bestimmung gefunden.

Wenn ich in Accra aus dem Flugzeug steige, die Luft atme, die mir inzwischen so lieb ist, so schnell wie möglich durch die Kontrollen gehe, dann stehen sie alle da: Mimie, Emmanuel, Victor – alle erwarten sie mich und schließen mich in ihre Arme. Das ist Glück.

Vielleicht liegt es auch daran, dass ich in Ghana eine andere Identität habe als in Deutschland. In Ghana bin ich Nana Enimkorkor und trage Verantwortung für viele Menschen. Ich bin dafür verantwortlich, dass die Familien, die für uns arbeiten, auch morgen noch ihre Arbeitsstelle haben, dass sie ihr Gehalt bekommen und damit auf eigenen Füßen stehen können und nicht auf Almosen angewiesen sind.

Es ist auch der Wechsel zu verschiedenen Sprachen, der dafür sorgt, dass ich in Ghana in eine andere Identität schlüpfe. Da ist zum einen das afrikanische Englisch und zum anderen die Stammessprache Twi, die ich versuche immer perfekter zu lernen. Denn das Denken der Menschen spiegelt sich in ihrer Sprache, und darum möchte ich sie so gut wie möglich sprechen können. Bei einem kurzen Urlaub in New York, ich besuchte meinen Cousin, der dort ein Auslandssemester absolvierte, wurde ich am Empire State Building von einem Kartenverkäufer angesprochen. Er war zweifelsohne Afrikaner, denn die Art, wie er

Englisch sprach, kam mir sehr bekannt vor. Ich begann mich mit ihm zu unterhalten, und nach ein paar Sätzen stutzte er. »Kommst du aus Westafrika?«, fragte er. Ich sagte: »Ja, ich komme aus Ghana!« Da fing er laut an zu lachen und rief seine ebenfalls afrikanischen Kollegen herbei. Er hatte an meinem Akzent erkannt, dass ich zu ihnen gehörte! Ich fragte, wo er herkomme. Aus Togo, war die Antwort, also sprach er Ewe, genau wie Emma! Ich kann nur ein paar Brocken Ewe, aber der Menschenauflauf war unglaublich! Ich habe sogar versucht, Emma anzurufen, damit er auf Ewe mit den Togolesen in New York sprechen konnte. Ich war so glücklich, Leute »von zu Hause« getroffen zu haben.

In Deutschland fühle ich mich oft als Getriebene. Da gibt es so viel zu organisieren, und der Rhythmus dieses Landes geht auch auf mich über. Afrika dagegen bremst mich aus. Oftmals geht es einfach nicht schneller, auch wenn ich mich auf den Kopf stelle. Und irgendwann lasse ich los. Die äußeren Umstände machen bestimmte Dinge einfach unmöglich. Also kann man sich auch mal ausruhen. Es gibt keinen Strom? O.k., dann kann ich mich ja auch beruhigt ins Bett legen. Für jemanden wie mich, der ich gewöhnt bin, rund um die Uhr zu funktionieren, ist das mitunter eine echte Wohltat.

Vielleicht ist auch dies der Grund, warum ich in Afrika viel tiefere Beziehungen zu Menschen habe. Fällt der Strom aus, dann sitze ich mit Mimie im Dunkeln, und wir unterhalten uns. Das bringt sehr viel Nähe. Wann macht man das in Deutschland schon?

Im Busch sitzen wir dann einfach im Dunkeln, die Taschenlampen lassen wir lieber aus, weil sonst die Moskitos kommen, wir sitzen beisammen, manchmal setzt sich noch ein Chief zu uns, und wir unterhalten uns. Wir reden sehr viel miteinander, auch über die Projekte, über das, was uns bewegt. Ich bitte Emmanuel dann häufig, eine Geschichte zu erzählen. Er ist ein wahnsinnig guter Geschichtenerzähler und parodiert auch sehr gekonnt ghanaische Politiker und bekannte Persönlichkeiten. Häufig geht es aber auch um ernste Themen. Meine Mitarbeiter oder auch die Dorfbewohner stellen mir häufig Fragen, die mich anfangs schon erstaunt haben. Aber das ist es ja, was ich meine: Wir unterschätzen diese Menschen und ihren Horizont gewaltig. Der Chief von Apewu fragte mich während der Wahl in den USA, bei der Obama ja der afrikanische Held war, wie es wohl mit ihnen weiterginge, wenn jemand wie Bush wiedergewählt werden würde. Warum die USA immer so viele Kriege führten, und ob es dabei nicht nur ums Geld ginge. Und das fragte mich ein Mann, der selten in seinem Leben überhaupt aus seinem Dorf im Busch herausgekommen war, der nicht lesen und nicht schreiben kann. Der so viele Probleme vor der eigenen Tür hat. Dieser Mann würde doch bestimmt von einem promovierten Entwicklungshelfer oder Ingenieur bei einem Projekt wohl kaum als gleichwertiger Partner ernst genommen werden – und das völlig zu Unrecht.

Wir machen uns an solchen Abenden häufig Gedanken darüber, was man konkret tun könnte, und damit denken wir nicht nur an das, was Madamfo Ghana lokal begrenzt für ein Land tun kann, sondern jeder Einzelne von uns in Europa oder wie wir es nennen: in der westlichen Welt.

Häufig ist dann die Situation der Bauern ein Thema, oder »Farmer«, wie sie in Ghana genannt werden, und ich finde, dieses Beispiel veranschaulicht recht gut, welche Verantwortung wir auch in Deutschland tragen. Wie kann es sein, fragen wir uns dann, dass eine Tomate, die in Holland oder Deutschland, mit den dortigen Lohn-, Hygiene- und was weiß ich noch für Standards gezogen wurde, nach

Ghana verschifft wird, also einen teuren Transportweg hinter sich bringt, um dann in Ghana auf dem Markt immer noch billiger verkauft zu werden als die Tomate, die eine ghanaische Farmerin von ihrem Strauch pflückt und auf dem lokalen Markt anbietet. Also da stimmt doch etwas nicht! Das gleiche Beispiel ließe sich auch anhand von Milch oder Zucker durchspielen. Wir sind so sehr mit uns selbst beschäftigt, dass wir die Not, in die wir Menschen Tausende Kilometer entfernt stürzen, nicht bedenken oder nicht bedenken wollen. Das ist ja alles so weit weg. Man kann es ja nicht sehen. Eine Frage, die ich mir dazu vor langer Zeit einmal selber gestellt habe, ist diese: Wer ist eigentlich mein Nachbar? Ist das der Mensch, der im selben Haus wohnt, in meiner Straße oder in meiner Stadt? Oder kann dieser Mensch nicht vielleicht auch weit weg wohnen, und trotz der geographischen Distanz fühle ich mich ihm und seinem Schicksal verbunden und verantwortlich?

Ich bin davon überzeugt, dass wir eine Menge tun können und dass jeder Einzelne auch eine Mitverantwortung gegenüber seinen Mitmenschen trägt, auch denen gegenüber, die auf einem anderen Kontinent leben. Und besonders in unserer heutigen Zeit, in der unser Handeln fühlbare Konsequenzen für diese Menschen hat.

Natürlich sind unsere Arbeitsplätze in der westlichen Welt wichtig für die Menschen, die mit ihren Familien davon leben. Aber können wir langfristig auf Kosten anderer leben? Haben wir ein Recht dazu, durch unsere Subventionen das Leben von Menschen weit weg so zu erschweren, ihre Existenz zu bedrohen oder gar zu vernichten? Würden wir das auch tun, wenn es um unser direktes Nachbarland ginge? Wenn es um uns ginge? Wenn wir das Resultat unserer Handlungen direkt vor Augen hätten? Ich denke nicht. Oft, wenn ich mit Bekannten und Freunden in Deutschland über dieses Thema spreche, kommt wieder die »Tropfen auf den heißen Stein«-Debatte auf den Tisch. »Wenn nur ich meine Stimme erhebe, dann ändert sich doch nichts. Wenn nur ich mich auflehne, dann passiert doch nichts.« Genau diese Haltung führt dazu, dass sich ganz bestimmt nichts ändert.

Ich möchte an dieser Stelle ein paar Fragen formulieren, die vielleicht überraschend und provozierend erscheinen: Muss es immer das Billigste sein? Muss es immer alles sein? Sollten wir uns nicht auch bewusst machen, dass sich hinter einem besonders günstigen Produkt mitunter Kinderarbeit der schlimmsten Art verbirgt? Das ist zum Beispiel bei Kakao der Fall, auch bei Steinen wie zum Beispiel Grabsteinen oder bei Teppichen. Die Kakaoernte wird in vielen Regionen durch Kinder eingebracht, in den Steinbrüchen Indiens klopfen Kinder in zartem Alter Steine, statt zur Schule zu gehen, und auch in Nepal werden erschreckend viele Teppiche von Kinderhänden geknüpft. Wir müssen uns bewusst machen, dass nur so die Schokolade 69 Cent beim Discounter kosten kann und der neue Teppich 109 Euro als Schnäppchen. Wie kommt aber das Schnäppchen zustande? Warum kann ein Produkt so billig sein? Vielen Menschen ist es leider zu anstrengend, das zu hinterfragen, eine kritische Haltung erscheint ihnen zwecklos. »Wenn ich die Schokolade nicht mehr kaufe, was soll das schon nützen«, fragt sich so mancher. »Mein Nachbar lädt sie sich trotzdem stapelweise in den Einkaufswagen. Was kann ich allein da schon ändern?«

Ich glaube, wir haben ein gesellschaftliches Problem, und das heißt »Geiz ist geil« oder »Unterm Strich zähl ich«. Ein befreundeter Pastor hat es bei einem Konfirmandennachmittag, bei dem ich Unterricht zum Thema Ghana hielt, sehr treffend formuliert: Alles, was zählt, bin »ich«. Mein Wegkommen bei der ganzen Sache. Mein Sparen, mein Schnäppchen, mein Profit. Auf wessen Kosten ich diesen mache, das ist doch egal. Denn »Unterm Strich zähl ich«.

Auch ich mache nicht alles richtig, bedenke nicht immer alles und vor allem weiß ich nicht alles besser. Aber ich mache mir Gedanken zu diesen Themen. Und ich bin fest davon überzeugt, dass wir sehr gut leben können, auch ohne andere Menschen, wenn auch im Verborgenen, zu übervorteilen. Auch ich freue mich, wenn ich ein Schnäppchen mache, eine reduzierte DVD ergattere oder mein Flug nach Ghana günstiger ist als beim letzten Mal. Aber ich habe durch das Leben in Afrika gelernt, dass man nicht immer alles und am besten sofort haben muss. Ich kaufe nur noch Fair-Trade-Schokolade. Natürlich ist die teurer. Aber anstatt dreier Tafeln kaufe ich nur noch eine und genieße diese dann. Außerdem schmeckt sie mir auch noch besser. Muss es jeden Tag Fleisch sein von Tieren, die überzüchtet und unter grausamen Bedingungen gehalten werden? Chicken Nuggets für 99 Cent bei McDonald's? Kann es nicht, wenn es denn schon Fleisch sein muss, von einem Tier stammen, das artgerecht gehalten wurde und nebenher auch noch von einem Bauern kommt, der seinen gerechten Lohn für seine Arbeit und seine Milch bekommt? Richtig, dafür muss ich mehr Geld auf den Tisch legen. Aber ist es nicht eine gesunde und vernünftige Alternative, dann nur zwei- oder dreimal pro Woche Fleisch auf dem Teller zu haben, dafür aber etwas Gutes?

Ein anderer Punkt, der in unserer Gesellschaft oft zu kurz kommt, ist Wertschätzung. Wertschätzung für all das, was wir haben, die guten Straßen, Schulen, Kindergärten und eine Feuerwehr, die nach fünf Minuten da ist, wenn man sie ruft. Eine verlässliche Polizei. Und eine Notaufnahme im Krankenhaus, die rund um die Uhr für uns da ist. Man wird nicht weggeschickt, wenn man kein

Geld hat oder keine Krankenkassenkarte. Fließend Wasser und Strom sind für mich schon lange keine Selbstverständlichkeit mehr. Wenn man viel Zeit in Afrika verbringt, weiß man solche Dinge einfach sehr zu schätzen, die alles andere als selbstverständlich sind. Und darum geht es: Ich würde mir so sehr wünschen, dass wir uns alle ein wenig mehr Gedanken machen. Ein bisschen bewusster mit dem umgehen, was wir zur Verfügung haben. Wir müssen ja nicht gleich unseren ganzen Lebensstil auf Öko umstellen. Würde aber jeder Einzelne in seinem privaten Bereich hier und da eine kleine Veränderung vollziehen, dann wäre das doch bei 80 Millionen Menschen in Deutschland auf die Dauer spürbar. Veränderungen fangen nun mal im Kleinen an.

Ich werde oft gefragt: »Warum gerade Ghana?« Dass es mich nach Ghana verschlug, das war Zufall. Es hätte auch Kamerun sein können oder der Kongo. Im Sudan zu helfen, davon träumte ich schon lange. Ich wollte gerne in Afrika helfen, und daraus ist nun Madamfo Ghana geworden. Mittlerweile arbeiten wir in vier Regionen Ghanas: Aschanti, Volta, Brong Ahafo und Eastern Region, immer da, wo wir gebraucht und als Madamfo, also als Freunde, gerufen werden.

Nicht ich, auch nicht meine Mitarbeiter kamen auf diesen Namen für unsere Organisation, sondern meine Leute aus Apewu. Sie hörten, wie ich vor Jahren mit Emma darüber diskutierte, dass wir einen Namen brauchen, wenn wir unsere Organisation in Deutschland als Verein und in Ghana als Foundation registrieren lassen wollten. Wer es schließlich aussprach, das weiß ich nicht mehr, jedenfalls sagte jemand plötzlich: »Aber das ist doch klar, wie ihr heißt: Madamfo Ghana. Ihr kommt als Freunde zu uns. Ihr gebt uns wie ein Freund eine helfende Hand und schreibt uns nicht vor, was wir zu tun haben. Eben wie ein Freund, mit dem man auch mal diskutieren kann.« Und damit waren Madamfo Ghana e. V. in Deutschland und die Madamfo Ghana Foundation in Ghana geboren.

Es wäre schön, wenn wir in Europa allgemein so ein Verhältnis zu Afrika entwickeln könnten – als Freunde. Wenn man in Ghana mit seinem Auto irgendwo langsam durch einen Ort oder ein Dorf fährt und wegen der Hitze das Fenster heruntergekurbelt hat, dann kann es durchaus passieren, dass einem ein Passant am Straßenrand »you are welcome« zuruft, obwohl man sich überhaupt nicht kennt. Das nenne ich wirklich Freundschaft. Es spiegelt eine Haltung wider, die zunächst das Fremde willkommen heißt, statt es von vorneherein abzulehnen. Auf politischer Ebene tut sich seit einiger Zeit auch einiges und die staatliche Entwicklungszusammenarbeit setzt ebenfalls auf eine Haltung der unvoreingenommenen Begegnung.

Im Jahr 2005 hat man sich international auf einer Konferenz in Paris auf folgende Punkte geeinigt, damit Hilfe besser ankommt:

- Eigenverantwortung – Ownership
- Harmonisierung – Alignment
- Partneraussrichtung – Harmonisation
- Ergebnisorientierung – Managing for results
- Gegenseitige Rechenschaftspflicht – Accountability

2008 fand in Accra, Ghana, ebenfalls eine Konferenz statt, die einen Aktionsplan mit ähnlichen Zielen und Maßnahmen verabschiedet hat. Das klingt zunächst recht theoretisch, aber in der Politik müssen Dinge zunächst einmal definiert werden, damit man mit ihnen praktisch arbeiten kann.

Leider besteht häufig eine Diskrepanz zwischen den Arbeitspapieren oder Beschlüssen einer Konferenz und der Realität in den Ländern, die bei solchen Konferenzen berücksichtigt werden. Viel zu oft werden immer noch das wenig effiziente »Gießkannenprinzip« und eine Entwicklungshilfe »von oben herab« praktiziert, und damit werden wir wohl kaum eine echte positive Veränderung erreichen. Viele Probleme ergeben sich daraus, dass viele Vertreter von Behörden – seien es die westlichen Botschaften oder die einheimischen höheren Beamten wie Minister oder Direktoren – kaum aus ihren Büros herauskommen, um das Land »wirklich« kennenzulernen. Wenn ein Minister oder ein Botschafter sich in Ghana ein Projekt zeigen lässt, dann fliegt er nach Tamale, weil die Straße zu schlecht ist und es ihm zu lange dauert, mit dem Auto zu fahren, denn so viel Zeit wollen diese hochrangigen Entscheidungsträger nicht verlieren. Aber diese Zeit müssten sie sich nehmen, um Menschen vor Ort mit ihren Problemen wirklich zu verstehen, dazu reicht eine Stippvisite mit einem Regierungstross nicht aus. Meine Überzeugung ist es, dass man den Menschen ein Werkzeug in die Hand geben muss, damit sie ihre Zukunft, ihre Umwelt und ihr Leben selbst gestalten können.

Viele NGOs tun das. Vielleicht im Kleinen, manche mit nur einem Projekt, einem Brunnen, einem Kindergarten. Doch diese Projekte kommen bei den Menschen direkt an und können etwas vor Ort konkret bewirken. Diesen erfahrenen Menschen sollte man ein Gehör schenken. Denn sie sind so wie ich ganz nah an den Betroffenen dran. Nach all meinen Erfahrungen in Ghana bin ich zu der Überzeugung gekommen, dass wir unseren Fokus auf die Dörfer, die Gemeinden setzen sollten. Auf die lokale Ebene, aber dafür mit realistischen Zielen, Schritt für Schritt. Niemand hat gesagt, dass es schnell geht, dass es von heute auf morgen große Veränderungen geben wird. Aber dass es geht, das kann ich aus eigener Erfahrung an vielen Beispielen belegen.

Regierungen und große Organisationen sind in der Lage zu leisten, was wir nicht können. Zum Beispiel Katastrophenhilfe: innerhalb von 24 Stunden ein mobiles Krankenhaus aufbauen; Wasserversorgung für Tausende Menschen in einem Erdbebengebiet organisieren; große Infrastrukturprojekte wie Straßen und Stromversorgung aufbauen.

Aber die nachhaltige und langfristige Hilfe, die kann durch kleine NGOs erbracht werden nach dem Prinzip »von unten nach oben«, in direktem Kontakt zu den Menschen, bei denen das Projekt ankommen soll. Bildung ist ein wichtiger Schlüssel dazu, und in meinen Augen ist das eine Kernkomponente. Nicht jeder muss gleich Arzt oder Architekt werden, aber es ist wichtig, dass die Chance zu wählen gegeben ist. Sobald man ihnen die Möglichkeit dazu gibt, beginnen diese jungen Leute damit, sich mit ihrem Leben in ihrem Land auseinanderzusetzen. Und wenn all diese Kinder und Jugendlichen in zehn bis fünfzehn Jahren mündig und gut ausgebildet sind, dann können sie ihr Land nach ihren Vorstellungen gestalten. Mit dem gebührenfreien Schulbesuch in den ersten sechs Klassen ist Ghana in dieser Hinsicht auf einem richtigen Weg. Wir ermöglichen vielen Begabten danach die weitere höhere Schulbildung. Zusammen genommen ist dies doch ein konkreter Ansatz, um Ghana eines Tages auf die eigenen Füße zu stellen.

Wie steht es mit dem gesamten afrikanischen Kontinent? Bei seiner Größe erscheint es eine schier unlösbare Aufgabe, hier insgesamt wirksam zu helfen. Es gibt Regionen, in denen Konflikte und Kriege solch eine Entwicklung, wie sie Ghana in den letzten Jahrzehnten genommen hat, unmöglich machen. Es gibt in vielen Ländern korrupte

Eliten, die sich bereichern und das eigene Volk gnadenlos ausbeuten. Aber das sollte uns nicht davon abhalten, dort konkret zu helfen, wo Hilfe möglich ist. Alle über einen Kamm zu scheren, bringt nichts und ist außerdem ungerecht. Wir in den sogenannten westlichen Ländern sind mittlerweile mit der gesamten übrigen Welt, also auch mit Afrika, so eng verflochten, dass wir es uns gar nicht mehr leisten können wegzusehen.

In unserem Zeitalter der Globalisierung ist unser Schicksal mit dem der Menschen in anderen Ländern dicht verwoben, Terrorismus, Kriege und Bürgerkriege wirken grenzüberschreitend, Umweltprobleme machen nicht an nationalen Grenzen halt. Ich werde nie vergessen, wie ich einmal die Müllkippe in Agbogbloshie in Accra besucht habe, wo der Computermüll aus Europa und den USA entsorgt wird, und die giftigen Dämpfe unseres eigenen Wohlstandes einatmete. Ich konnte wieder gehen – aber die Menschen, die dort wohnen, sind den Folgen unserer Überflussgesellschaft hilflos ausgeliefert. Für mich sind dies reale Größen und nicht einfach nur eine von vielen »schlimmen« Dokumentationen im Fernsehen. Es nützt nichts, darüber betroffen zu sein. Es liegt in unserer Hand, etwas zu tun oder die zu unterstützen, die die Möglichkeit dazu haben, etwas zum Besseren zu wenden.

Durch die Verflechtung des Weltwirtschaftssystems bleibt keine Volkswirtschaft unberührt von den Krisen anderer Länder und Regionen. Und eine wichtige Basis der deutschen Wirtschaft ist das Exportgeschäft, das von einer stabilen Weltwirtschaft abhängt. Demnach sollte eine funktionierende Entwicklungszusammenarbeit schon allein in unserem eigenen Interesse stattfinden. Außerdem entspricht es natürlich auch den Grundwerten unserer Gesellschaft, dass wir uns solidarisch und gerecht verhalten.

Und wer sich denkt, Afrika, das ist mir zu weit weg, der kann sich auch in seiner eigenen Umgebung umsehen, ob dort irgendwo Hilfe notwendig ist. Die Ghanaer, ein Volk von etwa 24 Millionen Menschen, nennen sich gegenseitig »Brother and Sister«, ob sie sich kennen oder nicht, und das überall, in allen Lebensbereichen. Man kann Menschen auf der Straße beobachten, wie sie jemanden, den sie überhaupt nicht kennen, ansprechen und fragen: »Sister, bitte, kannst du mir helfen? Ich suche das und das«, »Brother, can you help me?«. Ich beobachte sehr gerne, wie herzlich die Ghanaer miteinander umgehen. Die sind einfach so freundlich zueinander, selbst wenn Emmanuel oder Stanley irgendwo aussteigen und jemanden nach dem Weg fragen – man könnte meinen, sie sind alle miteinander befreundet oder verwandt. Das alles schafft für mich eine Lebensqualität, die ich nicht mehr missen möchte. Das »Klima« zwischen den Menschen ist einfach wunderbar und von einer Freundlichkeit, die mir das Herz aufgehen lässt.

Meine gesamte Arbeit in Afrika ist auf die Zukunft ausgerichtet, damit sich die Projekte in zehn oder zwanzig Jahren selbst tragen und fortpflanzen. Im Kleinen kann ich das jetzt schon erkennen, wie langsam, aber sicher – besonders im Bereich Hygiene und Bildung – ein Umdenken stattfindet und die nachwachsende Generation ihre Chancen nutzt. Die jungen Studenten, denen wir in Ghana die Ausbildung finanzieren, kommen zu mir, fragen mich um Rat, welchen Weg sie einschlagen sollen, was ich an ihrer Stelle machen würde. Dabei sehe ich es auch als unsere Aufgabe, dem Ghanaischen Staat, der bereits so viele wichtige positive Zeichen setzte, auf diesem Weg zu unterstützen. Unsere Kooperationen im Sinne von Public Privat Partnership, der Bau von kleinen, aber effizienten Kliniken in abgelegenen Gebieten, von Schulen und Kindergärten, Toilettenanlagen und Brunnen sind optimale Ansätze dazu.

Langfristig möchte ich gerne den gemeinnützigen Verein Madamfo Ghana in eine Stiftung umwandeln, und ich hoffe, durch die Unterstützung unserer Spender dies zu erreichen. Denn ich möchte den Bestand von Madamfo Ghana und unserer Arbeit für die Zukunft sichern. Im Moment steht und fällt alles mit meiner Person, aber was ist, wenn ich einmal krank werden sollte? Wenn mir etwas zustößt? Sollte mir etwas von heute auf morgen passieren, dann ist auf alle Fälle gewährleistet, dass die bestehenden Projekte auch ohne mich weiterlaufen, denn dafür brauchen Emmanuel und meine anderen Mitarbeiter mich nicht. Allerdings hängt im Moment die gesamte Spendenakquise an meiner Person, und dies würde dann entfallen. Die Bewohner von Apewu versichern mir zwar, dass ich 92,6 Jahre alt werde, doch vielleicht ist das auch eine symbolische Zahl, wer weiß das schon? Als Stiftung wären die »Freunde Ghanas«, die Madamfo Ghana, auch in der Zukunft in der Lage, die begonnene Arbeit weiterzuführen.

Wieder einmal ist es Abend geworden. Mimie tut schon den ganzen Tag sehr geheimnisvoll und spricht von einer Überraschung, die ich heute bekommen soll. Sie ruft mich in ihr Schneideratelier. Dort hält sie mir ein wunderschönes Kleid entgegen, das sie für mich entworfen und genäht hat.

»Eigentlich«, neckt sie mich, »wollte ich es aus dem bonbonfarbenen Hochzeitsstoff machen, denn ich weiß, wie gut dir dieser Vorhangstoff gefällt, aber leider blieb davon nichts übrig. Wie findest du das hier?«

Es gefällt mir ganz ausnehmend gut, und das sage ich meiner Mimie, während ich ihr um den Hals falle und sie küsse und herze. Wie um alles in der Welt sie

das zusätzlich zu ihrer vielen Arbeit noch schaffen
konnte, ist mir ein Rätsel.
»Damit du etwas Anständiges zum Anziehen hast«,
sagt sie, »wenn du den Leuten dein Buch präsen-
tierst.«
Mimie hat eben mal wieder an alles gedacht.

Ja, meine Erzählungen über mein Leben und die Erfahrungen, die ich auf dieser und auf jener Seite der Erde
mache, nähern sich dem Ende. Natürlich geht es immer
weiter, und mit jedem neuen Tag gibt es auch etwas Neues
zu berichten. Doch für dieses Mal soll an dieser Stelle
Schluss sein.

Ich fände es schön, wenn meine Geschichte anderen
Menschen Mut machen könnte, selbst Verantwortung zu
übernehmen, und sei es auch nur im Kleinen. Ja, auch
einem Einzelnen ist es möglich, die Welt zu verändern,
etwas zu schaffen, was man sich selbst niemals zugetraut
hätte. Dazu muss man nicht reich sein oder einen Doktor-
titel haben. Mein schwerer Lebensweg in meiner Kindheit
ist ein gutes Beispiel dafür. Ich finde, man muss für die
Menschen, die man liebt, oder für eine gute Sache kämpfen, es lohnt sich. Das muss nicht in Afrika sein, das kann
hier im Kleinen beginnen.

Außerdem zeigt meine Geschichte, dass es Mittel und
Wege gibt, in Afrika – in meinem Fall in Ghana – konkret
zu helfen. Dass nicht »alles umsonst« ist und nicht »alles
eh versickert«. Madamfo Ghana ist ein Beispiel dafür und
steht stellvertretend für viele kleine und mittlere Initiati-
ven, die durch das Engagement einzelner Menschen getragen werden. Dass echte Partnerschaften dazu führen können, das Leben vieler Menschen konkret und nachhaltig
zu verbessern, und zwar in dem Rahmen, den *sie* wollen
und nicht wir bestimmen.

Und wenn ich mir zum Abschluss noch etwas wünschen darf, dann offene Herzen und viele mutige »Madamfo«, also Freunde, die wie ich jeden Tag aufs Neue feststellen, wie viel Freude und Glück es bringt, wenn man das, was man hat, mit anderen teilt.

Danksagung

Ohne meine Großeltern wäre ich heute nicht der Mensch, der ich bin. Stärke, Zielstrebigkeit und Hingabe an eine Sache, etwas zu Ende führen, was man begonnen hat, das waren Werte, die mir meine Großeltern vermittelt haben und ohne die ich nie das geschafft hätte, was ich bis heute erreicht habe. Sie haben immer an mich geglaubt. Meine Großeltern schenken mir Liebe weit über das vorstellbare Maß hinaus, und ihre Liebe zu mir hat mich zu dem gemacht, was ich heute bin. Omi und Opi, ich liebe Euch von ganzem Herzen.

Großen Anteil an meiner Erziehung hatte auch meine Pflegemutti Marianne. Sie hat mir unendlich viel Liebe gegeben. Das werde ich ihr nie vergessen.

Was wäre ich ohne meine Freunde und Brüder Emmanuel, Victor, Stanley und Nana Yaw und meine Schwester Joycelyn? Was wir schon zusammen erlebt und geschaffen, manchmal auch ertragen haben, ist für mich etwas ganz Besonderes. Sie sind verantwortlich für den Erfolg von Madamfo Ghana. Ich danke besonders Emmanuel, der ein wirklich außergewöhnlicher Mensch ist. Selbstlos und voller Hingabe hat er mit mir Madamfo Ghana aufgebaut, ohne je materiell persönlich etwas davon zu haben oder zu verlangen. Emmanuel ist für mich ein leuchtendes Beispiel von bedingungsloser Nächstenliebe. Einen Bruder und Freund wie ihn an meiner Seite zu haben, erfüllt mich mit großem Stolz. Ihn zu treffen war für mich eine Bereicherung für mein Leben, die ich so nicht für möglich gehalten hatte.

Meine ghanaische Schwester Mimie, die mir Geborgenheit und Sicherheit gibt, und Elvira, meine beste Freundin in Deutschland, sind zwei unerschütterliche Konstanten in meinem Leben, das ich auf zwei Kontinenten führe. Ich danke beiden für ihr Verständnis, dafür dass sie mich so lieben und annehmen können, wie ich bin. Das ist in dieser Welt keineswegs selbstverständlich. Vera danke ich für ihr »Da-sein«, ohne Wenn und Aber. Sie ist für mich da, wenn ich sie brauche, und das immer, zu jeder Tages- und Nachtzeit. Ohne ihren Rückhalt wäre ich manches Mal bestimmt untergegangen. Das hat sie nie zugelassen.

Meinen besonderen Dank möchte ich auch Hans aussprechen, ohne dessen Einsatz an allen Fronten, sei es in Sachen Marketing oder Organisation, ich oftmals völlig ratlos wäre. Es gibt kein Problem, das er nicht lösen kann, und keine Hürde, die er für Madamfo nicht nimmt. Für seine Freundschaft und seinen unermüdlichen Einsatz für die Menschen in Ghana danke ich ihm von Herzen.

Christoph, ohne den ich niemals einen Container nach Ghana hätte schicken können, und Michael, ohne den es keine Madamfo-Ghana-Wanderausstellung geben würde, möchte ich ebenso danken wie Frau Isken, ohne die die Krankenhausbetten für meine Patienten in Ghana wohl einige Monate im Regen hätten stehen müssen.

Ohne Torsten würde ich IT-mäßig auf uferlosen Gewässern fahren. Egal ob per Team-Viewer in Ghana oder in Deutschland, ohne seine Fachkompetenz und die Bereitschaft, mir zu jeder Tages- und Nachtzeit mit Rat und Tat zur Seite zu stehen, wäre ich aufgeschmissen. Vielen Dank dafür!

Rebeccas Einsatz für die Website, die sie unentgeltlich für Madamfo Ghana entworfen und gestaltet hat und stets zuverlässig betreut und die uns durch ihre Professionalität so viele neue Spender beschert hat, ist unbezahlbar. Yasmin danke ich für die Gestaltung des Madamfo-Ghana-Logos und der Infoflyer. Du hast uns die erste bildliche Identität gegeben. Vielen Dank!

Jan und Hans danke ich für ihre Freundschaft und ihr Vertrauen in Madamfo Ghana und für die gemeinsame Projektarbeit. Ich hoffe, wir können gemeinsam noch mehr Häuschen für unsere Leprakranken bauen.

Volker Schlegel und seine Firma schlegelgraphics stellt seit Jahren kostenlos all unsere Drucksachen her. Das ist eine enorme finanzielle Entlastung, und dafür möchte ich mich besonders bedanken.

Karin danke ich für die Liebe, die sie meinen Katzen gibt, wenn ich sie mal wieder allein lasse. Du bist eine wunderbare Ersatzmutter.

Ohne die professionelle Beratung des Anwaltes Herrn Stahl hätte ich Madamfo Ghana rechtlich wohl kaum so schnell aus der Taufe heben können.

Ich danke auch Christine, Manuela und Birgit nebst ihren fleißigen Damen für die wunderbare Unterstützung. Nach stern TV und vielen Herausforderungen und Fragen, die ich hatte und noch immer habe, kann ich immer auf sie zählen, Dank auch für die perfekte Buchführung.

Meinen Kollegen in der Notaufnahme im AKH danke ich für das Ertragen meines Afrikaviruses. Ohne ihren Rückhalt, das Tauschen von Schichten und Urlaubstagen, hätte ich nie so viele Termine wahrnehmen können. So oft haben sie mir den Rücken frei gehalten – vielen Dank dafür.

Allen Krankenschwestern und -pflegern möchte ich für ihre unermüdliche Arbeit danken, die ja so oft Schwerstarbeit und dabei viel zu wenig honoriert wird, sei es finanziell oder auch mit Dankesworten. Sie leisten in Krankenhäusern die eigentliche Arbeit, sind Seelentröster, Freund und Verbündeter des Patienten in einem und übernehmen darüber hinaus noch zahlreiche Aufgaben eines Managers.

Herrn Hellenthal und seinem Team von formotion

danke ich für den fantastischen Webauftritt von Madamfo Ghana und die wunderbare Facebookseite.

Viele kleine und große Spenden haben meine Projekte in Ghana ermöglicht, und ich möchte mich bei all den Menschen bedanken, die mich und Madamfo Ghana seit zehn Jahren so großzügig unterstützt haben. Seien es Einzelpersonen, Vereine, Firmen, Stiftungen, die Presse, hier möchte ich besonders die *Westfalenpost,* den *Wochenkurier,* die *Westfälische Rundschau* und Radio Hagen erwähnen. Das WDR Fernsehen oder das Land NRW, die Agentur, die jetzt unsere Website betreut, durch sie alle ist die Arbeit in Ghana ermöglicht worden. Ich danke dem Stadttheater Hagen für die Geldspende, die uns den Erwerb von »Obama« ermöglichte. Insbesondere bedanken möchte ich mich aber beim Lions Club Hagen und der Bonita Stiftung. Seit fast zehn Jahren sind Tilla und Meinolf Hengesbach nun schon meine Unterstützer, und über die Jahre sind wir Freunde geworden. Vielen Dank für das Vertrauen in mich.

Der Redaktion von stern TV und insbesondere Günther Jauch möchte ich für seinen Glauben an meine Sache danken. Mir die Chance zu geben, das Projekt für die Rechte der Sklavenkinder am Voltasee und das Projekt für Leprapatienten in seiner Sendung vorstellen zu dürfen, hat vielen Menschen das Leben gerettet. Dafür kann ich nicht genug danken.

Mit Kajo, Thomas und Peter, Winfried, Daniel und Stefan in Ghana drehen zu dürfen, war mir eine Freude und Ehre zugleich. Ihrem Einsatz haben wir die guten Bilder zu verdanken, mit denen wir hier die Projekte vorstellen können.

Der RTL-Stiftung »Wir helfen Kindern« danke ich für die Aufnahme meines Ghana-Projektes in den RTL-Spendenmarathon. Anja und Inge danke ich für das entgegengebrachte Vertrauen in Madamfo Ghana.

Die Ehrlichkeit und Offenheit, mit der mir Atze Schröder begegnet ist, hatte ich so nicht erwartet. Als Mensch hat er mich einfach umgehauen. Meine Dankbarkeit gilt ihm als Unterstützer von Madamfo Ghana und als Freund. Unsere Freundschaft bedeutet mir sehr viel. Mit keinem anderen Menschen kann ich so herzhaft lachen, aber auch so ernsthaft diskutieren wie mit ihm. Mit der ihm eigenen Art »wenn die mich vorne rausschmeißen, komme ich halt hinten wieder rein« hat er mir unendlich viel geholfen.

Töne danke ich für das Vertrauen in unsere Sache. Die Türen, die er mir geöffnet hat, kann ich gar nicht zählen.

Dem Verlag Droemer Knaur und meiner Lektorin Stefanie Hess möchte ich für ihren Glauben an meine Geschichte und die unglaublich reibungslose und unkomplizierte Art der Zusammenarbeit danken. Sie hat es mir sehr einfach gemacht, mich in der Verlagswelt zurechtzufinden.

Die inspirierende und bewegende Zusammenarbeit mit Beate Rygiert, die mich innerlich oft aufgewühlt hat, unsere Reise durch Ghana und zu den Projekten, gehört zu den prägendsten Erfahrungen, die ich je gemacht habe. Ohne sie wäre die »Weiße Nana« nicht das Buch geworden, das es heute ist. Wir haben perfekt zusammengearbeitet, und ich habe zusätzlich eine Freundin fürs Leben bekommen.

Meinem Schatz danke ich, dass er immer für mich da ist, egal, ob ich in Deutschland bin oder in Ghana. Ich weiß, es ist nicht einfach mit mir. Ihm danke ich für seine Geduld mit mir und die Kraft, die er mir gibt, wenn ich mal eine Schulter zum Anlehnen brauche – Herzchentaste.

Katrin Behr, Peter Hartl

Entrissen

Der Tag, als die DDR mir meine Mutter nahm

Es ist ein kalter Morgen, als die Männer in den langen, dunklen Mänteln kommen und ihre Mutter abholen. Vier Jahre ist Katrin Behr damals alt. Ihr Bruder und sie werden in ein Heim gebracht und bald schon voneinander getrennt: Katrin wird von einer linientreuen Familie aufgenommen und schließlich zwangsadoptiert. Ihre Welt ist aus dem Lot. Noch viele Jahre wartet sie auf die Rückkehr ihrer Mama – vergebens. Erst als Erwachsene, nach dem Fall der Mauer, findet sie endlich eine Spur, die zu ihrer Mutter führt. Doch diese ist eine gebrochene Frau, viele Jahre in Haft haben sie gezeichnet. Und je mehr Katrin Behr sich mit ihrer eigenen Geschichte befasst, in Archive und auf Ämter geht, um Licht in die Vergangenheit zu bringen, desto mehr Schicksale begegnen ihr: Tausende von Kindern wurden in der DDR ihren Eltern weggenommen, weil diese politisch missliebig oder potenzielle Republikflüchtlinge waren. Und sie suchen noch heute nach ihren wahren Familien.

Droemer